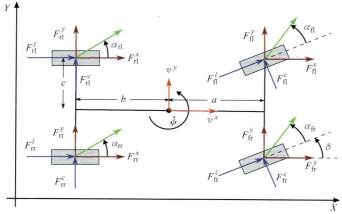

图 3.1 惯性坐标系下四轮车辆模型的轮胎力和侧偏角
注：轮胎的运动方向用绿色箭头表示。

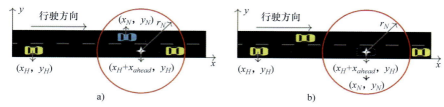

图 5.2 NPI 位置：a) 最近车辆是距离（x_H+x_{ahead}, y_H）最近的车辆，即蓝色车辆；b) 最近车辆是位于（x_H+x_{ahead}, y_H）的虚拟车辆

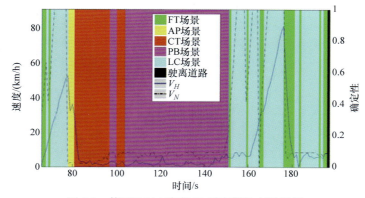

图 5.3 使用 LOM 确定 20 号车辆的交通场景

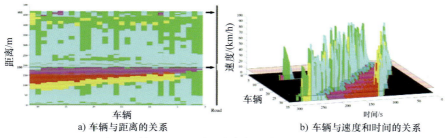

a) 车辆与距离的关系　　　　b) 车辆与速度和时间的关系

图 5.4 使用 LOM 对所有车辆进行交通场景估计

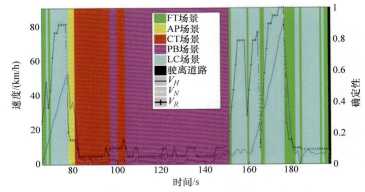

图 5.5 使用所提出方法获得的 20 号车辆的速度曲线

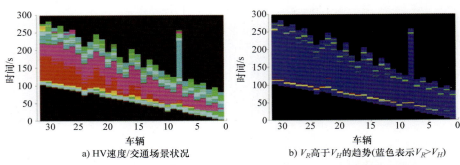

a) HV速度/交通场景状况　　　　　　　b) V_R高于V_H的趋势(蓝色表示$V_R>V_H$)

图 5.6 所有车辆在时间函数下的 V_R 分析（黑色部分：超出道路长度）

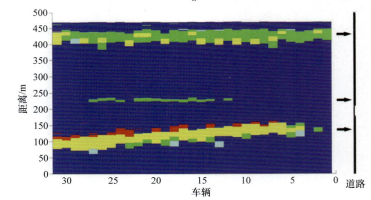

图 5.7 所有车辆在距离函数下的 V_R 分析（蓝色表示 $V_R > V_H$）

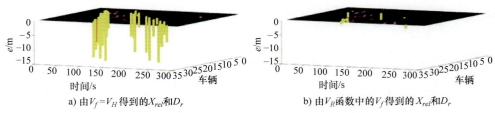

a) 由$V_f=V_H$得到的X_{rel}和D_r　　　　　　　b) 由V_R函数中的V_f得到的X_{rel}和D_r

图 5.8 所有车辆 $e=X_{rel}-D_r$ 的三维分析，彩色部分对应 $e < 0$
（根据先前的颜色约定）

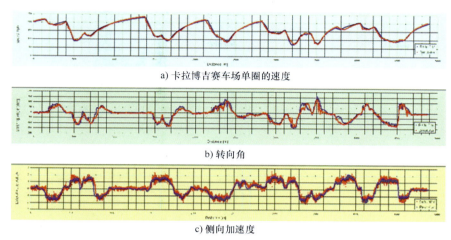

a) 卡拉博吉赛车场单圈的速度

b) 转向角

c) 侧向加速度

图 6.12　P-Car（蓝色）与仿真（红色）的相关性

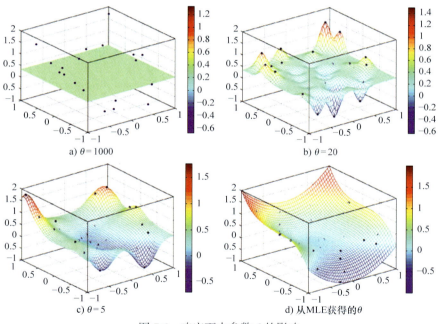

a) $\theta = 1000$

b) $\theta = 20$

c) $\theta = 5$

d) 从MLE获得的 θ

图 7.6　响应面中参数 θ 的影响

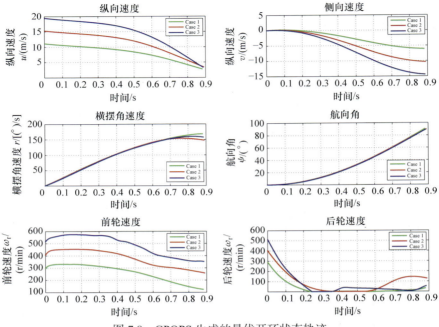

图 7.8 GPOPS 生成的最优开环状态轨迹

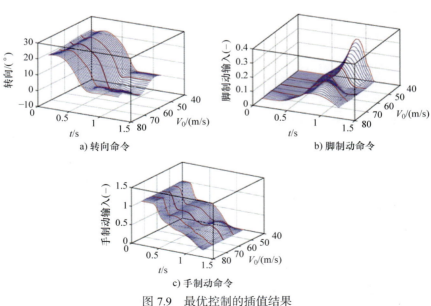

a) 转向命令

b) 脚制动命令

c) 手制动命令

图 7.9 最优控制的插值结果

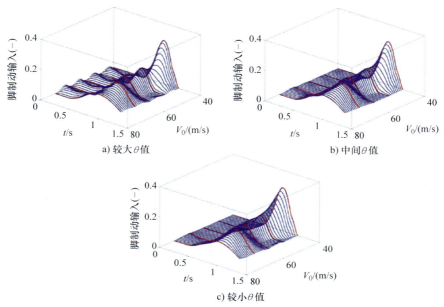

图 7.10 相关参数 θ 对最优脚制动命令响应面的影响

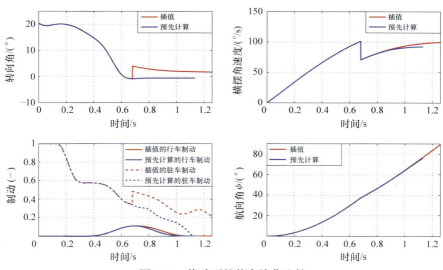

图 7.11 扰动下的状态演化比较

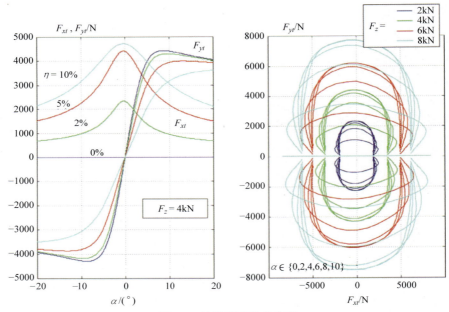

图 8.1 轮胎模型静态曲线

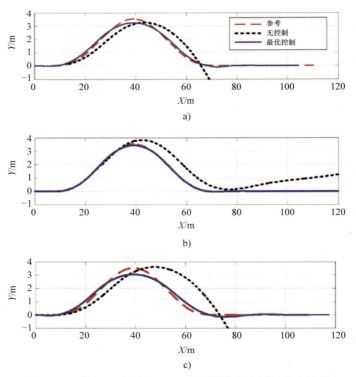

图 8.2 三种 DLC 机动和 ARS 执行器的轨迹跟随优化结果

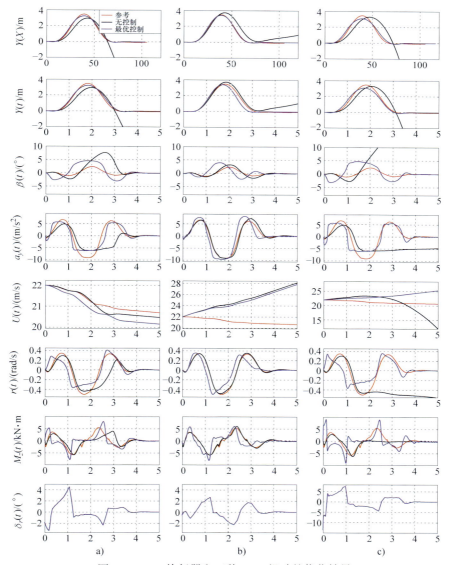

图 8.3 ARS 执行器和三种 DLC 机动的优化结果

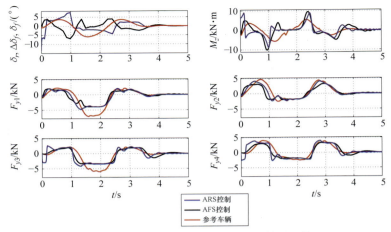

图 8.4 机动 3 的 ARS 和 AFS 优化结果比较

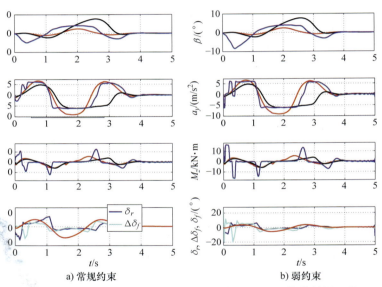

a) 常规约束   b) 弱约束

图 8.5 机动 1 针对 ARS 和 AFS 控制输入的 4WS 优化结果比较

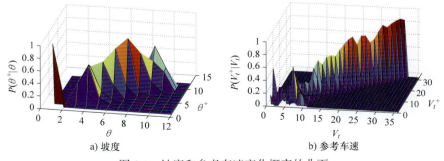

a) 坡度   b) 参考车速

图 9.1 坡度和参考车速变化概率的曲面

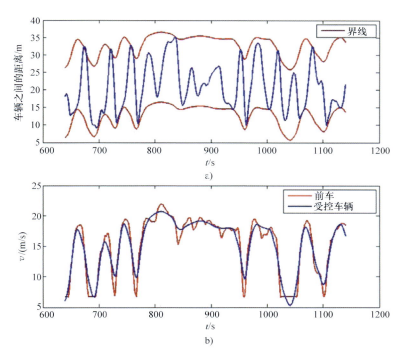

图 10.3 优化的跟随车辆的典型行为

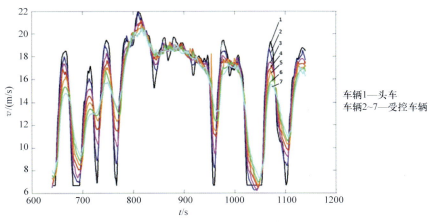

车辆1—头车
车辆2~7—受控车辆

图 10.4 车辆队列的速度曲线

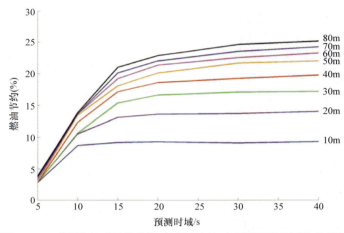

图 10.5　不同裕度下所得的燃油消耗效益对有限预测范围的依赖性

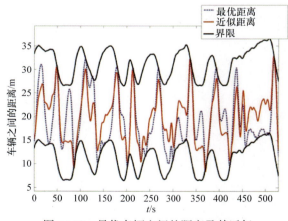

图 10.12　最优车辆之间的距离及其近似

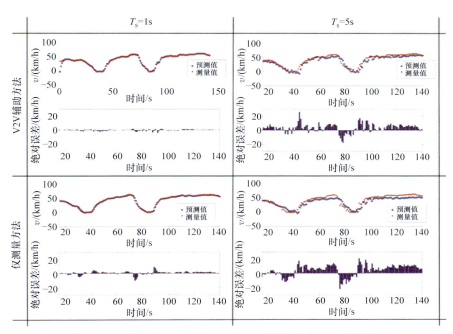

图 10.13 采用"V2V 辅助方法"和"仅测量方法"预测结果

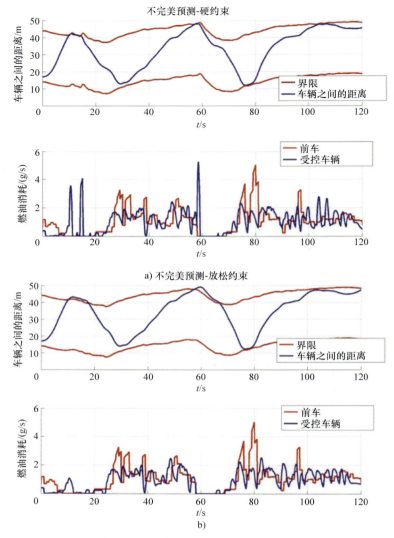

图 10.15 不完美预测对燃油效益的影响

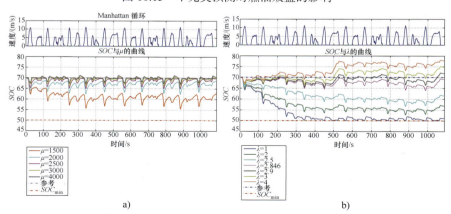

图 12.7 Manhattan 驱动循环下 SOC 的轨迹：a）NL-OCS 随着 μ 的变化；
b）PMP 随着 λ 的变化

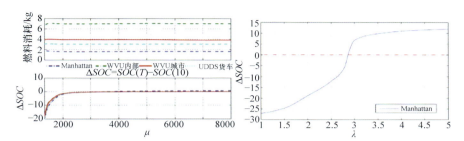

图 12.8 NL-OCS：四种不同驱动循环的 a）燃料消耗和 $\Delta SOC=SOC(T)-SOC(0)$ 与 μ 的关系；b）PMP：Manhattan 驱动循环的 ΔSOC 作为 λ 的函数

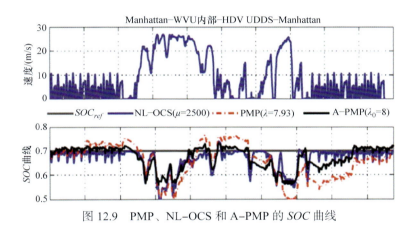

图 12.9 PMP、NL-OCS 和 A-PMP 的 SOC 曲线

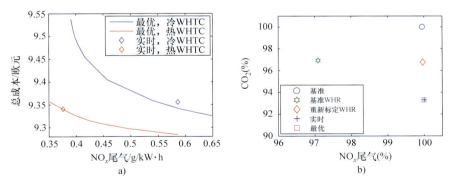

图 14.5 针对最优 IPC 策略的 a）总运营成本 $-NO_x$ 平衡和 b）针对加权 WHTC 的 CO_2-NO_x 平衡

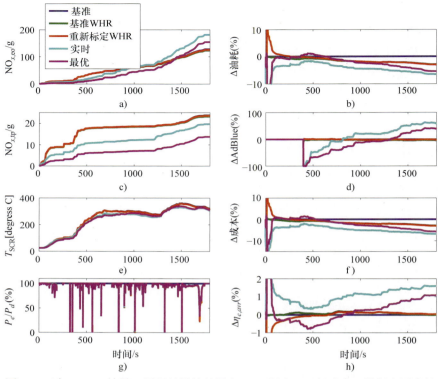

图 14.6 冷 WHTC 结果：累积的排放结果和 SCR 温度、运行成本、燃料和尿素的消耗量以及相对于基准的发动机效率

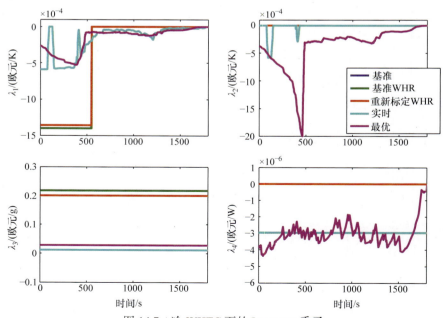

图 14.7 冷 WHTC 下的 Lagrange 乘子

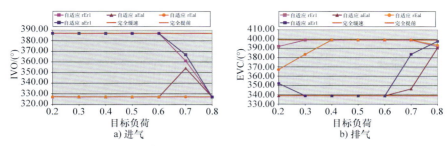

图 15.2 在四种不同组合(均缓速、均提前和一缓速/一提前)下初始化时,
不同负载下最优的进气凸轮正时和排气凸轮正时

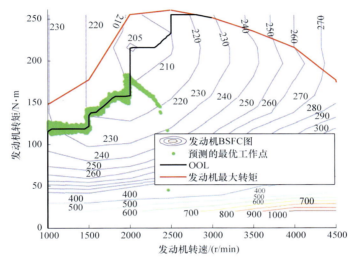

图 15.9 叠加发动机转速和转矩的发动机图

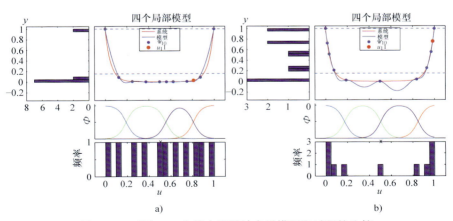

图 16.7 不同 DoE 在线应用设计点后模型和过程的比较

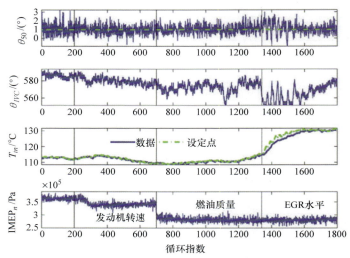

图 17.4 基于物理的 MPC 控制器对发动机转速、燃油发动机 EGR 水平扰动的抑制特性

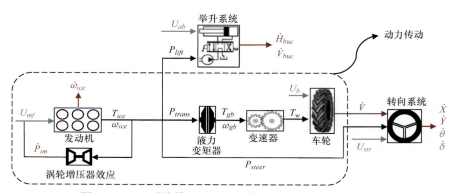

图 18.2 WL 系统模型的组成部分和部件之间的相互关系

注：状态为红色，控制输入为蓝色。

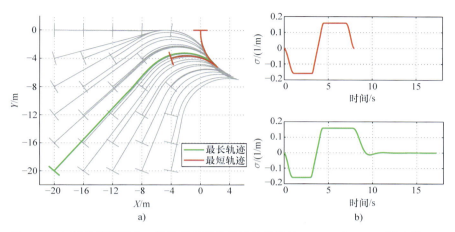

图 18.6 在短负载循环内,从负载点到负载接收位置的 Min M_f 和 Min T 瞬态的 WL 最优轨迹是相同的,并且只取决于负载接收位置 a);在运行过程中, 轨迹曲率保持连续,这是轨迹控制器设计的必要条件 b)

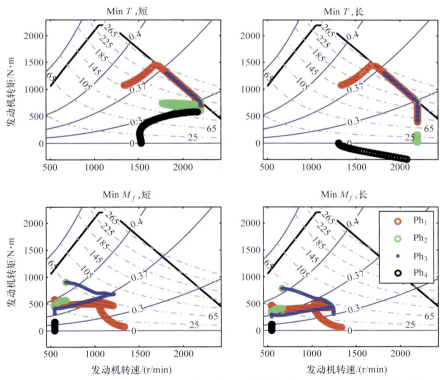

图 18.7 短循环和长循环相对于发动机转矩限制的发动机工作点和燃料最优瞬态: 恒定效率曲线以蓝色表示,恒定功率(kW)曲线以灰色表示

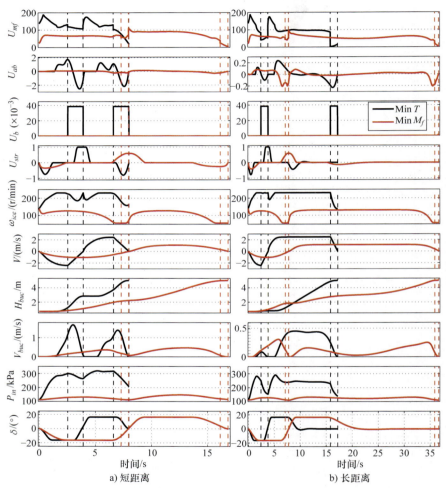

图 18.8 不同循环的 Min T 和 Min M_f 瞬态，垂直线是阶段边界

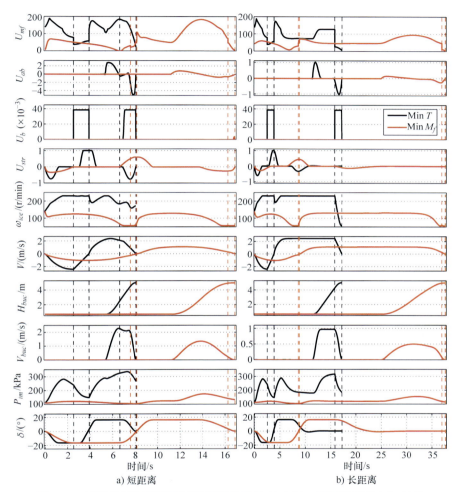

图 18.9 当举升延迟到循环持续时间的最后 30% 时,不同循环的 Min T 和 Min M_f 的瞬态,垂直线是阶段边界

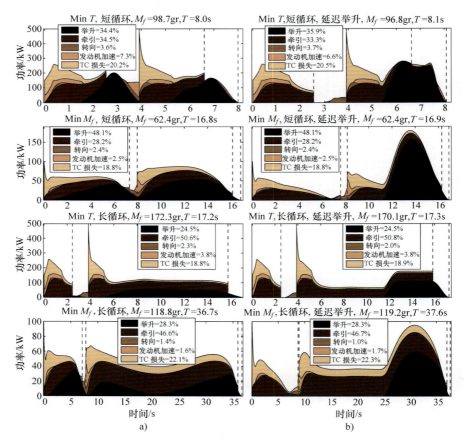

图 18.10 正常运行 a）和延迟举升运行 b）的 Min T 和 Min M_f 瞬态过程的短循环和长循环的功率中断，垂直线是阶段边界

注：1gr = 0.0648g。

汽车先进技术译丛　汽车创新与开发系列

汽车系统优化与最优控制

［奥］哈拉尔·瓦希尔（Harald Waschl）
［美］伊利亚·科尔马诺夫斯基（Ilya Kolmanovsky）　著
［荷］马丁·斯坦布赫（Maarten Steinbuch）
［奥］路易吉·德尔·雷（Luigi del Re）

吉林大学汽车仿真与控制国家重点实验室　组译
李杰　张初旭　王文竹　那雪娇　曲婷　译

机械工业出版社

本书介绍了优化技术的使用，这些技术对于满足汽车系统日益严格和多样化的要求变得至关重要。它向读者展示了如何从基于某种程度的启发式的早期方法转向使用越来越普遍的系统方法，并收集了来自优化的理论、方法和实际汽车工程应用的成果。

更高的燃油经济性、允许排放量的显著减少、新的驾驶性能要求以及汽车系统普遍增加的复杂性都是工程技术人员的目标。在许多情况下，多个且经常相互冲突的需求会导致多目标约束优化问题，这些问题也被考虑在内。其中一些问题属于将传统的多学科优化方法应用于基于系统模型的系统、子系统或组件参数设计的领域；另一些问题则需要将优化直接应用于实验系统，以确定最佳校准或最佳控制轨迹并得出控制规律。

本书讨论了汽车系统优化的基本方法并展示在汽车系统设计和控制问题中的实际优化方法和具体应用，反映并促进汽车系统优化的综合方法。本书适用于优化研究及汽车行业学术研究人员，也可供汽车工程师和汽车设计师阅读使用。

前　言

优化技术的应用对于解决汽车系统快速增长所面临的问题是至关重要的。近年来，系统优化方法越来越受到重视，是因为它在开发汽车的层面都发挥了重要作用。在此背景下，奥地利机电一体化能力中心（ACCM）于2013年7月15—16日在林茨（Linz）的约翰尼斯开普勒大学（the Johannes Kepler University）组织了一次研讨会。这次研讨会的目的是将研究优化理论和方法的专家与汽车行业的专家聚集在一起，促进不同领域代表之间的信息交流和公开讨论，除了分析一般优化的问题、方法、工具和应用，会议还聚焦了动态优化问题。

本书是由经过同行评审选出的研讨会论文构成的，分为4个部分。第一部分是对优化基本原理和定制方法的研究，另外三部分为不同类型的汽车优化问题：分别聚焦车辆内容和内部系统优化动力传动优化和发动机优化。

本次研讨会的举办和论文的收集都得到了 Daniela Hummer 和 Sandra Pfistermüller 等人的大力支持，在此对他们表示感谢。此外，还要感谢每章的审稿人，他们也为本书的编撰做了大量重要和必要的工作。

目　录

前言
绪论 ·· 1

第一部分　优化方法

第1章　轨迹优化综述
1.1　引言 ·· 5
1.2　轨迹优化问题 ·· 6
1.3　轨迹优化数值方法 ································ 6
1.4　微分方程数值解 ···································· 7
　　1.4.1　配置方法 ···································· 8
　　1.4.2　函数积分 ···································· 8
1.5　非线性优化 ·· 9
1.6　轨迹优化问题的求解方法 ·················· 10
　　1.6.1　间接方法 ·································· 10
　　1.6.2　直接方法 ·································· 12
1.7　轨迹优化问题求解软件 ······················ 13
1.8　方法选择 ·· 14
1.9　汽车系统应用 ······································ 15
1.10　结论 ·· 15
参考文献 ·· 16

第2章　汽车标定在线极值搜索方法 ·· 20
2.1　引言 ·· 20
2.2　极值搜索综述 ······································ 22
　　2.2.1　黑箱极值搜索 ························ 23
　　2.2.2　灰箱极值搜索 ························ 25
　　2.2.3　抽样数据方法 ························ 26
2.3　汽车发动机标定应用 ·························· 26
2.4　约束合并 ·· 30
2.5　结论 ·· 31
参考文献 ·· 31

第3章　自动驾驶车辆的模型预测控制 ·· 34
3.1　引言 ·· 34
3.2　控制和估计问题 ·································· 34
　　3.2.1　非线性模型预测控制 ············ 35
　　3.2.2　滚动时域估计 ························ 35
3.3　快速NMPC和MHE的有效算法 ·· 36
　　3.3.1　动态优化问题在线求解 ········ 36
　　3.3.2　基于自动代码生成的快速求解器 ···································· 37
3.4　车辆模型 ·· 37
　　3.4.1　底盘动力学 ···························· 38
　　3.4.2　轮胎接触力：Pacejka魔术公式 ·· 38
　　3.4.3　车轮动力学 ···························· 39
　　3.4.4　垂向力和悬架模型 ················ 39
　　3.4.5　动力学的空间重构 ················ 40
3.5　自动驾驶车辆的控制 ·························· 40
　　3.5.1　MHE描述 ······························ 41
　　3.5.2　NMPC描述 ···························· 41
　　3.5.3　仿真结果 ································ 42
　　3.5.4　换档策略 ································ 43
3.6　结论 ·· 44
参考文献 ·· 44

第4章　HJBE的近似解和内燃机最优控制 ·· 47
4.1　引言 ·· 47
4.2　HJB方程和最优控制 ·························· 48
4.3　动态值函数与代数$\bar{P}$解 ···················· 49
　　4.3.1　动态值函数定义 ···················· 49

4.3.2 一类正则动态值函数 ……… 51
4.3.3 扩展成本最小化 ………… 53
4.4 内燃机试验台的最优控制 …… 54
4.5 结论 …………………………… 58
参考文献 …………………………… 58

第二部分 车辆内部和内部系统优化

第5章 基于协同交通场景确定的智能速度推荐 …………………… 61
5.1 引言 …………………………… 61
5.2 智能速度适应系统 …………… 62
5.3 设计过程 ……………………… 62
5.4 方法：第一阶段 ……………… 63
 5.4.1 下一个目标点和最近车辆选择 ……………………… 63
 5.4.2 车辆密度估计 ……………… 63
 5.4.3 交通场景确定 ……………… 64
5.5 方法：第二阶段 ……………… 67
 5.5.1 虚拟最近车辆更新速度 …… 67
 5.5.2 推荐速度方案 ……………… 68
 5.5.3 推荐距离方案 ……………… 68
5.6 验证 …………………………… 69
 5.6.1 交通场景确定 ……………… 70
 5.6.2 推荐速度 …………………… 71
 5.6.3 推荐距离 …………………… 72
5.7 结论 …………………………… 73
参考文献 …………………………… 73

第6章 应用于车道变换的驾驶员控制和轨迹优化 ……………… 75
6.1 引言 …………………………… 75
 6.1.1 经验工程 …………………… 75
 6.1.2 车道变换问题 ……………… 76
6.2 基于模型的工程环境客观评价 … 76
 6.2.1 驾驶员控制的确定 ………… 76
 6.2.2 优化问题 …………………… 78
 6.2.3 离线优化结果 ……………… 79
6.3 虚拟样机环境的主观评价 …… 81
6.4 驾驶模拟器结果（在线） …… 84
6.5 结论 …………………………… 86
参考文献 …………………………… 86

第7章 激进车辆机动的实时近似最优反馈控制 ………………… 87
7.1 引言 …………………………… 87
7.2 超速车辆的激进横摆机动 …… 89
 7.2.1 问题描述 …………………… 89
 7.2.2 车辆和轮胎模型 …………… 90
 7.2.3 最优控制描述 ……………… 92
7.3 应用高斯过程的统计插值 …… 94
 7.3.1 基础理论 …………………… 94
 7.3.2 相关函数的选择 …………… 96
7.4 车辆激进机动生成的在线应用 … 98
 7.4.1 反馈控制器的综合 ………… 98
 7.4.2 数值结果 …………………… 99
7.5 结论 …………………………… 101
参考文献 …………………………… 101

第8章 计算最优控制在车辆动力学中的应用 …………………… 104
8.1 引言 …………………………… 104
8.2 前期优化和评估结果综述 …… 105
 8.2.1 优化算法 …………………… 105
 8.2.2 车辆模型 …………………… 105
 8.2.3 优化问题描述 ……………… 107
 8.2.4 优化和评估结果 …………… 108
8.3 主动转向构型的详细优化 …… 111
 8.3.1 优化算法 …………………… 111
 8.3.2 主动后轮转向 ……………… 111
 8.3.3 主动前轮转向 ……………… 114
 8.3.4 四轮转向 …………………… 114
8.4 结论 …………………………… 115
参考文献 …………………………… 116

第9章 车辆速度的随机燃油效率最优控制 ………………………… 117
9.1 引言 …………………………… 117
9.2 SDP策略生成的建模 ………… 118
 9.2.1 车辆纵向动力学 …………… 118

| 9.2.2 参考车速和道路坡度的随机模型 …… 119
| 9.2.3 成本函数组成 …… 120
| 9.3 随机动态规划 …… 122
| 9.4 仿真案例研究 …… 122
| 9.4.1 交通中的驾驶 …… 123
| 9.4.2 最优车辆跟随 …… 125
| 9.5 车辆试验 …… 126
| 9.6 结论 …… 128
| 参考文献 …… 128

第10章 预测协同自适应巡航控制：燃油消耗效益和可实施性 …… 130
| 10.1 引言 …… 130
| 10.2 问题描述 …… 131
| 10.3 潜力评估 …… 132
| 10.4 非线性滚动优化 …… 134
| 10.5 线性MPC架构内的近似控制律 …… 136
| 10.6 利用辨识的Hammerstein-Wiener模型的近似控制律 …… 137
| 10.7 基于数据的交通预测模型 …… 139
| 10.8 结论 …… 141
| 参考文献 …… 142

第三部分 动力传动优化

第11章 混合动力传动系统的拓扑优化 …… 145
| 11.1 引言 …… 145
| 11.1.1 协同设计方法 …… 146
| 11.1.2 问题定义：系统设计优化 …… 146
| 11.1.3 本章概述 …… 147
| 11.2 控制设计优化：具有舒适性约束的混合动力车辆换档策略 …… 149
| 11.2.1 双层优化：控制问题 …… 150
| 11.2.2 仿真结果：双层控制设计 …… 154
| 11.3 控制和驱动系统设计优化：混合动力车辆的拓扑、变速器、规格和控制优化 …… 155
| 11.4 结论 …… 158
| 参考文献 …… 158

第12章 基于模型的混合动力车辆最优能量管理策略 …… 160
| 12.1 引言 …… 160
| 12.2 HEV中的优化问题 …… 160
| 12.3 案例研究：前置变速器并联混合动力 …… 161
| 12.4 问题描述 …… 163
| 12.5 有限时间范围的能量管理策略 …… 164
| 12.6 无限时间范围优化的动机 …… 166
| 12.7 从有限时间范围到无限时间范围的最优控制问题 …… 167
| 12.8 无限时间非线性最优控制策略 …… 169
| 12.9 策略比较：仿真结果 …… 172
| 12.10 结论 …… 174
| 参考文献 …… 174

第13章 包含热动力学和老化的汽车电池系统最优能量管理 …… 176
| 13.1 引言 …… 176
| 13.2 案例研究和动机 …… 177
| 13.3 最优控制问题描述 …… 178
| 13.3.1 动力传动建模 …… 179
| 13.3.2 电池建模 …… 180
| 13.3.3 电池老化建模 …… 181
| 13.4 最优控制问题求解 …… 183
| 13.4.1 动态规划 …… 183
| 13.4.2 PMP …… 183
| 13.5 最优控制问题结果 …… 184
| 13.5.1 动态规划结果 …… 184
| 13.5.2 PMP结果 …… 187
| 13.6 结论 …… 188
| 参考文献 …… 189

第14章 具有余热回收系统的柴油发动机最优控制 …… 190
| 14.1 引言 …… 190

14.2 系统描述 191
  14.2.1 仿真模型 192
  14.2.2 控制模型 193
14.3 控制策略 193
  14.3.1 IPC 最优控制方法 194
  14.3.2 最优 IPC 策略 195
  14.3.3 实时 IPC 策略 195
  14.3.4 基准策略 196
14.4 控制设计 196
  14.4.1 最优 IPC 策略 197
  14.4.2 实时 IPC 策略 198
14.5 仿真结果 198
  14.5.1 动力传动总体结果 199
  14.5.2 冷循环结果 199
14.6 结论 202
参考文献 203

第四部分　发动机运行优化

第15章　基于学习的发动机映射和标定优化方法 207
15.1 引言 207
15.2 数学问题表示 208
15.3 基于 Jacobi 矩阵学习的优化算法 209
15.4 案例研究 1：发动机映射的应用 211
15.5 案例研究 2：串联 HEV 的车载燃料消耗优化 213
15.6 预测 - 校正算法 215
15.7 案例研究 2（续）：串联 HEV 的车载燃料消耗优化 216
15.8 结论 218
参考文献 218

第16章　相关输出范围的在线试验设计 220
16.1 引言 220
16.2 先进的开发方法 221
16.3 COR 设计的数学背景 224
  16.3.1 局部模型架构 224
  16.3.2 先进设计 225
  16.3.3 在线过程 225
16.4 设计策略 226
  16.4.1 乘积空间的距离准则 226
  16.4.2 自定义输出区域 227
  16.4.3 iDoE 策略 227
16.5 应用 COR 设计的改进开发方法 228
16.6 进一步改进 229
16.7 结论 233

参考文献 233

第17章　HCCI 的最优控制 234
17.1 引言 234
17.2 HCCI 的最优控制设计 235
  17.2.1 HCCI 的多输出 MPC 235
  17.2.2 基于物理的 HCCI 燃烧定时 MPC 235
  17.2.3 排气再压缩 HCCI 的混合 MPC 237
  17.2.4 应用极值搜索的 HCCI 的优化增益和燃料消耗 238
17.5 结论 240
参考文献 240

第18章　考虑发动机和涡轮限制的轮式装载机最优举升和路径 241
18.1 引言 241
18.2 系统模型 246
  18.2.1 动力传动和纵向动力学 247
  18.2.2 转向和地面位置 249
  18.2.3 举升系统 250
18.3 最优控制问题表示 251
18.4 结果 253
  18.4.1 从负载点到负载接收点的 WL 最优轨迹 253
  18.4.2 Min M_f 和 Min T 的系统瞬态 254
  18.4.3 延迟举升 255
  18.4.4 功率中断 257
18.5 结论 259
参考文献 259

绪　论

大多数用户对技术产品的需求都可以通过约束优化问题来表示。例如，用户可能希望在立法或其期望给定的所需力矩特性和限制噪声、排放、重量、尺寸、成本等约束下，开发燃料效率最高的发动机。

对于汽车系统而言，大多数要求不仅在特殊和定义明确的驾驶场景下必须满足，而且在各种各样的环境和道路条件与驾驶员行动未知的场景下也必须满足。此外，汽车系统表现出显著的生产和寿命偏差，这使得"真实"参数通常未知。所有这些都意味着，在汽车环境下的优化必须以某种方式包含不确定性——粗略地说，就是在非常大的未知条件下处理部分未知系统的优化。

传统上，汽车系统已经进行了某种程度启发式的优化，令人印象深刻的结果更多地是巨大的、系统化努力的结果，而不仅是单个系统的优化设计。虽然商业方面——首先是生产规模和错误可能带来灾难性后果——已经使得这种方法可行，甚至是必要的，但由于需要减少开发时间和成本，人们对更系统化方法的兴趣越来越大。这导致了两个主要方向：一方面，基于本地数据的模型与优化的标定（调优）支持工具已经被开发出来；另一方面，基于模型控制领域的学术工作获得了额外的动力，并且在生产中得到了应用。

2013 年 7 月 15—16 日，ACCM 在林茨（Linz）举行了汽车系统优化主题研讨会以评估优化方法应用的现状，并且讨论如何在工业实践中提高其可用性。由于优化可以在不同的设计阶段应用，从系统设计层面和最优拓扑选择，到运行层面和最优控制策略的开发，因此，会议讨论了许多相关主题。然而，人们大多数关注的是与控制相关的优化，对控制的耦合问题和对设计优化的研究和理解相对较少。

本书首先讨论了汽车应用的动态优化技术和方法，包括对动态优化和轨迹优化技术的基本介绍（第 1 章）和三种更具体的方法，即极值搜索（第 2 章）、模型预测控制（第 3 章）和一种基于 Hamilton – Jacobi – Bellman 方程的最优非线性反馈调节技术（第 4 章）。最后一种方法在理论上是一种先进的方法，研究结果表明，其一旦与合适的系统识别方法相结合，则可对汽车系统的优化产生有效作用。

然后，本书继续讨论动态优化和最优控制在汽车不同层面的应用。在一个非常高的层面上，使用它来控制交通流和加强交通流的流动性有望带来显著的好处，如

第5章所述。在单车运行和主动安全层面也可以通过优化和最优控制获得很多提升，如第6~8章所述的三个方面主要集中在操纵稳定性和安全上，另外两个方面（第9章和第10章）研究了动态优化在车速控制辅助系统中的应用。

接下来，本书将在动力传动层面展示优化潜力。该部分特别围绕混合动力电动汽车（HEV）进行了讨论，第11章对拓扑优化进行了介绍，第12章和第13章对最优能量管理进行了介绍。

动态优化的另一个应用是柴油发动机后处理的协调控制，即第14章介绍的主题。虽然动态优化在HEV能量管理中的应用已得到了相对充分的理解，但是现在人们对使用动态优化来实现后处理系统的有效控制和减少排放越来越感兴趣。

最后，本书讨论了发动机运行的优化问题，这是一个在理论和工业上都有许多贡献的课题。具体来说，第15章从工业的角度讨论通过学习方法对发动机映射进行最优标定的问题，第16章介绍了一种用于类似任务的商用优化工具的开发。第17章解决了均质压缩点火（HCCI）发动机的最优控制问题，而第18章在某种意义上缩小了车辆和发动机控制之间的差距，在考虑发动机运行的同时，实现车辆的最优运行。

由讨论可以得出一些一般性的结论。简而言之，学术界和工业界之间存在差距。这种差距是由于遗留问题造成的，使得工业用户很难采用或测试新的优化和最优控制方法；学术界需要解决更复杂的问题和需求，包括更现实的模型和系统工程等方面。

具体细节如下：

范围	优化在许多不同的领域都很重要，但必须将其视为开发过程的一部分，即它必须考虑到系统工程方面，并且支持设计、建模和优化的连续过程
模型	众所周知，不同类型的模型会极大地影响优化任务的复杂性。作为一种普遍的趋势，最初用于设计的基于原理的简单模型，正在由更多越来越复杂和准确的基于数据的模型取代，这些模型往往会提供更好的优化结果。尽管如此，初始的原理模型也仍在优化中使用，而且一些老用户更喜欢使用这种模型
工业重点	最优控制和动态优化在工业中变得越来越重要，但与之相关的任务（如最优标定和调优）经常被学术界忽视。处理这些相关的任务可以对工业发展进程产生立即和直接的影响。另一方面，学术工作更多地集中于标准问题的算法解，这些解在新的应用中越来越受关注
动手需求	对于最终用户来说，在不同的方法之间进行选择和看到特定优化方法的优势是不容易的，特别是因为许多算法是在简化的条件下开发的，在正常的产品操作中是不现实的。因此，有必要建立考虑了实施要素、鲁棒性和可验证性的评价方法
自适应方法	自适应最优方法可能是在真实、变化的条件下改进操作的一种极好的方法，但需要方法来保证和/或测试它们在所有条件下的性能/收敛性/安全性。对于认证来说，这也是一个关键点
驾驶员在环	人的交互作用是最优控制系统运行的一个重要因素，需要有评价主观标准的指标。人类的行为和反应也可以嵌入优化链中

第一部分　优化方法

第一編　食品化学

第 1 章 轨迹优化综述

摘要： 本章概述轨迹优化的数值方法，旨在描述多年来开发的最优轨迹生成的典型方法。此外，本章将描述为求解轨迹最优问题而开发的现代软件工具。最后，本章对如何选择数值优化方法进行讨论。

1.1 引言

轨迹优化是为了优化指定的性能指标，确定满足给定系统约束和动态系统所需的路径和相应的输入（控制）的过程。通常，最优轨迹生成是离线进行的，即这样的问题不是实时求解的，也不是以闭环的方式求解的。由于大多数应用的复杂性，最优轨迹通常是应用数值方法生成的。轨迹优化的数值方法可以追溯到 20 世纪 50 年代 Bellman 的研究。由于现代应用的复杂性已经得到巨大提升，与过去相比，轨迹优化方法不断演变发展，这一学科在包括工程、经济、医学的所有分支在内的广泛领域中也变得越来越重要。

轨迹优化的数值方法主要分为两类：间接方法和直接方法。在间接方法中，利用变分法的一阶最优条件，将轨迹优化问题转化为多点 Hamilton 边值问题（HBVP）。通过数值求解 HBVP，确定候选的最优轨迹，称为极值。检验 HBVP 的每个极值解，通过判断其是局部最小值、最大值还是鞍点，从而选择成本最低的极值。在直接方法中，通过将原始轨迹优化问题的状态和/或控制进行参数化近似，可以将轨迹优化问题转化为一个有限维的非线性规划问题（NLP），最后通过已知的优化技术求解 NLP。

间接方法和直接方法源于两种不同的哲学思想。一方面，间接方法通过将轨迹优化问题转化为边值问题，间接求解轨迹优化问题，由此得名间接。因此，在间接方法中，最优解是通过求解满足端点和/或内点条件的微分方程组而获得的。另一方面，在直接方法中，最优解是通过将一个无限维优化问题转化为一个有限维优化问题而获得的。

间接方法和直接方法这两种不同思想导致轨迹优化领域形成了两大阵营。专注于间接方法的研究人员主要对微分方程的数值解感兴趣，而专注于直接方法的研究人员主要对优化问题的数值解感兴趣。乍一看,这两种方法似乎完全不相关,但是它们有很多共同点。近年来,研究人员对间接方法和直接方法之间的联系进行了较深入的研究。研究发现,许多直接方法的最优性条件都具有明确的意义关系。因此,随着时间的推移,这两类方法正在合并中。

1.2 轨迹优化问题

下面正式提出一个相对普遍的轨迹优化问题。通常,这种优化问题可以分为 P 个阶段,阶段间以某种有意义的方式连接起来,形成如下的分段轨迹优化问题。优化成本函数为

$$J = \sum_{k=1}^{P} \left[\boldsymbol{\Phi}^{(k)}[\boldsymbol{y}^{(k)}(t_0), t_0, \boldsymbol{y}^{(k)}(t_f), t_f; \boldsymbol{s}] + \int_{t_0^{(k)}}^{t_f^{(k)}} \mathscr{L}[\boldsymbol{y}^{(k)}(t), \boldsymbol{u}^{(k)}(t), t; \boldsymbol{s}^{(k)}] \mathrm{d}t \right] \tag{1.1}$$

动态约束为

$$\dot{\boldsymbol{y}}^{(k)}(t) = \boldsymbol{f}(\boldsymbol{y}^{(k)}(t), \boldsymbol{u}^{(k)}(t), t; \boldsymbol{s}^{(k)}) \tag{1.2}$$

边值条件为

$$\boldsymbol{\phi}_{\min}^{(k)} \leq \boldsymbol{\phi}^{(k)}(\boldsymbol{y}^{(k)}(t_0^{(k)}), t_0^{(k)}, \boldsymbol{y}^{(k)}(t_f^{(k)}), \boldsymbol{s}^{(k)}, t_f^{(k)}) \leq \boldsymbol{\phi}_{\max}^{(k)} \tag{1.3}$$

代数路径约束为

$$\boldsymbol{c}_{\min}^{(k)} \leq \boldsymbol{c}^{(k)}(\boldsymbol{y}^{(k)}(t), \boldsymbol{u}^{(k)}(t), \boldsymbol{s}^{(k)}, t) \leq \boldsymbol{c}_{\max}^{(k)} \tag{1.4}$$

连接约束,也称为阶段连续约束为

$$\boldsymbol{L}_{\min}^{(s)} \leq \boldsymbol{L}\left(\boldsymbol{y}^{(l_s)}(t_f^{(l_s)}), \boldsymbol{u}^{(l_s)}(t_f^{(l_s)}), \boldsymbol{s}^{(l_s)}, t_f^{(l_s)},\right.$$
$$\left. \boldsymbol{y}^{(r_s)}(t_f^{(r_s)}), \boldsymbol{u}^{(r_s)}(t_f^{(r_s)}), \boldsymbol{s}^{(r_s)}, (t_f^{(r_s)})\right) \leq \boldsymbol{L}_{\max}^{(s)} \tag{1.5}$$

式中,$s \in [1, \cdots, S]$,S 为要连接的阶段数量;$r_{s \in [1, \cdots, S]}$ 和 $l_{s \in [1, \cdots, S]}$,分别为连接阶段的右段和左段,$r_s \neq l_s$ 意味着任何阶段不能与自身连接。

1.3 轨迹优化数值方法

求解轨迹优化问题方法的核心,包括如下三个基本组成部分:①求解微分方程和积分函数的方法;②求解非线性代数方程组的方法;③求解非线性优化问题的方法。在轨迹优化最优控制中,所有的数值方法都需要求解微分方程和积分函数。在间接方法中,将微分方程的数值解与非线性方程组的数值解相结合,而在直接方法中,微分方程的数值解与非线性优化相结合。每类最优控制方法所使用组成部分的分解原理如图1.1所示。

图1.1 轨迹优化的三个基本组成部分和每个组成部分使用的方法

1.4 微分方程数值解

考虑初值问题（IVP）：

$$\dot{y} = f(y(t), t), \quad y(t_0) = y_0 \tag{1.6}$$

设 $[t_i, t_{i+1}]$ 为一个时间区间，在此区间求式（1.6）的解。对式（1.6）进行积分，可以表示为

$$y_{i+1} = y_i + \int_{t_i}^{t_{i+1}} \dot{x}(s) ds = y_i + \int_{t_i}^{t_{i+1}} f(y(s), s) ds \tag{1.7}$$

求解微分方程最常用的两种方法是时间推进方法和配置方法。在时间推进方法中，求解时利用当前解和/或之前信息，依次求出微分方程在每个时间步 t_k 的解。在多步时间推进方法中，时刻 t_{k+1} 的解是由之前确定的 $t_{k-j}, \cdots, t_k$ 的一组解获得的，其中 j 为步数。最简单的多步方法是单步方法，即 $j=1$。最常见的单步方法是 Euler 方法，最常见的多步方法是 Adams – Bashforth 方法和 Adams – Moulton 方法。Euler 向后方法和 Crank – Nicolson 方法是典型的隐式方法，而 Euler 向前方法是典型的显式方法。当采用隐式方法时，t_{k+1} 处的解是用预测 – 校正得到的。其中，预测通常采用显式方法，即 Euler 向前方法，而校正是隐式方法。隐式方法比显式方法更稳定，但是由于需要实现预测 – 校正，隐式方法在每一步都需要进行更多的计算。

多步时间推进方法的一种替代方法是多阶段方法。在多阶段方法中，将时间区间 $[t_i, t_{i+1}]$ 分成 K 个子区间 $[\tau_j, \tau_{j+1}]$，其中

$$\tau_j = t_i + h_i \alpha_j, \quad h_i = t_{i+1} - t_i \tag{1.8}$$

式中，$0 \leq \alpha_j \leq 1$；$j=1,\cdots,K$；每个 τ_j 的值称为阶。

从 t_i 到 t_{i+1} 的积分可以通过求积分近似：

$$\int_{t_i}^{t_{i+1}} f(y(s), s) ds \approx h_i \sum_{j=1}^{K} \beta_j f(y_j, \tau_j) \tag{1.9}$$

式中，$y_j \equiv y(\tau_j)$。

由式（1.9）可以看出，积分近似需要每个阶段的状态值。这些中间值的计算公式如下：

$$y(\tau_j) - y(t_i) = \int_{t_i}^{\tau_j} f(y(s), s) ds \approx h_i \sum_{l=1}^{K} \gamma_{jl} f(y_l, \tau_l) \tag{1.10}$$

式（1.9）和式（1.10）的组合，导致一系列 K 阶 Runge-Kutta 方法。对于所有 $l \geq j$，如果 $\gamma_{jl} = 0$，则 Runge-Kutta 方法为显式的，否则为隐式的。在显式 Runge-Kutta 方法中，t_{k+1} 时刻的近似值使用 t_{k+1} 时刻之前的信息进行计算，而在隐式 Runge-Kutta 方法中，为了计算时刻 t_{k+1} 的解需要先求出 $\mathbf{y}(t_{k+1})$。在后一种情况下，使用预测-校正方法对解进行更新。

1.4.1 配置方法

求解微分方程的另外一种方法是配置方法。假设在子区间 $[t_i, t_{i+1}]$ 上，选择使用下面的 K 次分段多项式来近似表示状态

$$\mathbf{Y}(t) \approx \sum_{k=0}^{K} \mathbf{a}_i (t - t_i)^k, \quad t \in [t_i, t_{i+1}] \tag{1.11}$$

进一步假设选择分段多项式的系数 $(a_0, \cdots, a_K)$ 来匹配步骤开始时的函数值，即

$$\mathbf{Y}(t_i) = \mathbf{y}_i \tag{1.12}$$

最后，假设选择在式（1.8）中定义的点匹配状态导数，即

$$\dot{\mathbf{y}}(\tau_j) = \mathbf{f}(\mathbf{y}(\tau_j), \tau_j), \quad (j = 1, \cdots, K) \tag{1.13}$$

式（1.13）称为配置条件，导数的近似值等于微分方程的右侧在每个中间点 $(\tau_1, \cdots, \tau_K)$ 处的取值。配置方法分为三大类：Gauss 方法、Radau 方法和 Lobatto 方法。在 Gauss 方法中，端点 t_k 或 t_{k+1} 都不是配置点。在 Radau 方法中，最多有一个端点 t_k 或 t_{k+1} 是配置点。在 Lobatto 方法中，t_k 和 t_{k+1} 都是配置点。

结果表明，Euler 方法和 Runge-Kutta 方法可以等同于时间推进方法或配置方法。当 Euler 方法或 Runge-Kutta 方法以配置形式使用时，微分方程是同时求解的，因为所有未知参数都是同时确定的。此外，配置方法被视为隐式模拟系统动力学，因为每个配置点的状态值都是同时获得的，而不是像时间推进方法那样按顺序求解状态。为了实现同时仿真，将离散化动力学描述为缺陷约束的形式

$$\boldsymbol{\zeta}_j = \dot{\mathbf{y}}(\tau_j) - \mathbf{f}(\mathbf{y}(\tau_j), \tau_j) \tag{1.14}$$

作为实例，Crank-Nicolson 方法的缺陷约束表示为

$$\boldsymbol{\zeta}_k = \mathbf{y}_{k+1} - \mathbf{y}_k - \frac{h_k}{2}(\mathbf{f}_k + \mathbf{f}_{k+1}) \tag{1.15}$$

在配置方法（即隐式模拟）中，希望找到一个使所有缺陷约束都为零的解。最后，配置方法和时间推进方法的一个关键区别是，在配置方法中不需要使用预测-校正，因为每个离散点的状态值都是同时求解的。

1.4.2 函数积分

为了求解一个轨迹优化问题，需要对式（1.1）的成本函数进行近似。通常，

使用与求解微分方程的数值方法相一致的求积分来近似成本。例如,如果使用 Euler向前规则来求解微分方程,则成本也使用 Euler 向前积分来近似。微分方程和成本近似的一致性要求,可以用另一种方式来考虑。对于一个单阶段轨迹优化问题,成本函数为

$$J = \Phi(y(t_0),t_0,y(t_f),t_f) + \int_{t_0}^{t_f} \mathscr{L}[y(t),u(u),t;s]\mathrm{d}t \quad (1.16)$$

通过增加一个状态 y_{n+1} 和微分方程

$$\dot{y}_{n+1} = g[y(t),u(t),t;s] \quad (1.17)$$

可以转化成 Mayer 问题。

具有初始条件

$$y_{n+1}(t_0) = 0 \quad (1.18)$$

式(1.16)的成本函数就可以表示为

$$J = \Phi[y(t_0),t_0,y(t_f),t_f;s] + y_{n+1}(t_f) \quad (1.19)$$

由此得到增广微分方程组,表示为

$$\dot{y}(t) = f[y(t),u(t),t;s]$$
$$\dot{y}_{n+1} = \mathscr{L}[x(t),u(t),t;s] \quad (1.20)$$

然后,式(1.20)可以用任何成熟的数值积分方法来求解。需要注意的是,使用这种方法时,用于积分式(1.17)的方法也必须用于积分下式

$$\mathscr{L}[y(t),u(t),t;s]$$

1.5 非线性优化

求解轨迹优化问题的一个关键要素是,求解非线性优化或非线性规划问题 (NLP)的能力。下面说明 NLP 采用的一般数学形式,确定最小化成本函数的决策向量 $z = \mathrm{R}^n$,成本函数为

$$f(z) \quad (1.21)$$

代数约束为

$$g(z) = 0 \quad (1.22)$$
$$h(z) \leq 0 \quad (1.23)$$

式中,$g(z) \in \mathrm{R}^m$;$h(z) \in \mathrm{R}^p$。

NLP 可以是密集的,即大部分目标函数和约束函数对于 z 分量的导数非零;当然,NLP 也可以是稀疏的,即大部分目标函数和约束函数对于 z 分量的导数为零。密集的 NLP 通常很小,最多由几百个变量和约束组成,而疏散的 NLP 通常非常大,范围从数千个变量和约束到数百万个变量和约束不等。

1.6 轨迹优化问题的求解方法

除了简单的问题外,轨迹优化问题必须通过数值方法求解。数值求解最优控制问题的需求,促使很多数值方法应运而生。这些数值方法分为两大类:间接方法和直接方法。

1.6.1 间接方法

在间接方法中,应用变分法确定式(1.1)~式(1.5)给出的轨迹优化问题的一阶最优性条件。与普通微积分不同,优化问题求解的目标是确定一个最优点使得优化问题最优,变分法的目标是确定一个函数,其使函数的函数优化,也称为泛函优化。将变分法应用于式(1.1)~式(1.5)给出的泛函优化问题,得到极值轨迹的一阶必要条件。无静态参数的单阶段连续时间轨迹优化问题的一阶最优性条件为

$$\dot{\boldsymbol{y}} = \mathcal{H}_{\boldsymbol{\lambda}}^{\mathrm{T}}, \quad \dot{\boldsymbol{\lambda}} = -\mathcal{H}_{\boldsymbol{y}}^{\mathrm{T}} \tag{1.24}$$

$$\boldsymbol{u}^* = \arg\min_{\boldsymbol{u} \in \mathcal{U}} \mathcal{H} \tag{1.25}$$

$$\phi(\boldsymbol{y}(t_0), t_0, \boldsymbol{y}(t_f), t_f) = \boldsymbol{0} \tag{1.26}$$

$$\boldsymbol{\lambda}(t_0) = -\boldsymbol{\Phi}_{\boldsymbol{y}}(t_0) + \boldsymbol{v}^{\mathrm{T}}\phi_{\boldsymbol{y}(t_0)}, \quad \boldsymbol{\lambda}(t_f) = \boldsymbol{\Phi}_{\boldsymbol{y}}(t_f) - \boldsymbol{v}^{\mathrm{T}}\phi_{\boldsymbol{y}(t_f)} \tag{1.27}$$

$$\mathcal{H}(t_0) = \boldsymbol{\Phi}_{t_0} - \boldsymbol{v}^{\mathrm{T}}\phi_{t_0}, \quad \mathcal{H}(t_f) = -\boldsymbol{\Phi}_{t_f} + \boldsymbol{v}^{\mathrm{T}}\phi_{t_f} \tag{1.28}$$

$$\mu_j(t) = 0, \text{ 若 } C_j(\boldsymbol{x}, \boldsymbol{u}, t) < 0, \quad j = 1, \cdots, c$$
$$\mu_j(t) \leq 0, \text{ 若 } C_j(\boldsymbol{x}, \boldsymbol{u}, t) = 0, \quad j = 1, \cdots, c \tag{1.29}$$

式中,$H = L + \boldsymbol{\lambda}^{\mathrm{T}}\boldsymbol{f} - \boldsymbol{\mu}^{\mathrm{T}}\boldsymbol{C}$ 为增广的 Hamilton 函数;u 为可行控制集;$\boldsymbol{v} \in \mathbb{R}^q$ 为与边界条件 ϕ 有关的 Lagrange 乘子。

最后,注意到最优控制问题的解可能沿着一个奇异弧分布,不能由一阶最优性条件确定控制。如果存在一个奇异弧,则必须推导出附加条件以确定沿着奇异弧的控制。

由于式(1.24)所表示的动力学是由 Hamilton 函数微分得到的,因此式(1.24)称为 Hamilton 系统。此外,式(1.25)称为 Pontryagin 最小原理(PMP),是确定最优控制的经典结果。最后,式(1.27)给出的初始和终值共态条件,称为横截性条件,而式(1.29)给出的路径约束的 Lagrange 乘子条件,称为互补松弛条件。Hamilton 系统连同边界条件、横截性条件和互补松弛条件,称为 Hamilton 边值问题(HBVP)。任何解 $(\boldsymbol{y}(t), \boldsymbol{u}(t), \boldsymbol{\lambda}(t), \boldsymbol{\mu}(t), \boldsymbol{v})$ 称为极值解,由状态、共态和任意 Lagrange 乘子组成,而 Lagrange 乘子要满足边界条件与任何关于状态和共态的内点约束。在间接方法中,通过数值方法确定极值轨迹,即 HBVP 的解。由于间接方法需要求解多点边值问题,需要将原轨迹优化问题转化为求解形式为非线性方程组的问题

$$f(z) = 0 \qquad (1.30)$$
$$g_{\min} \leqslant g(z) \leqslant g_{\max}$$

三种最常见的间接方法是打靶方法、多重打靶方法和配置方法，下面分别对每种方法进行描述。

1.6.1.1 间接打靶方法

打靶方法或许是最基本的间接方法。在典型的打靶方法中，由区间一端的未知边界条件进行初始估计（猜测）。利用这一估计，结合已知的初始条件，将由式（1.24）表示的 Hamilton 系统积分到另一端，即从 t_0 到 t_f 或从 t_f 向后到 t_0，当达到 t_f 时，将数值积分得到的终端条件与式（1.26）和式（1.27）给出的已知终端条件进行比较，如果积分的终端条件与已知终端条件的差值超过限定的误差 ε，则调整未知的初始条件并重复该过程，直到积分后的终端条件和所需终端条件之间的差值小于指定的阈值为止。

1.6.1.2 间接多重打靶方法

虽然简单的打靶方法凭借其简单的特点而应用广泛，但由于 Hamilton 动力学条件的不完善，其在数值上存在较大的误差。产生这种不完善的原因源于 Hamilton 系统的轨迹散度必须为零的特性，即

$$\sum_{i=1}^{n}\left[\frac{\partial}{\partial x_i}\left(\frac{\partial \mathcal{H}}{\partial \lambda_i}\right) + \frac{\partial}{\partial \lambda_i}\left(-\frac{\partial \mathcal{H}}{\partial x_i}\right)\right] \equiv 0 \qquad (1.31)$$

式（1.31）意味着，在最优解的邻域中存在等量的方向，解将沿着这些方向收缩和扩展，并且扩展和收缩的速率相同。同时发生的扩展和收缩是由于许多 Hamilton 系统存在指数型二分性的事实，因此，在未知边界条件下所产生的误差会随着动力学在任意时间方向上的积分而增大。当轨迹优化问题过于敏感时，即与 Hamilton 系统最优解领域的时间尺度相比，目标时间区间较长时，打靶方法的准确性尤其差。

为了克服简单打靶方法数值求解困难的问题，相关学者提出一种改进的方法，称为多重打靶方法。在多重打靶方法中，将时间区间 $[t_0, t_f]$ 划分为 $M+1$ 个子区间，然后将打靶方法应用于每个子区间 $[t_i, t_{i+1}]$，每个子区间状态的初始值和内部区间的伴随值是需确定的未知量。为了强化连续性，在每个子区间的边界强制执行以下条件

$$p(t_i^-) = p(t_i^+) \Longleftrightarrow p(t_i^-) - p(t_i^+) = 0 \qquad (1.32)$$

其中，$p(t)$ 为状态-共态组合向量。

$$p(t) = \begin{bmatrix} x(t) \\ \lambda(t) \end{bmatrix}$$

式（1.32）的连续性条件导致向量求根问题，需要使 $p(t_i^-)$ 与 $p(t_i^+)$ 之间的差值为零。由此可以看出，多重打靶方法需要在问题中引入额外的变量，即边界点的状态值和伴随值。尽管这些额外的变量导致问题规模变大，但多重打靶方法是对

打靶方法的一种改进，因为通过对原始时间域 $t \in [t_0, t_f]$ 的子区间进行积分降低了在未知初始条件下误差的敏感度。然而，如果没有使用足够好的共态估计，即使是多重打靶方法也会出现问题。

1.6.1.3　间接配置方法

在间接配置方法中，通过 1.4.1 节所述分段多项式对状态和共态进行参数化。配置过程会出现求根问题，其中未知系数向量 z 由分段多项式的系数组成，然后用求根方法求解非线性方程组，如 Newton 方法。

1.6.2　直接方法

直接方法与间接方法有着本质的不同。在直接方法中，原始最优控制问题的状态和/或控制以某种适当的方式进行近似。在只对控制进行近似的情况下，该方法称为控制参数化方法。当对状态和控制都进行近似时，该方法称为状态和控制参数化方法。无论是控制参数化方法还是状态和控制参数化方法，最优控制问题都转换为非线性优化问题或非线性规划问题。

1.6.2.1　直接打靶方法

求解轨迹优化问题最基本的直接方法是直接打靶方法。直接打靶方法是一种控制参数化方法，其使用指定的函数形式对控制进行参数化。例如，控制可以参数化为

$$u(t) \approx \sum_{i=1}^{m} a_i \psi_i(t) \tag{1.33}$$

式中，$\psi_i(t)$ $(i=1, \cdots, m)$ 为已知函数；$a_i (i=1, \cdots, m)$ 为通过优化确定的参数。

然后，使用时间推进算法对微分方程进行积分以满足动力学要求。同样，式（1.1）的成本函数使用与求解微分方程的数值积分相同的正交逼近来确定。由直接打靶方法得到的 NLP，在满足任何轨迹和内点限制的情况下可以最小化成本目标。

1.6.2.2　直接多重打靶方法

在直接多重打靶方法中，以类似于间接方法的方式将时间区间 $[t_0, t_f]$ 划分为 $M+1$ 个子区间。然后，在每个子区间 $[t_i, t_{i+1}]$ 使用上述直接打靶方法，以每个子区间开始时的状态值和控制参数化中的未知系数作为优化过程的未知量。为了确保连续性，在每个子区间的边界强制执行以下条件

$$x(t_i^-) = x(t_i^+) \Longleftrightarrow x(t_i^-) - x(t_i^+) = 0 \tag{1.34}$$

式（1.34）的连续性条件产生向量求根问题，需要使 $x(t_i^-)$ 与 $x(t_i^+)$ 之间的差值为零。由此可以看出，直接多重打靶方法增大了优化问题的规模，因为每个子区间开始时的状态值都是优化过程的参数。与间接多重打靶方法一样，直接多重打靶方法是对直接打靶方法的一种改进，因为通过对原始时间域 $t \in [t_0, t_f]$ 的子区间

进行积分降低了在未知初始条件下误差的敏感度。

1.6.2.3 直接配置方法

可以说,求解一般轨迹优化问题的最有效方法是直接配置方法。直接配置方法是一种状态和控制参数化方法,其中状态和控制使用指定的函数形式进行近似。最常见的两种配置形式是局部配置和全局配置。局部配置方法的过程与 1.4.1 节所述过程类似,将时间区间 $[t_0, t_f]$ 分为 S 个子区间 $[t_{s-1}, t_s]$ ($s=1, \cdots, S$),其中 $t_s = t_f$。为了确保跨子区间状态的连续性,在每个子区间的端点处施加以下兼容性约束

$$y(t_i^-) = y(t_i^+), \quad s = 2, \cdots, S-1 \tag{1.35}$$

在轨迹优化的背景下,可以采用 Runge–Kutta 方法和正交配置方法两类离散化方法中的一种进行局部配置。几乎所有的 Runge–Kutta 方法都是隐式的,因为隐式 Runge–Kutta 方法的稳定性优于其显式形式。Reddien 针对轨迹优化中的正交配置方法进行了开创性的研究,将 Legendre–Gauss 点和三次样条一起使用。在 Reddien 的工作之后,Cuthrell 和 Biegler 同时使用了 LG 点和 Lagrange 多项式。有趣的是,Cuthrell 在数学上证明,使用 LG 点的间接转换等同于由直接公式的 NLP 获得的 KKT 条件。20 世纪 90 年代,研究人员基于高阶 Gauss–Lobatto 配置方法发展了正交配置方法。之后,研究人员利用 Legendre–Gauss–Radau (LGR) 点对正交配置方法的收敛速度进行了研究。

通常,使用直接局部配置会导致大型稀疏的 NLP,其中 NLP 可能包含成千上万个变量和约束。此外,这种大型的 NLP 是由数百个状态和控制组成的轨迹优化问题引起的。然而,由于 NLP 是稀疏的,约束 Jacobi 矩阵的许多导数都是零。这种局部直接配置的特点使得应用适当的 NLP 求解器有效求解这类问题成为可能,如 SNOPT、SPRNLP 和 KNITRO 等求解器。

1.7 轨迹优化问题求解软件

为求解轨迹优化问题,研究人员开发了各种各样的软件工具。这些软件大多使用直接方法,也有个别软件采用间接方法,如著名的软件 BNDSCO,其采用多重打靶方法。最早使用直接方法的软件工具可能是轨迹仿真和优化程序 (POST)。POST 最初是为求解运载火箭轨迹优化问题而开发的,并且仍然在此类研究中应用。

20 世纪 80 年代后期,求解轨迹优化问题的可用工具发生了转变,这种转变是与注意到直接配置方法的作用相一致的。第一个著名的直接配置软件是隐式模拟最优轨迹程序 (OTIS)。OTIS 是一个采用 FORTRAN 语言的软件,在航空航天问题中具有普适性。OTIS 已经广泛应用于航空航天和国防工业,其理论基础见文献 [52]。紧跟着 OTIS 开发的是稀疏最优控制软件 (SOCS),这是一款功能强大的 FORTRAN 语言软件,可以求解许多具有高度挑战性的轨迹优化问题。有关应用

SOCS 求解高度复杂的最优控制问题的内容，请参阅文献 [15]。一些应用使用 SOC 求解，见文献 [12 – 14, 16, 77]。最后，其他四种采用直接配置的 FORTRAN 软件是 MISER、直接配置（DIRCOL）、用于仿真和优化的图形环境（GESOP）和非线性轨迹生成（NTG）。与 OTIS 和 SOCS 一样，DIRCOL 和 GESOP 使用局部直接配置技术，而 NTG 是为微分平坦系统的快速轨迹生成而设计的。

近年来，最优控制在空间飞行中的特殊应用促进了一些程序的研发。任务设计和分析软件（MIDAS）就是其中之一，旨在设计用于求解星际空间飞行任务的复杂弹道日心转移轨迹。另一个最新开发的软件是美国国家航空航天局（NASA）的通用任务分析工具（GMAT），另一款在过去几年中广泛使用的工具是 COPERNICUS，二者都是为了求解轨迹优化问题而设计的。

虽然早期的软件程序使用诸如 FORTRAN 的编译语言，但是近年来，MATLAB 在求解优化问题方面越来越受欢迎。MATLAB 的兴起源于 MATLAB 是一个非常容易使用的环境，许多当今最强大的 NLP 求解器现在都可以在 MATLAB 中使用。例如，在单机的 MATLAB mex 版本中，可以使用 SNOPT 和 KNITRO 这两种 NLP 求解器。此外，TOMLAB 工具包还使其他求解器在 MATLAB 中使用更加便捷。同时，由于主要计算的改进，MATLAB 和编译语言之间的计算效率越来越接近。基于 MATLAB 的轨迹优化软件程序包括 RIOTS_95、DIDO、Direct、PROPT、OPTCONTROLCENTRE、GPOPS 和 GPOPS – II。

需要注意的是，上述所有的轨迹优化软件都包含求解 NLP 的梯度方法。在不太正式的情况下，启发式方法也可以用于求解轨迹优化问题。例如，文献 [41, 43] 已经在星际轨迹优化问题中考虑了使用遗传算法，而文献 [27, 83] 研究了在低推力轨迹转移中遗传算法的应用。此外，还可以将变分技术与遗传算法结合，用于优化火星样本返回任务的低推力火星对地球的轨迹。因此，虽然梯度方法在某种程度上是轨迹优化的标准，但是上述研究表明，遗传算法可能在一些应用中非常适合。

1.8　方法选择

对于求解轨迹优化问题方法的选择，在很大程度上取决于待求解问题的类型和在编码上可以投入的时间。间接打靶方法的优点是简单易懂，收敛时可以得到高精度的解。但是，间接打靶方法对未知边界条件极为敏感。此外，间接打靶还需要推导轨迹优化问题的一阶最优性条件，见式（1.24）~式（1.29）。虽然对于简单的问题，可以推导出一阶最优性条件，但是对于复杂的最优控制问题，推导这样的条件既烦琐也易于出错，有时甚至是不能实现的，如查表问题。同时，推导出最优性条件的需要，使得在通用软件程序中实现间接打靶方法变得困难。例如，如果需要推导一阶最优性条件，则诸如 POST 这样的软件几乎不可能使用，因为每个新问题都需要推导这些条件。多重打靶方法克服了标准打靶方法的一些数值困难,但并不能避免推导最优性条件的问题。

直接方法的精度和鲁棒性在很大程度上取决于所使用的直接方法的形式。直接打靶方法非常适用于控制以简单方式参数化的问题,如时间的分段线性函数,也非常适用于可以使用少量优化参数精确描述的问题。像 POST 这样的软件程序在运载火箭上升轨迹的设计中表现良好,因为这些问题可以通过简单的控制参数化精确地近似。随着问题复杂性的增加,求解轨迹优化问题的直接配置方法成为主要方法的优势越来越明显。直接配置方法之所以工作有效的主要原因是,高度复杂的问题可以通过现今的 NLP 求解器描述和求解。NLP 求解器之所以可以处理如此复杂的问题,是因为其设计为基于较差的初始估计完成收敛,如状态和控制中的线性估计,并且由于其利用了约束和目标函数中导数的稀疏性,具有极高的计算效率。

在许多情况下,轨迹优化问题的解是达到目的的一种手段,即用户不想知道关于一种方法的所有细节,而只是想用软件程序来提供结果,以便某个感兴趣的特定问题可以得到解决。如果一个人不想成为轨迹优化相关技术的专家,那么他可以通过一个定制的允许用户以直观方式输入问题的软件包来获得感兴趣问题的答案。然而,理解这一点总是很重要的,即定制的软件也会有自己的问题,其出现问题时用户可能不知道出现问题的原因。

1.9 汽车系统应用

本章提供的数值方法旨在为具有确定性模型的系统生成参考轨迹和相应的参考控制。在汽车系统方面,本章所述的方法将与性能非常重要的系统中的最优控制有关。例如,可以使用最先进的直接配置软件,如 GPOPS – II 或 SOCS,生成高度精确的轨迹,以确定在高速赛车问题中所需的最小单圈时间,如一级方程式赛车。此外,本文所述的间接方法可以作为开发用于发动机设计或自动地面车辆的近似最优反馈控制器的起点。因此,本章所述的数值方法可以用于汽车系统中,为各种各样的问题提供解决方案,采用的具体数值方法将取决于解决方案的预期用途。

1.10 结论

本章对求解轨迹优化问题的数值方法进行了研究,将求解最优控制问题分为三个关键组成部分:求解微分方程和积分函数、求解非线性优化问题和求解非线性代数方程组。基于这些组成部分,本章描述了求解最优控制问题的两类方法,即直接方法和间接方法。随后,本章讨论了重要的计算问题,说明了求解最优控制问题的几种不同的软件工具。最后,本章对如何选择合适的方法进行了简要的讨论。

参 考 文 献

1. GESOP & ASTOS (2003) The new generation of optimization software. Institute of Flight Mechanics and Control of Stuttgart University
2. Ascher UM, Mattheij RM, Russell RD (1996) Numerical solution of boundary-value problems in ordinary differential equations. SIAM Press, Philadelphia
3. Athans MA, Falb PL (2006) Optimal control: an introduction to the theory and its applications. Dover Publications, Mineola, New York
4. Bazaraa MS, Sherali HD, Shetty CM (2006) Nonlinear programming: theory and algorithms, 3 edn. Wiley-Interscience, New Jersey
5. Bellman R (1957) Dynamic programming. Princeton University Press, Princeton
6. Bellman R (1962) Dynamic programming treatment of the travelling salesman problem. J Assoc Comput Mach 9(1):61–63
7. Bellman R (1966) Dynamic programming. Science 1, 153(3731):34–37
8. Bellman R, Dreyfus S (1959) Functional approximations and dynamic programming. Math Tables Other Aids Comput 13(68):247–251
9. Bellman R, Kalaba R, Kotkin B (1963) Polynomial approximation—a new computational technique in dynamic programming: allocation processes. Math Comput 17(82):155–161
10. Bellman RE, Dreyfus SE (1971) Applied dynamic programming. Princeton University Press, Princeton
11. Bertsekas D (2004) Nonlinear programming. Athena Scientific Publishers, Belmont, Massachusetts
12. Betts JT (1993) Using sparse nonlinear programming to compute low thrust orbit transfers. J Astronaut Sci 41:349–371
13. Betts JT (1994) Optimal interplanetary orbit transfers by direct transcription. J Astronaut Sci 42:247–268
14. Betts JT (2000) Very low thrust trajectory optimization using a direct sqp method. J Comput Appl Math 120:27–40
15. Betts JT (2001) Practical methods for optimal control using nonlinear programming. SIAM Press, Philadelphia
16. Betts JT (2007) Optimal lunar swingby trajectories. J Astronaut Sci 55:349–371
17. Betts JT, Huffman WP (1994) A sparse nonlinear optimization algorithm. J Optim Theory Appl 82(3):519–541
18. Betts JT, Huffman WP (1997) Sparse optimal control software—socs. Technical report MEA-LR-085, Boeing information and support services, Seattle, Washington, July 1997
19. Björkman M, Holmström K (1999) Global optimization with the direct user interface for nonlinear programming. Adv Model Simul 2:17–37
20. Bliss GA (1946) Lectures on the calculus of variations. University of Chicago Press, Chicago, IL
21. Boyd S, Vandenberghe L (2004) Convex optimization. Cambridge University Press, Cambridge
22. Brauer GL, Cornick DE, Stevenson R (1977) Capabilities and applications of the program to optimize and simulate trajectories. Technical report NASA-CR-2770, National Aeronautics and Space Administration
23. Bryson AE, Ho Y-C (1975) Applied optimal control. Hemisphere Publishing, New York
24. Butcher JC (1964) Implicit runge-kutta processes. Math Comput 18(85):50–64
25. Butcher JC (2008) Numerical methods for ordinary differential equations. Wiley, New York
26. Byrd RH, Nocedal J, Waltz RA (2006) Knitro: an integrated package for nonlinear optimization. In: Large scale nonlinear optimization. Springer, Berlin, pp 35–59
27. Coverstone-Carroll VL, Hartmann JW, Mason WJ (2000) Optimal multi-objective low-thrust spacecraft trajectories. Comput Methods Appl Mech Eng 186(2–4):387–402
28. Cuthrell JE, Biegler LT (1987) On the optimization of differential-algebraic processes. AIChe J 33(8):1257–1270
29. Cuthrell JE, Biegler LT (1989) Simultaneous optimization and solution methods for batch reactor control profiles. Comput Chem Eng 13(1/2):49–62

30. Dahlquist G, Björck A (2003) Numerical methods. Dover Publications, Mineola, New York
31. Dontchev AL, Hager WW (1998) Lipschitzian stability for state constrained nonlinear optimal control. SIAM J Control Optim 36:696–718
32. Dontchev AL, Hager WW (1998) A new approach to lipschitz continuity in state constrained optimal control. Syst Control Lett 35:137–143
33. Dontchev AL, Hager WW (2001) The euler approximation in state constrained optimal control. Math Comput 70:173–203
34. Dontchev AL, Hager WW, Malanowski K (2000) Error bounds for the euler approximation and control constrained optimal control problem. Numer Funct Anal Appl 21:653–682
35. Dontchev AL, Hager WW, Veliov VM (2000) Second-order runge-kutta approximations in constrained optimal control. SIAM J Numer Anal 38:202–226
36. Dontchev AL, Hager WW, Veliov VM (2000) Uniform convergence and mesh independence of newton's method for discretized variational problems. SIAM J Control Optim 39:961–980
37. Dotzauer E, Holmström K (1999) The tomlab graphical user interface for nonlinear programming. Adv Model Simul 2:9–16
38. Enright PJ (1991) Optimal finite—thrust spacecraft trajectories using direct transcription and nonlinear programming. PhD thesis, Department of Aerospace Engineering, University of Illinois at Urbana-Champaign
39. Enright PJ, Conway BA (1996) Discrete approximations to optimal trajectories using direct transcription and nonlinear programming. J Guidance Control Dyn 19(4):994–1002, Jul–Aug 1996
40. Fleming WH, Rishel RW (1982) Deterministic and stochastic optimal control. Springer, Heidelberg
41. Gage PJ, Braun RD, Kroo IM (1995) Interplanetary trajectory optimization using a genetic algorithm. J Astronaut Sci 43(1):59–75
42. Gear WC (1971) Numerical initial-value problems in ordinary differential equations. Prentice-Hall, Englewood Cliffs, New Jersey
43. Gill PE, Murray W, Saunders MA (2002) Snopt: an sqp algorithm for large-scale constrained optimization. SIAM Rev 47(1):99–131
44. Gill PE, Murray W, Wright MH (1981) Practical optimization. Academic Press, London
45. Gill PE, Murray W, Saunders MA (2006) User's guide for SNOPT version 7: software for large scale nonlinear programming, Feb 2006
46. Goh CJ, Teo KL (1988) Control parameterization: a unified approach to optimal control problems with general constraints. Automatica 24(1):3–18
47. Goh CJ, Teo KL (1988) Miser: a fortran program for solving optimal control problems. Adv Eng Softw 10(2):90–99
48. Grimm W, Markl A (1997) Adjoint estimation from a multiple-shooting method. J Optim Theory Appl 92(2):263–283
49. Hager WW (2000) Runge-kutta methods in optimal control and the transformed adjoint system. Numerische Mathematik 87:247–282
50. Hairer E, Norsett SP, Wanner G (1993) Solving ordinary differential equations I: nonstiff problems. Springer, New York
51. Hairer E, Wanner G (1996) Solving ordinary differential equations II: stiff differential-algebraic problems. Springer, New York
52. Hargraves CR, Paris SW (1987) Direct trajectory optimization using nonlinear programming techniques. J Guidance Control Dyn 10(4):338–342
53. Hartmann JW, Coverstone-Carroll VL (1998) Optimal interplanetary spacecraft trajectories via a pareto genetic algorithm. J Astronaut Sci 46(3):267–282
54. Herman AL (1995) Improved collocation methods with application to direct trajectory optimization. PhD thesis, Department of Aerospace Engineering, University of Illinois at Urbana-Champaign
55. Herman AL, Conway BA (1996) Direct optimization using collocation based on high-order gauss-lobatto quadrature rules. J Guidance Control Dyn 19(3):592–599

56. Hildebrand FB (1992) Methods of applied mathematics. Dover Publications, Mineola, New York
57. Holmström K (1999) New optimization algorithms and software. Theor Stoch Process 1–2:55–63
58. Holmström K (1999) The tomlab optimization environment in matlab. Adv Model Simul 1:47–69
59. Holmström K, Björkman M (1999) The tomlab nlplib toolbox for nonlinear programming. Adv Model Simul 1:70–86
60. Holmström K, Björkman M, Dotzauer E (1999) The tomlab opera toolbox for linear and discrete optimization. Adv Model Simul 2:1–8
61. Hughes S (2008) Gmat—generalized mission analysis tool. Technical report, NASA Goddard Space Flight Center, http://sourceforge.net/projects/gmat
62. Hull DG (2003) Optimal control theory for applications. Springer, New York
63. Jockenhovel T (2002) Optcontrolcentre, software package for dynamic optimization. http://OptControlCentre.com/
64. Kameswaran S, Biegler LT (2008) Convergence rates for direct transcription of optimal control problems using collocation at radau points. Comput Optim Appl 41(1):81–126
65. Keller HB (1976) Numerical solution of two point boundary value problems. SIAM, Philadelphia
66. Kirk DE (2004) Optimal control theory: an introduction. Dover Publications, Mineola, New York
67. Leitmann G (1981) The calculus of variations and optimal control. Springer, New York
68. Lewis FL, Syrmos VL (1995) Optimal control, 2nd edn. Wiley, New York
69. Logsdon JS, Biegler LT (1989) Accurate solution of differential-algebraic optimization problems. Ind Eng Chem Res 28:1628–1639
70. Milam MB (2003) Real-time optimal trajectory generation for constrained dynamical systems. PhD thesis, California Institute of Technology, Pasadena, California, May 2003
71. Oberle HJ, Grimm W (1990) Bndsco: a program for the numerical solution of optimal control problems. Technical report, Institute of Flight Systems Dynamics, German Aerospace Research Establishment DLR, IB 515–89/22, Oberpfaffenhofen, Germany
72. Ocampo C (2003) An architecture for a generalized spacecraft trajectory design and optimization system. In: Proceedings of the international conference on libration point missions and applications, Aug 2003
73. Ocampo C (2004) Finite burn maneuver modeling for a generalized spacecraft trajectory design and optimization system. Ann NY Acad Sci 1017:210–233
74. Patterson MA, Rao AV (2013) GPOPS-II, a matlab software for solving multiple-phase optimal control problems hp—adaptive gaussian quadrature collocation methods and sparse nonlinear programming. ACM Trans Math Softw(in Revision) Sep 2013
75. Pontryagin LS (1962) Mathematical theory of optimal processes. Wiley, New York
76. Rao AV (1996) Extension of the computational singular perturbation method to optimal control. PhD thesis, Princeton University
77. Rao AV, Tang S, Hallman WP (2002) Numerical optimization study of multiple-pass aeroassisted orbital transfer. Optim Control Appl Methods 23(4):215–238
78. Rao AV (2000) Application of a dichotomic basis method to performance optimization of supersonic aircraft. J Guidance Control Dyn 23(3):570–573
79. Rao AV (2003) Riccati dichotomic basis method for solving hyper-sensitive optimal control problems. J Guidance Control Dyn 26(1):185–189
80. Rao AV, Benson DA, Darby CL, Francolin C, Patterson MA, Sanders I, Huntington GT (2010) Algorithm 902: GPOPS, a MATLAB software for solving multiple-phase optimal control problems using the gauss pseudospectral method. ACM Trans Math Softw 37(2, Article 22):39 p
81. Rao AV, Mease KD (1999) Dichotomic basis approach to solving hyper-sensitive optimal control problems. Automatica 35(4):633–642
82. Rao AV, Mease KD (2000) Eigenvector approximate dichotomic basis method for solving hyper-sensitive optimal control problems. Optim Control Appl Methods 21(1):1–19

83. Rauwolf GA, Coverstone-Carroll VL (1996) Near-optimal low-thrust orbit transfers generated by a genetic algorithm. J Spacecraft Rockets 33(6):859–862
84. Reddien GW (1979) Collocation at gauss points as a discretization in optimal control. SIAM J Control Optim 17(2):298–306
85. Ross IM, Fahroo F (2001) User's manual for DIDO 2001 α: a MATLAB application for solving optimal control problems. Technical Report AAS-01-03, Department of Aeronautics and Astronautics, Naval Postgraduate School, Monterey, California
86. Rutquist P, Edvall M (2008) PROPT: MATLAB optimal control software. Tomlab Optimization Inc, Pullman, Washington
87. Sauer CG (1989) Midas—mission design and analysis software for the optimization of ballistic interplanetary trajectories. J Astronaut Sci 37(3):251–259
88. Schwartz A (1996) Theory and implementation of numerical methods based on runge-kutta integration for solving optimal control problems. PhD thesis, Department of Electrical Engineering, University of California, Berkeley
89. Schwartz A, Polak E (1996) Consistent approximations for optimal control problems based on runge-kutta integration. SIAM J Control Optim 34(4):1235–1269
90. Schwartz A, Polak E, Chen Y (1997) Recursive integration optimal trajectory solver (RIOTS_95)
91. Stengel RF (1994) Optimal control and estimation. Dover Publications, Mineola, New York
92. Stoer J, Bulirsch R (2002) Introduction to numerical analysis. Springer, Berlin
93. Vinh N-X (1981) Optimal trajectories in atmospheric flight. Elsevier Science, New York
94. Vintner R (2000) Optimal control (systems and control: foundations and applications). Birkhäuser, Boston
95. Vlases WG, Paris SW, Lajoie RM, Martens MJ, Hargraves CR (1990) Optimal trajectories by implicit simulation. Technical report WRDC-TR-90-3056, Boeing Aerospace and Electronics, Wright-Patterson Air Force Base, Ohio
96. von Stryk O (1999) User's guide for DIRCOL version 2.1: a direct collocation method for the numerical solution of optimal control problems. Technische Universitat Darmstadt, Darmstadt, Germany
97. Weinstock R (1974) Calculus of variations. Dover Publications, Mineola, New York
98. Williams P (2008) User's guide for DIRECT 2.0. Royal Melbourne Institute of Technology, Melbourne, Australia
99. Wuerl A, Crain T, Braden E (2003) Genetic algorithm and calculus of variations-based trajectory optimization technique. J Spacecraft Rockets 40(6):882–888

第2章 汽车标定在线极值搜索方法

摘要：随着现代发动机自由度和执行器数量的增加，汽车标定过程变得越来越困难。与此同时，人们希望利用替代汽油和柴油的燃料来实现降低交通运输中 CO_2 排放量的承诺。然而，燃料混合的范围也会导致燃烧特性的变化，需要对发动机控制单元（ECU）进行额外的传感和标定工作。可以将部分标定工作转移到在线进行，即如果控制器的性能可以在某些性能特征内得到保证，则发动机控制器根据当前的运行条件调整其操作可能是一种行之有效的替代方案。本章将总结极值搜索控制的最新进展，研究这些方法在解决开发汽车动力传动燃料柔性控制器等一些复杂性问题方面的潜力。

2.1 引言

往复式发动机用于运输和固定发电，其中柴油和汽油占所用燃料的绝大多数，它们对环境的影响显而易见。以澳大利亚为例，运输部门 CO_2 排放量约占全国 CO_2 当量排放的15%，这一比例在欧盟和美国分别达到17.5%和22%。与此同时，在1990—2007年期间，石油的相对成本也上涨了近300%。

石油燃料对环境的影响，促使人们对 CO_2 排放量较低的替代品进行了大量的考虑和研究。各地区的依赖关系表明，源自燃料安全和成本方面的最佳选择并不唯一，可能的选择包括液化石油气、压缩天然气和各种水平的乙醇与汽油混合物。

虽然尾气排放对环境的影响已经得到广泛的宣传，但是排放对公众健康的影响才刚刚浮出水面。加州空气资源委员会的一项研究估计，2007年，仅在加利福尼亚州就有9000人因直径小于 $2.5\mu m$ 的颗粒物导致过早死亡。相比之下，天然气的颗粒物不到柴油的一半，液化石油气（LPG）的颗粒物排放量比汽油少70%。

然而，这些燃料和其他替代燃料也有缺点，即在未经提炼的形式下，它们的成分是可变的。因此，后续的操作可能会使燃料成分发生显著变化。例如，文献[10]观察到，一系列典型压缩天然气（CNG）混合物的燃料消耗变化了20%，而LPG的丙烷-丁烷比可能会发生从25:75到100:1的变化，从而对排放性能产生显著影响。

在发动机控制系统方面,燃料成分改变所带来的挑战如图 2.1 所示。图 2.1 给出了一台内燃机在接近怠速工况下对两种 CNG 混合物进行点火时产生的转矩。其中,对燃料成分的错误(固定)假设,会导致发动机控制器使用的 MBT 估计不正确,从而导致效率下降,并且可能增加指示平均有效压力的变化系数。失去最优性的相同情况也适用于其他发动机输入。

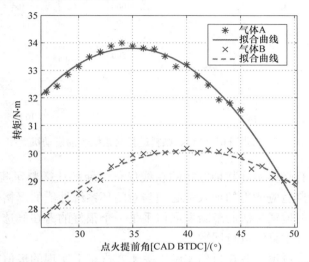

图 2.1 在 1500r/min 和低负荷下,用气体 A(纯甲烷)和气体 B(80%甲烷、9%二氧化碳、8.5%氮气、2%乙烷和 0.5%丙烷)进行的开环火花扫掠结果

虽然这种方法侧重于与燃料成分变化相关的即时惩罚,但是如果成分建模不正确,在许多更复杂的动力传动中存在的分层控制算法也会导致性能和效率下降。文献[13]研究了这样一个例子,其中涡轮增压柔性燃料发动机用于混合动力传动系统中,该传动系统具有基于 Pontryagin 最小原理的最优等效燃料消耗最小化策略(ECMS)控制器。

图 2.2 显示了试验发动机使用 E05 和 E85 燃料时的燃料消耗。在这种情况下,可以发现,相对于燃料分布图完全已知和基于 ECMS 的混合动力传动控制器可以获得的最优性能,对燃料消耗的错误假设可能导致混合动力汽车的燃料效率降低 30%。

对于固定燃料操作,传统的发动机控制方法是应用查表方法,即使用冗长的标定过程为每个发动机操作点预先确定输入。在控制器中,虽然许多发动机控制方法使用发动机动态模型,但是它们通常会维持查表方法,以捕获与气缸动力学相关的特性,如指示效率,这些多维曲面是在单独的标定过程中获得的。在两种情况下,如果燃料成分与标定过程中使用的成分不同,则发动机控制器的性能将处于次优状态,发动机的整体性能可能会降低。

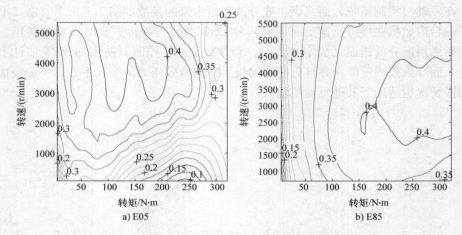

图 2.2 使用 E05 和 E85 燃料运行的柔性燃油发动机效率

因此，似乎有必要实施某种方式的在线优化，使替代燃料承担的效益最大化。然而，任何此类自适应能力的加入都必须与对闭环系统性能的严格保证相结合。考虑到这一点，极值搜索算法的最新发展似乎是一个很好的潜在候选解，后续部分将对三类主要极值搜索算法进行回顾。

最后，本章将讨论一些在目前文献中关于在汽车上实现的极值搜索算法，并且在理论和应用两个方面概述未来研究方向的可能性。

2.2 极值搜索综述

第一种已知的极值搜索技术可以追溯到 1922 年，但直到 20 世纪 50 年代才出现几个实际应用的例子。然而，由于缺乏正规的理论证明和性能保证，这种方法在很大程度上被搁置了几十年。随着基本极值搜索局部稳定性的发展，这种情况逐渐发生了变化，如图 2.3 所示。

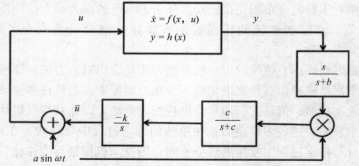

图 2.3 对被控对象展示正弦扰动的单输入单输出（SISO）极值搜索方案，解调步骤的两侧包含高通和低通的滤波器

在本质上,这种方法使用一个正弦扰动对输出为 y 的动态对象的输入进行扰动。输出通过高通滤波去除任何直流(DC)偏置,再乘以抖动来解调梯度估计。梯度信息可以通过低通滤波隔离,以去除被控对象输出中属于抖动频率谐波的所有分量。然后,在梯度下降算法中使用所得到的梯度估计,将被控对象推向其最小值。假设被控对象具有平滑的输出函数 $h(x)$,输出收敛唯一,则通过适当调整参数 a、b、c、k 和 ω,可获得半全局实际稳定性。

在获得这些初步结果后,许多极值搜索技术的实现随之而来,并且对理论基础做了进一步的完善。文献[30]对 1922—2010 年间极值搜索的理论发展和应用进行了全面的回顾。

目前,极值搜索的文献大致可以分为三类:黑箱方法、灰箱方法和抽样数据方法。这些方法具有不同的实现和子系统要求,将在下面进行讨论。

2.2.1 黑箱极值搜索

上述基本极值搜索算法的一个指导原则是,不需要任何有关对象的模型信息,通常称为黑箱方法。文献中报道的其他方法考虑了图 2.3 中的滤波器和梯度下降的替代成分,大部分黑箱方法的本质如图 2.4 所示。其显示了动态对象与梯度估计相结合,最后通过适当的优化算法更新传递给对象的输入。

尽管在文献[18]中有更正式的说明,但在一般情况下,对图 2.4 的部件有以下要求。

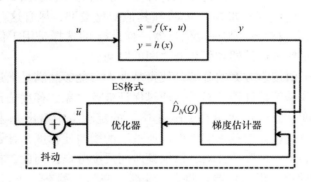

图 2.4 广义黑箱极值搜索法框架

(1)对象

对象动力学方程 $f(x,u)$ 有一个渐近稳定平衡,对于每个对象输入 u,由曲面 $x = l(u)$ 描述。在平衡 $Q(u) := h(l(u))$ 时,对象输入-输出映射连续,具有唯一全局最大值 u^*。

(2)梯度估计

考虑 $Q(u)$ 的 N 阶导数构成向量 $D_N(Q)$,即

$$D_N(Q) := \left[\frac{\mathrm{d}Q}{\mathrm{d}u}, \cdots, \frac{\mathrm{d}^N Q}{\mathrm{d}u^N}\right]^{\mathrm{T}} \tag{2.1}$$

梯度估计器和抖动信号必须包含对象的充分激励,以提高在有限时间区间内对向量 $D_N(Q)$ 足够准确的估计。梯度估计的动力学可以表示为

$$\dot{\hat{D}}_N(Q) = \varepsilon_1 F_1(\hat{D}_N(Q), P, y) \tag{2.2}$$

$$\dot{P} = \varepsilon_1 F_2(P, y) \tag{2.3}$$

式中,P 为估计器中存在的潜在辅助状态。

与图 2.3 所示的极值搜索方案不同,抖动不需要是正弦的,只需要保证输入-输出对象映射的前 N 个梯度可以被估计(假设所选的优化函数 N 阶可导)。因此,可以采用多种方案,如方波、三角波和随机信号。与抖动信号一样,许多梯度导数估计器得到成功运用,包括一阶滤波器组合、Luenberger 观测器和 Kalman 滤波器。梯度估计器的动态特性可以通过对调谐参数 ε_1 进行控制,如表示高通滤波器的截止频率或 Luenberger 观测器使用的增益。通常,恰当选择 ε_1 可以对被控对象和估计器在时间尺度上进行分离。

(3)优化器

考虑在已知静态映射 $Q(z)$ 的导数 $D_N(Q)$ 上作用的连续优化算法为

$$\dot{z} = \varepsilon_2 F_3(z, D_N(Q(z))) \tag{2.4}$$

所选择的优化算法要确保静态映射 $Q(z)$ 的输出收敛到最优值 $Q(z^*)$,并且具有一定的鲁棒性。同样,对于优化器也有许多可能的选择,从图 2.3 所示的梯度下降方法到更高阶的优化器,如 Newton 步和其他变化类型,尽管这些优化器通常都具有由 ε_2 表示的可调动态。与梯度估计器一样,ε_2 的选择是用于保证时间尺度分离,这里的时间是梯度估计器和优化器之间的时间。

这样的闭环极值搜索方案的分解,使得从业人员能够从满足上述要求的选项中独立选择优化器和梯度估计器。然后,通过保证被控对象、梯度估计器和优化器占用不同的时间尺度(正式的表示在文献 [18] 的定理 1 中给出)来保证系统的整体收敛性。这是通过选择增益来实现的,所选取的增益使梯度估计器足够慢于对象以及使优化器足够慢于梯度估计器,以保证时间尺度分离。因此,梯度估计器将对象"视为"静态映射,而优化器将两个部件都"视为"静态。

选择增益和抖动需要平衡折中,因为较小的值会导致收敛速度较慢,但会保证输出收敛到静态映射 $Q(u)$ 最优值附近的较小区域。

上述框架的通用性对于保证收敛和开发调整规则非常有用,即使在对象信息很少的情况下也一样。然而,这种通用性的一个潜在缺点是结果的保守性,特别是在收敛速度方面,需要保证主要系统元素之间的时间尺度分离。在对象结构具有更大特殊性的情况下,利用特定的方案进行梯度估计和优化,可以获得更快的收敛速度。这样的方法已经用于描述 Wiener-Hammerstein 对象,主要依靠对象输入和输出滤波器消除在更新极值搜索输出之前处理等待对象动态的要求。这允许采用高频

抖动和任意快速（在无噪声的情况下）收敛来实现。

2.2.2 灰箱极值搜索

在输入和输出滤波器设计中，2.2.1节的黑箱极值搜索方法利用了有关对象动力学的知识。然而，在许多实际应用中，都具有动力学收敛于优化面 $Q(u)$ 基本形式的知识。将这种知识运用于极值搜索，在很大程度上属于灰箱方法范围。其中，曲面 $Q(u)$ 由未知参数 θ 的向量进行参数化，即

$$Q(u,\theta) = \Psi(u)^{\mathrm{T}}\theta \tag{2.5}$$

因此，通过估计 θ 可以获得优化面潜在的非局部信息。文献［1，2］针对参数估计器和优化器的具体实例进行了方法探索，并在文献［16］中进行了进一步推广，以图2.5所示的形式描述闭环系统。

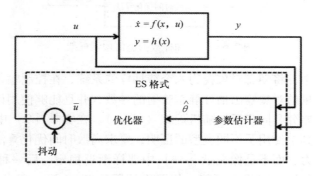

图2.5 广义灰箱极值搜索框架

图2.5与图2.4中的广义黑箱极值搜索框架的相似之处是显而易见的，在灰箱极值搜索中，关于对象和优化器也有类似的要求。不同之处在于，灰箱极值搜索需要用对参数估计器的要求代替对黑箱极值搜索中梯度估计器的要求。

参数估计器可以用一般形式表示为与参数估计器直接相关的状态和参数估计器内的附加状态，即

$$\dot{\hat{\theta}} = \varepsilon_1 G_1(\hat{\theta}, P, y, u) \tag{2.6}$$

$$\dot{P} = \varepsilon_1 G_2(P, y, u) \tag{2.7}$$

参数估计器和抖动信号的组合需要包含足够的对象激励，以提供有限时间区间内的参数估计。文献［16］对许多不同的参数估计方法进行了彻底分析，提供了采用有/无积分成本以及最小二乘估计变量的梯度估值的可能。

通过参数估计代替梯度估计，优化器可以潜在地利用不同结构的优化器。这些优化器可以采用估计的映射，同时仍然满足黑箱方法的时间尺度分离。这种对时间尺度分离的依赖意味着与黑箱方法相比，灰箱方法的收敛速度不一定会实质性地加快。

考虑到这一点，已经对特定算法的灰箱方法进行了初步研究，这些方法缺乏上

述框架的一般性，但可能具有 2.2.1 节所述的快速黑箱方法类似的潜力。

2.2.3 抽样数据方法

前两类极值搜索算法采用连续时间优化算法，因此只有通过时间尺度分离间接地使用离散时间优化场才能使优化器满足要求。文献［31］即首次提出了另一种观点，即更直接地利用非线性规划技术，如图 2.6 所示。

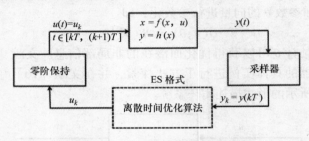

图 2.6　广义抽样数据极值搜索框架

在这种方法中，将动态对象视为一个待抽样的系统，在控制输入更新之前，利用采集的有限数量的对象输出估计静态映射的导数，并且能够使用许多离散时间优化算法，如有限差分和同步摄动随机近似（SPSA）。在文献［9］中，这项工作得到进一步推广，其中使用了不同类型的证明，要求离散时间优化算法对小的附加扰动具有一致吸引力，而不是像文献［31］中那样渐近稳定。后一种方法也为基于非梯度的全局优化算法提供了可能，如严格使用的 Piyavskii – Shubert 和 DIRECT，从而减少了对象只有一个全局最优的要求——尽管与局部优化技术相比，其在收敛时间上存在明显的缺陷。

从连续极值搜索方法可以看出，放弃抽样数据方法的普遍性而专注于离散时间优化器和对象的特定组合可能会有优势。在文献［28］中，对离散时间 Hammerstien 对象采用方波抖动算法，该算法具有两步平均滤波器和系统的特定性质，使得应用 LPV 能够产生指数稳定的结果。

2.3　汽车发动机标定应用

在汽车标定领域，文献［25］是极值搜索方法的最早应用之一。该文献设计和实现了一种灰箱极值搜索构型，用于汽油火花点火发动机的点火控制。该方法假设点火角和转矩之间存在二次映射关系，类似于图 2.1。然后，使用递推最小二乘估计器估计二次型的参数。尽管采用的优化器试图立即将控制输入调节到由估计参数计算的最优水平，但是不能达到 2.2.2 节灰箱方法中时间尺度分离所要求的收敛条件。因此，虽然成功得到了结果，但是参数估计器的初始条件需要足够接近真实值才会收敛。

文献［21］探讨了从极值搜索角度解决多变量标定问题。这种方法考虑了如2.2.3节所述的极值搜索抽样数据实现，进气阀和排气阀的驱动变量与点火时间同步。在任意初始条件下，使用极值搜索标定需要约15min定位到最优，其主要是受到问题的多变量性质和与转矩测量相关噪声的影响，需要长时间测量数据的平均值。

在用替代燃料发动机可能会经历定期的燃料成分变化，但是进行手动重新标定的机会并不存在。随着对这些发动机的研究兴趣日益浓厚，在线标定也重新引起关注。最近一项柔性燃料发动机的实现，考虑了如2.2.1节所述的黑箱方法中的ES方案，通过调节点火提前角最大化燃料经济性。这种方法采用了图2.3所示的黑箱方法的离散版本形式，带有方波扰动。与文献［21］中的情况不同，只有点火提前角发生变化，这种优化的单变量性质与优化问题才是有效的"热启动"事实。因为不同乙醇-汽油混合物之间的最佳点火提前角不会发生显著变化，这意味着结果的实际使用价值更高。

在类似的情况下，用压缩天然气混合作为燃料来源，文献［16］研究了灰箱极值搜索框架的不同实现方式，以此作为可能的点火优化策略。采用两种混合纯甲烷气体和由80%甲烷、9%二氧化碳、8.5%氮气、2%乙烷和0.5%丙烷组成的一种混合气体进行试验。如文献［25］和图2.1所示，开环试验表明，二次多项式逼近似乎是对数据的良好表示，可以使用以下模型来表示转矩τ和点火角α的关系

$$\tau(\alpha) = \lambda_1 \alpha^2 + \lambda_2 \alpha + \lambda_3 \tag{2.8}$$

定义回归向量$\boldsymbol{\phi} = \begin{bmatrix} \alpha^2 & \alpha & 1 \end{bmatrix}^T$，灰箱方法涉及选择和适当调整$\boldsymbol{\theta} = \begin{bmatrix} \lambda_1 & \lambda_2 & \lambda_3 \end{bmatrix}^T$的参数估计器，以及驱动$\tau$值向$\tau^*$靠近的优化器。

为了说明这种框架方法的灵活性，使用两种不同的估计器-优化器组合进行了试验。第一种由递推最小二乘参数估计器和基于梯度的优化器组成，第二种由基于梯度的参数估计器和雅可比（Jacobian）矩阵转置优化器组成。所有参数估计器和优化器均已被证明满足文献［16］中灰箱方法的理论要求，调整后的算法将以式（2.9）~式（2.13）表示。所提出算法的离散性质反映了对连续时间版本的式（2.6）、式（2.7）和式（2.4）的模拟。

调整后基于梯度的参数估计器

$$\hat{\boldsymbol{\theta}}_{k+1} = \hat{\boldsymbol{\theta}}_k - \begin{bmatrix} 0.002 & 0.05 & 1 \end{bmatrix}^T (\tau_k - \boldsymbol{\phi}_k^T \hat{\boldsymbol{\theta}}_k) \tag{2.9}$$

调整后递推最小二乘参数估计器

$$\hat{\boldsymbol{\theta}}_{k+1} = \hat{\boldsymbol{\theta}}_k + P_k \boldsymbol{\phi}_k (\tau_k - \boldsymbol{\phi}_k^T \hat{\boldsymbol{\theta}}_k) \tag{2.10}$$

$$P_{k+1} = P_k + (0.9 P_k - P_k \boldsymbol{\phi}_k \boldsymbol{\phi}_k^T P_k) \tag{2.11}$$

调整后基于梯度的优化器

$$\hat{\alpha}_{k+1}^* = \hat{\alpha}_k^* + 10(2\hat{a}_k \hat{\alpha}_k^* + \hat{b}_k) \tag{2.12}$$

调整后Jacobian矩阵转置优化器

$$\hat{\alpha}_{k+1}^* = \hat{\alpha}_k^* - 75\hat{a}_k(2\hat{a}_k \hat{\alpha}_k^* + \hat{b}_k) \tag{2.13}$$

然后，点火提前角采用最优点火提前角的当前估计值$\hat{\alpha}_k^*$，受到振幅为1的曲

柄正弦抖动的扰动，即

$$\alpha_k = \hat{\alpha}_k^* + \sin(0.1kT) \tag{2.14}$$

所有测试这些算法的试验均在墨尔本大学（University of Melbourne）的 ACART 实验室进行。测试的发动机是一台被改装成使用天然气的 6 缸 4L 福特（Ford）Falcon BF MY2006 型汽油发动机。

为了使发动机的转速和负荷保持恒定，采用电涡流测功机。该测功机只能作为制动器工作，不能驱动发动机。通过利用宽频带排氧传感器的反馈调节喷射持续时间，使空燃比保持在近似化学计量比的状态。提出的算法通过 MATLAB 实现，MATLAB 程序的输出通过 ATI 视景软件实时直接发送到发动机控制单元（ECU），从而调整存储的标定。不同软件程序之间的通信延迟约为 6ms，在此应用环境中可以忽略不计。反馈转矩通过测功机上的测力传感器测量得到，但是以后可以用缸内压力传感器和适当的燃烧分析所取代。测量的转矩值在 3s 内取平均值，从而使燃烧变化和测量噪声的影响最小。控制器采用的采样速率名义上设置为 5s，高于转矩测量时间。

发动机控制单元最初使用混合甲烷气体进行标定，产生的 MBT 的初始估计约为 40° BTDC。发动机实际使用的燃料是纯甲烷，因此需要极值搜索控制器调整点火角，以找到新的 MBT 点火角，约为 33° BTDC，可能随发动机温度不同而略有变化。两种极值搜索组合调整的点火角和由此产生的发动机转矩，分别如图 2.7 和图 2.8 所示。

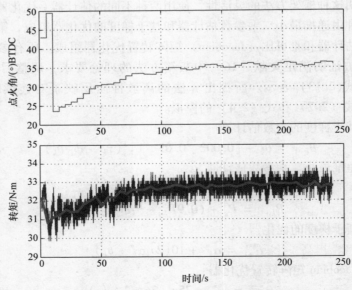

图 2.7　灰箱收敛效果：采用递推最小二乘参数估计器和基于梯度优化器的点火提前角测量和 2s 平均的发动机转矩

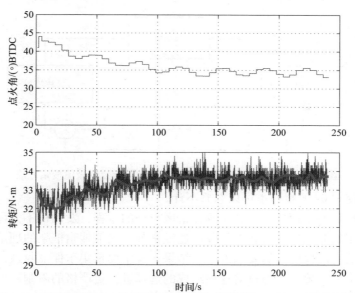

图 2.8 灰箱收敛效果：采用基于梯度参数估计器和 Jacobian 矩阵转置的点火提前角测量和 2s 平均的发动机转矩

在这两种情况下，虽然没有显示具体数值，但是参数估计值收敛到"真"值附近，点火角也收敛到最优值附近。为了量化结合这些极值搜索方法策略可能提供的效率增益，可以将发动机在特定工作点的初始点火提前角工作时的燃料流速与收敛到最优值后的燃料流速进行比较。对后者的值进行修正以允许转矩差，尽管在实际中这可能要通过修改节气门角度来实现。结果表明，在这种静态工况下，燃料经济性提高了约 3%。

为了进一步说明极值搜索作为一种框架方法的灵活性，针对同一发动机提出一种抽样数据方法。在这种方法中，ES 方案采用简单的交频抖动信号 $a(-1)^k$ 添加到系统输入优化的当前状态估计中，代替式（2.14）所应用的点火角。将（2s 后平均）产生的转矩乘以信号 $(-1)^k$，然后让其通过两步滑动平均 FIR 滤波器和离散积分器。在应用于发动机点火角-转矩映射的两点中心差分逼近基础上，这使得优化值的估计可以根据近似梯度上升规律提前得到。整个闭环方案由框图表示，如图 2.9 所示。

综上所述，在相同的发动机设置实现这种抽样数据极值搜索方法，MBT 点火提前角初步估计值为 22°时的结果，如图 2.10 所示。与先前观察到的灰箱方法一样，在最优点火角和转矩附近产生收敛，在相对于没有调整点火角情况的操作点上，燃料经济性提高了约 3%。

对本节测试的算法收敛速度值进行进一步讨论。如图 2.7~图 2.10 所示，在固定运行条件下，这些方案需要 100s 的时间才能收敛到最优。就其本身而言，这样的收敛时间并不重要，因为燃料成分的变化速度要慢得多。因此，如果考虑到稳

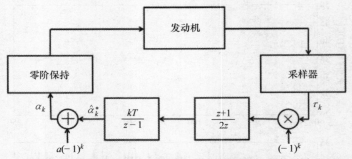

图 2.9　CNG 发动机最优点火角估计的抽样数据极值搜索方法

态运行,即使 100s 的瞬态也可以忽略不计。

在发动机瞬态运行期间,如车辆在市区行驶的过程,发动机不太可能在这段时间内保持恒定的非怠速运行状态。收敛速度是基于极值搜索框架的理论对象、估计器和优化器的时间尺度分离要求的本质结果,其主要聚集于保证收敛,对闭环方案组成采用非常松的要求。通过对这些组成的选择进行更严格的限制,可以修改调整要求,并且可以使用文献 [14] 中更快的极值搜索方法,从而加快收敛速度。

最后,为了演示极值搜索技术,直接测量制动转矩,并且将其作为反馈进行优化。显然,这种测量不能在车辆行驶时直接应用。因此,必须根据可用的传感器组合替代测量。

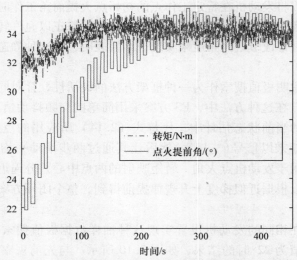

图 2.10　$\alpha = 1°$ 时提出的抽样数据极值搜索方法的点火提前角和转矩级数

2.4　约束合并

到目前为止,方法中还没有讨论约束管理的问题。对于输入约束,如果要求对

象输入 $\bar{u}$ 位于集合 U_c 内，通过将新的优化器输出 $\bar{u}_{proj}$ 投影成 Pontryagin 约束集和抖动集之差 D，则可以明确考虑优化器，即

$$U_c \sim D \triangleq \{\bar{u} \in R^n | \bar{u} + d \in U_c, \forall d \in D\} \quad (2.15)$$

$$\bar{u}_{proj} = \text{proj}(\bar{u}, U_c \sim D) \quad (2.16)$$

这保证了抖动仍然能够持续地激励系统，甚至接近约束边界，并且保持黑箱方法或灰箱方法中的梯度估值或参数估值。

在发动机标定问题的背景下，这可能意味着捕捉物理执行器的限制。例如，点火被限制在气缸的压缩行程内，这些类型的约束是严格可执行的。

另一方面，状态约束不容易处理，因为在极值搜索控制器中使用的模型通常没有"状态"的概念。在这种情况下，一个近似解是将状态约束必须映射到输入约束，式（2.15）与式（2.16）中的 U_c 变成随时间而发生变化的参数，很可能需要在线估计。

同样，在在线标定问题的背景下，天然气发动机中的点火时间通常受到爆燃的限制。爆燃的发生与燃料成分有关，这可以视为一种内部状态，在问题定义中显然是未知的。爆燃检测算法（见文献［7］及其中的文献）可以用于连续估计点火提前角的爆燃极限，然后可以用于更新约束集 U_c。

2.5 结论

极值搜索框架理论的最新进展为不同算法的运用提供了相当大的灵活性，已经在许多应用中达到最优性能的收敛。对于汽车行业，这似乎与该行业继续向可变成分的替代燃料的进步密切相关。因此，在常规车辆运行期间，需要进行某种形式的闭环标定。

在极值搜索算法的研究中，仍然存在许多理论上的挑战和机遇。这些研究包括在不过度影响吸引域的情况下提高收敛速度；处理灰箱方法中映射的不确定性；处理各种框架中的状态约束；确定某些方法何时可能获得更好的闭环性能。

同样，汽车标定也存在以应用为中心的问题，包括在瞬态行驶条件下算法的使用；实现有望更快收敛在线多变量标定的新颖理论的进展；在成本函数中考虑排放；基于模型的技术集成，以便快速离线标定，尤其是在高驱动发动机中应用。

参 考 文 献

1. Adetola V, DeHaan D, Guay M (2009) Adaptive model predictive control of constrained nonlinear systems. Syst Control Lett 58:320–326
2. Adetola V, Guay M (2006) Adaptive output feedback extremum seeking receding horizon control of linear systems. J Process Control 16:521–533
3. Ariyur KB, Krstic M (2003) Real time optimisation by extremum seeking control. Wiley, New York

4. Beer T, Grant T, Williams D, Watson H (2002) Fuel-cycle greenhouse gas emissions from alternative fuels in australian heavy vehicles. Atmos Environ 36:753–763
5. Californian Air Resources Board. Estimate of Premature Deaths Associated with Fine Particle Pollution (PM2.5) in California Using a U.S. Environmental Protection Agency, Methodology. August, 2010
6. Hellström E, Lee D, Jiang L, Stefanopoulou AG, Yilmaz H (2013) On-board calibration of spark timing by extremum seeking for flex-fuel engines. IEEE Trans Control Syst Technol 21(6):2273–2279
7. Jones JCP, Frey J, Muske KR, Scholl DJ (2010) A cumulative-summation-based stochastic knock controller. In: Proceedings of the institution of mechanical engineers part D: journal of automobile engineering 224:969–983
8. Khong SZ, Nesic D, Manzie C, Tan Y (2013) Multidimensional global extremum seeking via the direct optimisation algorithm. Automatica 49(7):1970–1978
9. Khong SZ, Nesic D, Tan Y, Manzie C (2013) Unified frameworks for sampled-data extremum seeking control: global optimisation and multi-unit systems. Automatica 49(9):2720–2733
10. Kim K, Kim H, Kim B, Lee K (2009) Effet de la composition du gaz naturel sur les performances d'un moteur GNC. Oil Gas Sci Technol Rev IFP 64(2):199–206
11. Krstic M, Wang H-H (2000) Stability of extremum seeking feedback for general nonlinear dynamic systems. Automatica 36:595–601
12. Leblanc M (1922) Sur lōelectrification des chemins de fer au moyen de courants alternatifs de frequence elevee. Revue Generale de lōElectricite
13. Manzie C, Grondin O, Sciarretta A, Zito G (2013) Robustness of ECMS-based optimal control in parallel hybrid vehicles. In: 7th IFAC symposium on advances in automotive, control
14. Moase W, Manzie C (2012) Fast extremum—seeking for Wiener-Hammerstein plants. Automatica 48:2433–2443
15. Moase W, Manzie C, Brear M (2010) Newton—like extremum—seeking for the control of thermoacoustic instability. IEEE Trans on Autom Control 55:2094–2105
16. Nesic D, Mohammadi A, Manzie C (2013) A framework for extremum seeking control of systems with parameter uncertainties. IEEE Trans Autom Control 58:435–448
17. Nesic D, Nguyen T, Tan Y, Manzie C (2013) A non-gradient approach to global extremum seeking: an adaptation of the Shubert algorithm. Automatica 49(3):809–815
18. Nesic D, Tan Y, Manzie C, Mohammadi A, Moase W (2012) A unifying framework for analysis and design of extremum seeking controllers. In: 24th Chinese decision and control conference (CCDC)
19. Nesic D, Tan Y, Moase W, Manzie C (2010) A unifying approach to extremum seeking: adaptive schemes based on derivative estimation. In: IEEE conference on decision and control
20. Australian Government Department of Climate Change (2009) National greenhouse gas inventory. http://www.climatechange.gov.au/inventory
21. Popovic D, Jankovic M, Magner S, Teel A (2006) Extremum seeking methods for optimization of variable cam timing engine operation. IEEE Trans Control Syst Technol 14:398–407
22. Del Re L, Allgöwer F, Glielmo L, Guardiola C, Kolmanovsky I (eds) (2010) Automotive model predictive control: models, methods and applications. Springer, Heidelberg
23. Ristovski ZD, Jayaratne ER, Morawska L, Ayoko GA, Liml M (2005) Particle and carbon dioxide emissions from passenger vehicles operating on unleaded petrol and LPG fuel. Sci Total Environ 345:93–98
24. Saleh HE (2008) Effect of variation in LPG composition on emissions and performance in a dual fuel diesel engine. Fuel 87(13–14):3031–3039
25. Scotson P, Wellstead PE (1990) Self-tuning optimization of spark ignition automotive engines. IEEE Control Syst Mag 3:94–101
26. Sharafi J, Moase W, Shekhar RC, Manzie C (2013) Fast model-based extremum seeking on hammerstein plants. In: IEEE conference on decision and control
27. Sharma R, Nesic D, Manzie C (2013) Sampled data model predictive idle speed control of ultra-lean burn hydrogen engines. IEEE Trans Control Syst Technol 21:538–545

28. Shekhar RC, Moase W, Manzie C (2013) Semi-global stability analysis of a discrete-time extremum-seeking scheme using LDI methods. In: IEEE conference on decision and control
29. Spall J (2000) Adaptive stochastic approximation by the simultaneous perturbation method. IEEE Trans Autom Control 45:1839–1844
30. Tan Y, Moase WH, Manzie C, Nesic D, Mareels IMY (2010) Extremum seeking from 1922 to 2010. In: 29th Chinese control conference, pp 14–26
31. Teel AR, Popovic D (2001) Solving smooth and nonsmoooth multivariable extremum seeking problems by the methods of nonlinear programming. In: Proceedings of the American control conference, pp 2394–2399
32. Wiederhold O, King R, Noack B, Neuhaus L, Neise W, Enghardt L, Swoboda M (2009) Extensions of extremum—seeking control to improve the aerodynamic performance of axial turbomachines. In: 39th AIAA fluid dynamics conference
33. WTRG-Economics Oil price history and analysis (2013). http://www.wtrg.com/prices.htm

第3章 自动驾驶车辆的模型预测控制

摘要：自动驾驶车辆的控制是一项具有挑战性的任务，需要先进的控制方案。非线性模型预测控制（NMPC）和滚动时域估计（MHE）是基于优化的控制和估计技术，能够处理高度非线性、约束、不稳定和快速的动态系统。本章将详细说明这些技术，推导一种描述性非线性模型，在低摩擦冰面避障仿真中验证所提出控制方案的性能。

3.1 引言

对于众所周知的车辆-道路动力学而言，模型预测控制（MPC）是自动驾驶车辆导航中精确轨迹规划的一种优秀工具，对危险驾驶的情况具有重要意义。然而，安全运行所需的高采样率（即0.1Hz范围内）与MPC长预测时域构成了计算上的挑战，特别是与所涉及的非线性车辆动力学相结合时更是如此。最近的许多研究采用一种两级MPC方法来克服这个计算挑战，其由一种长预测时域的粗路径规划算法和一种较短范围的高保真的路径跟踪算法组成，参见文献[1-4]。直到最近，文献[5]才演示了具有挑战性和现实场景的计算可行性，其使用一种详细非线性模型的单MPC控制器，采用基于Bock的多重打靶方法的实时迭代方案自动生成定制的C代码。

下面将对文献[5]的结果进行扩展，将其与在实际背景的全状态和参数观测的滚动时域估计（MHE）方案相结合。特别是，我们还通过引入悬架模型来扩展文献[5,8]中使用的车辆动力学模型，以更真实地表现在极端情况下的驾驶行为。此外，还对MHE方案进行了修改，以快速和可靠地检测路面摩擦条件的突然变化。

3.2节给出问题的数学公式描述，3.3节提供实时可行的算法框架，3.4节推导车辆模型，3.5节给出仿真结果，3.6节导出结论。

3.2 控制和估计问题

为了制定控制和估计方案，用常微分方程（ODE）来描述系统动力学

$$\dot{x} = f(x, u) \tag{3.1}$$

式中，x 为微分状态；u 为控制。

下面提出的公式可以直接扩展到微分代数方程 DAE 控制的系统。参数 x_p 可以视为时间导数为 0 的状态量，即 $\dot{x}_p = 0$。

3.2.1 非线性模型预测控制

非线性模型预测控制（NMPC）是一种先进的控制技术，其依靠系统模型来预测系统的轨迹，并且使其与给定参考的偏差最小化。NMPC 可以考虑模型的完全非线性，并且依赖于状态和控制的约束，在问题公式中可以很容易地执行。

NMPC 在每个时刻都需要求解以下动态优化问题

$$\underset{x,u}{\text{minimize}} \|x(T_c) - x^r(T_c)\|^2_{P_C} + \int_0^{T_c} \|x(t) - x^r(t)\|^2_{Q_C} + \|u(t) - u^r(t)\|^2_{R_C} \text{d}t \tag{3.2a}$$

受到以下约束

$$\dot{x}(t) = f(x(t), u(t)) \tag{3.2b}$$
$$x(0) = \hat{x}(0) \tag{3.2c}$$
$$q(x(t), u(t)) \geq 0, \quad t \in [0, T_c] \tag{3.2d}$$
$$x(T_c) \in \mathbb{X}_{T_c} \tag{3.2e}$$

式中，T_c 为预测时域。

目标函数通常表示为最小二乘（LSQ）目标式（3.2a），用于纠正与给定参考 $x^r(\cdot)$、$u^r(\cdot)$ 的偏差，其中 $Q_C \geq 0$、$P_C \geq 0$、$R_C > 0$ 均为权重矩阵，被选择作为调整参数。约束式（3.2b）施加于系统动态，初始条件式（3.2c）规定初始状态与当前估计值 $\hat{x}(0)$ 一致，并且可以施加式（3.2d）附加的路径约束。最后，也可以施加式（3.2e）的终端约束。

在 $\mathbb{X}_t = \{x^r(T_c)\}$ 的条件下，首先证明了 MPC 稳定性是稳态参考。在这种情况下，终端成本 $\|x(T_c) - x^r(T_c)\|^2_{P_C}$ 没有出现在公式中。在许多实际情况下，这种公式可能限制性太强，导致优化问题难以进行，特别是当控制范围变短时。为了增加可行性，可以将终端约束放宽为以参考点为中心的椭球约束，并且需要在问题公式中增加终端成本。在一定条件下，对加权矩阵 P_C 和椭球终端约束 $\mathbb{X}_{T_c}$ 进行选择后，可以证明稳定性。在文献 [10] 中，对 MPC 稳定性做了很好的分析。

在实际中，MPC 实现通常没有终端约束式（3.2e），在很多情况下，也没有终端成本。在这种情况下，文献 [11] 证明了稳定性，前提是预测时域 T_c 足够长。

3.2.2 滚动时域估计

在给定一组测量值的情况下，估计当前状态的问题可以表示为一个优化问题，这种思想是基于 Kalman 滤波形成的。滚动时域估计（MHE）可以视为 Kalman 滤波器的一个扩展，可以考虑整个模型的非线性，并且提供了施加约束的机会。但需要强调的是，MHE 取决于确定性模型，对于噪声概率分布不需要做任何具体假设。

MHE 旨在最小化传感器的测量值 $\widetilde{y}(t)$ 与模型预测的测量函数输出 $y(x(t), u(t))$ 之间的差值，对应于动态优化问题

$$\underset{x,u}{\text{minimize}} \|x(-T_e) - \hat{x}(-T_e)\|_{P_E}^2 + \int_{-T_e}^{0} \|y(x(t),u(t)) - \widetilde{y}(t)\|_{Q_E}^2 dt \quad (3.3a)$$

受到如下约束

$$\dot{x}(t) = f(x(t), u(t)) \quad (3.3b)$$

$$q(x(t), u(t)) \geq 0, \quad t \in [-T_e, 0] \quad (3.3c)$$

式中，T_e 为估计时域。

成本函数式（3.3a）通常通过加权矩阵 Q_E 表示为最小二乘项。虽然 MHE 是一个确定性观测器，但是在概率意义上对于 Q_E 的选择是非常有价值的。以与 NMP 类似的方式约束式（3.3b）施加系统动力学约束，并且可以附加路径约束式（3.3c）。

由于执行器存在噪声和误差，由控制器 $\bar{u}$ 计算的控制输入可能无法被系统完美实现。因此，在提出的公式中，将控制输入 u 作为决策变量，当其与 $\bar{u}$ 偏离时将受到惩罚，即将 $\|u - \bar{u}\|_{Q_E}^2$ 增加到成本函数中，通过将伪测量增加到测量函数 $y(x(t), u(t))$ 中来实现。

所谓的到达成本，即式（3.3a）的第一项具有的重要作用是，将过去的信息总结为一个取决于初始状态 $x(-T_e)$ 的二次项。有关到达成本的更多详细信息，见文献 [12，13]。

3.3 快速 NMPC 和 MHE 的有效算法

NMPC 和 MHE 问题的本质是动态优化问题。这类问题的复杂性，使得通用求解器很难以足够快的速度实时计算出解。因此，在实时应用中需要特定的数值算法来克服这些困难。

3.3.1 动态优化问题在线求解

为了有效在线（即时序严格）求解动态优化问题，研究人员已经提出了多种方法。虽然大多数方法针对的是诸如化学工程领域采样率很低的问题，但是有一种算法在快速系统动力学应用中也显示了有效性，即所谓实时迭代方案。这种算法基于 Bock 的直接多重打靶法，最初是针对最优控制问题的离线求解而设计的。通过在有限网格上选择合适的基函数对控制输入函数进行参数化，将无限维优化问题离散化，得到一个有限维非线性规划问题（NLP）。通过适当的数值积分方法，在每个所谓打靶区间上求解初值问题。得到的 NLP 是高度结构化的，最初是使用序列

二次规划（SQP）方法求解，包括将高维二次规划（QP）投影到低维问题上的压缩步骤。另外，最近也提出了利用 QP 求解器的结构。与 Bock 最初的多重打靶法相比，实时迭代方案在每次采样时间内只执行一次线性化和一次 QP 求解，因此可以达到更高的采样率，并且可以保证收缩率。此外，在观察新的系统状态/测量值（初始值嵌入）之前，根据之前的迭代执行线性化，反馈延迟可以大大缩短参数化 QP 的求解时间。尽管如此，反馈律仍然是保证最优解收敛的一阶近似，即使是在有效集变化的情况下也是如此。有关实时迭代方案的更多详细信息，见文献 [6, 18]。

3.3.2 基于自动代码生成的快速求解器

最近，特定求解器的自动代码生成显著缩短了计算时间。ACADO 代码生成工具是开源软件包 ACADO Toolkit 的一部分，而 ACADO Toolkit 是一个用于自动控制和动态优化的工具包。ACADO 代码生成工具实现了实时迭代方案，用户界面可以指定非线性动态模型方程以及一般的非线性目标和约束函数。代码生成器导出了非线性 MPC 和非线性 MHE 的广义 Gauss – Newton 法。

ACADO 代码生成工具利用问题结构和维度以及稀疏模式来消除所有不必要的计算和对动态内存分配的需求，生成自包含的 ANSI – C 兼容代码，这些代码可以应用于支持标准 C 库的任何平台。导出代码中的分支被最小化，导致改善了代码的局部性，从而加快了执行时间。

ACADO 代码生成工具的最新扩展，包括对 ODE 和微分代数方程（DAE）的隐式积分器的支持。多重打靶法的一个固有特性是，可以在每个打靶区间上独立地进行模型仿真和灵敏度生成。换言之，通过应用所谓的共享内存模型，积分可以很容易并行化。该工具包可以导出使用 OpenMP 框架进行并行化的代码。

3.4 车辆模型

NMPC 和 MHE 都极其依赖车辆的数学模型，因此描述性模型是确保良好控制和估计性能的基础。本章将提出一个多体模型，其将底盘建模为通过悬架与四个车轮相连的刚体，这个模型扩展了先前在文献 [8] 中提出的模型。

底盘位置和方向在绝对参考坐标系 E 的 $X - Y$ 平面中定义，而速度在 $x - y - z$ 局部坐标系 e 中给出。忽略底盘的垂向运动，将四个车轮建模为只有旋转转动惯量的独立体。在本章中，当涉及车轮相关的量时，下标 fl、fr、rl、rr 分别表示与左前轮、右前轮、左后轮和右后轮相对应的量。为了便于记忆，设 $\mathscr{F} = \{\mathrm{f,r}\}$，$\mathscr{S} = \{\mathrm{l,r}\}$，$\mathscr{W} = \mathscr{F} \times \mathscr{S} = \{\mathrm{fl,fr,rl,rr}\}$。

控制输入为转向角速度 $\dot{\delta}$、加速转矩 T^a 和每个车轮的四个制动转矩 $T^b_\diamond{\star}$，$\forall \diamond \in \mathscr{W}$。

3.4.1 底盘动力学

运动方程是相对于车辆重心（CoG）表示的，选择坐标系 E 和 e 为正交的右手坐标系，z 轴向上、y 轴向左。因此，底盘运动方程为

$$m\dot{v}^x = mv^y\dot{\psi} + F_{\text{fr}}^x + F_{\text{fl}}^x + F_{\text{rr}}^x + F_{\text{rl}}^x + F_D \tag{3.4a}$$

$$m\dot{v}^y = -mv^x\dot{\psi} + F_{\text{fr}}^y + F_{\text{fl}}^y + F_{\text{rr}}^y + F_{\text{rl}}^y \tag{3.4b}$$

$$I^z\ddot{\psi} = a(F_{\text{fl}}^y + F_{\text{fr}}^y) - b(F_{\text{rl}}^y + F_{\text{rr}}^y) + c(F_{\text{fr}}^x - F_{\text{fl}}^x + F_{\text{rr}}^x - F_{\text{rl}}^x) \tag{3.4c}$$

$$I^y\ddot{p} = T_s^y \tag{3.4d}$$

$$I^x\ddot{r} = T_s^x \tag{3.4e}$$

$$\dot{X} = v^x\cos\psi - v^y\sin\psi \tag{3.4f}$$

$$\dot{Y} = v^x\sin\psi + v^y\cos\psi \tag{3.4g}$$

式中，m 为质量；I^x、I^y 和 I^z 为底盘的转动惯量；a、b 和 c 为轮胎与车辆质心的距离，如图 3.1 所示，假设质心位于车辆左侧和右侧的对称平面内；ψ 为车辆的横摆角，由 $\dot{\psi}$ 的积分得到；δ 为转向角，由 $\dot{\delta}$ 的积分得到；F_D 为空气阻力；F^x 和 F^y 为轮胎接触力沿着车辆 x 轴和 y 轴的分量；T_s^x 和 T_s^y 为悬架转矩。

考虑车辆前转向，有

$$F_{\text{f}\star}^x = F_{\text{f}\star}^l\cos\delta - F_{\text{f}\star}^c\sin\delta, \quad F_{\text{f}\star}^y = F_{\text{f}\star}^l\sin\delta - F_{\text{f}\star}^c\cos\delta, \quad \forall\star\in\mathscr{S}$$

$$F_{\text{r}\star}^x = F_{\text{r}\star}^l \qquad\qquad\qquad\qquad F_{\text{r}\star}^y = F_{\text{r}\star}^c, \qquad\qquad\qquad \forall\star\in\mathscr{S}$$

式中，F^l 和 F^c 分别表示纵向和侧向轮胎力。

3.4.2 轮胎接触力：Pacejka 魔术公式

本节将使用 Pacejka 魔术公式计算轮胎力，其为非常准确的半经验非线性轮胎模型，通常用于汽车应用。魔术公式允许计算纵向力和侧向力为纵向滑移和滑移角的函数，同时考虑联合滑移的影响。回正转矩 M^z 只在低速时才有显著贡献，本节假设忽略不计。因此，纵向力和侧向力的计算公式为

$$[F_{\diamond\star}^l, F_{\diamond\star}^c] = f_P(\alpha_{\diamond\star}, \kappa_{\diamond\star}, \mu, F_{\diamond\star}^z), \quad \forall\diamond\star\in\mathscr{W}$$

式中，$f_P(\cdot)$ 表示 Pacejka 轮胎模型。

魔术公式的输入是：①侧偏角 $\alpha_{\diamond\star}$，如图 3.1 所示，定义为车轮的方向和速度之间的角度；②纵向滑移率 $\kappa_{\diamond\star}$；③轮胎 - 路面摩擦系数 μ；④轮胎上的垂直载荷 $F_{\diamond\star}^z$。纵向滑移率定义为

$$\kappa_{\diamond\star} = \frac{\omega_{\diamond\star}R_e - v_{\diamond\star}}{v_{\diamond\star}}$$

式中，$v_{\diamond\star}$ 为车轮速度；$\omega_{\diamond\star}$ 为车轮转速；R_e 为轮胎有效半径。

关于侧偏角和轮胎力计算的更多详细信息，见文献 [26-28]；本节使用的模型实现及参数，见文献 [29]。

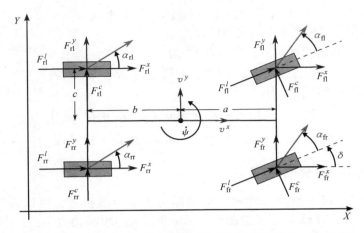

图 3.1 惯性坐标系下四轮车辆模型的轮胎力和侧偏角（见彩插）
注：轮胎的运动方向用绿色箭头表示。

3.4.3 车轮动力学

车轮被建模为只有一个转动自由度的独立体，动力学方程仅取决于加速转矩和制动转矩 $T^a_\circ$ 和 $T^b_\circ$ 以及纵向力 $F^l_\circ$。转动角加速度由下式给出

$$\dot{\omega}_{\diamond\star} = \frac{1}{I^w}(T^a_{\diamond\star} + T^b_{\diamond\star} - R_e F^l_{\diamond\star}), \forall \diamond\star \in \mathscr{W}$$

上式考虑了单个车轮制动的情况。对于加速转矩，考虑后轮驱动的差速器模型为

$$T^a_{f\star} = 0, \forall \star \in \mathscr{S}$$

$$T^a_{r\star} = T^a\left(1 - \frac{\omega_{r\star}}{\omega_{rl} + \omega_{rr}}\right), \forall \star \in \mathscr{S}$$

3.4.4 垂向力和悬架模型

在本节中，假设车辆悬架只作用于底盘的侧倾和俯仰运动。底盘的转动定义为

$$\boldsymbol{R} = \boldsymbol{R}_y(p)\boldsymbol{R}_x(r) = \begin{bmatrix} \cos p & 0 & \sin p \\ 0 & 1 & 0 \\ -\sin p & 0 & \cos p \end{bmatrix} \begin{bmatrix} 1 & 0 & 0 \\ 0 & \cos r & \cos r \\ 0 & \sin r & -\sin r \end{bmatrix}$$

式中，r 和 p 分别为侧倾角和俯仰角。

由弹簧弹性和阻尼引起的悬架力分别定义为

$$F^{el}_{\diamond\star} = -k_\diamond \Delta_{\diamond\star}, \quad F^d_{\diamond\star} = -D_\diamond \dot{\Delta}_{\diamond\star}, \quad \forall \diamond\star \in \mathscr{W}$$

式中，$k_\diamond$ 和 $D_\diamond$ 为悬架弹簧的弹性常数和阻尼常数。

悬架位移定义为

式中，$\zeta_{\diamond\star}$ 为车身坐标系 e 中的轮胎位置。

用 $\overline{F}_{\diamond\star}^z$ 表示其余的垂向力，垂向力 F^z 为

$$F_{\diamond\star}^z = \overline{F}_{\diamond\star}^z + F_{\diamond\star}^{el} + F_{\diamond\star}^d, \quad \forall \diamond\star \in \mathscr{W}$$

作用在底盘上的转矩为

$$T_s^y = -2\left((k_f + k_r)c^2\sin r + c^2(D_f + D_r)w_x\right)$$

$$T_s^x = -2\left((k_f a^2 + k_r b^2)\sin p + (D_f a^2 + D_r b^2)w_y\right)$$

3.4.5 动力学的空间重构

对于不同车速下的障碍物和一般道路边界的自然描述，可以在轨道中心线 $\sigma(s) = [X^\sigma(s), Y^\sigma(s)]^T$ 定义的曲线坐标中重新表示模型动力学，其中 $s \in [s_0, s_f]$ 是恒定速度 $\|d\sigma/ds\| := 1$ 的曲线参数化。特别是，车辆全局坐标 X、Y 和 ψ 由 σ 开始的距离和方位偏移坐标 $e^y = \|[X, Y]^T - [X^\sigma, Y^\sigma]^T\|_2$ 和 $e^\psi = \psi - \psi^\sigma$ 代替，有

$$\psi^\sigma(s) = \text{atan2}\left(\frac{dY^{\sigma(s)}}{ds}, \frac{dX^{\sigma(s)}}{ds}\right)$$

动力学系统的自变量不是时间 t，而是参考曲线 σ 的参数 $s \in [s_0, s_f]$。

坐标变换映射 $s:[t_0, t_f] \to [s_0, s_f]$ 由车辆沿着 σ 的速度隐式定义。从几何角度考虑，对于沿着 σ 方向的车速 $v^\sigma = v^x\cos(e^\psi) - v^y\sin(e^\psi)$ 及其在参考曲线上 σ 的投影，可以认为 $\dot{\sigma}/v^\sigma = \rho^\sigma/(\rho^\sigma - e^y)$，其中 ρ^σ 是在 s 处 σ 的局部曲率半径。从 $d\sigma/ds = 1$ 开始，其遵循 $\dot{\sigma} = (d\sigma/ds)(ds/dt) = \dot{s}$。因此，坐标变换公式定义为

$$\dot{s} = \frac{\rho^\sigma}{\rho^\sigma - e^y}(v^x\cos(e^\psi) - v^y\sin(e^\psi))$$

对于离中心线足够小的偏差 e^y，即 $e^y(s) < \rho^{\sigma(s)}$，如果 $v^\sigma > 0$，则坐标映射是单调的，即如果车辆向前行驶，车辆状态 ξ 在每个 $s \in [s_0, s_f]$ 的空间坐标系中唯一确定。状态向量 ξ 的空间动力学可以通过与时间相关的动力学表示

$$\xi' := \frac{d\xi}{ds} = \frac{d\xi}{dt}\frac{dt}{ds} = \dot{\xi}\frac{1}{\dot{s}}$$

由于坐标映射 $s(t)$ 的单调性，可以应用反函数定理。

空间坐标转换的更多细节，见文献 [5]。需要注意的是，沿着 σ 积分 $dt/ds = 1/\dot{s}$ 可以恢复时间信息，惯性坐标由以下公式给出

$$X = X^\sigma - e^y\sin(\psi^\sigma)$$

$$Y = Y^\sigma + e^y\cos(\psi^\sigma)$$

$$\psi = \psi^\sigma + e^\psi$$

3.5 自动驾驶车辆的控制

本节将给出用于仿真的 MHE 和 NPMPC 方案。两种方案都是基于分段常数控

制参数化，系统动力学 $f(x,u)$ 在打靶区间上使用 2 阶隐式 Runge – Kutta 方法离散化。

3.5.1 MHE 描述

选取 MHE 的估计时域为 $S_E = 10\text{m}$，分成 $N = 10$ 个均匀持续时间 $S_c = S_E/N$ 的控制区间。

可用的测量数据源于一个惯性测量单元（IMU）、一个 GPS、悬架上的力传感器以及在车轮和方向盘上的编码器。表 3.1 对此进行了总结，给出了标准偏差 σ。选择加权矩阵 Q_E 为对角矩阵，所有对角线元素对应于标准差 σ_i 倒数的平方，即 $Q_{Ei} = (\sigma_i)^{-2}$。

到达成本的计算方法与文献［13］中的方法类似。其中，Kalman 更新是以一种有效方法进行的，确保到达成本加权矩阵 P_E 的范数有界。

表 3.1　可用的测量数据

传感器	测量参数	标准偏差 σ
IMU	线性加速度	10^{-2}m/s^2
IMU	角速度	0.1rad/s
GPS	位置	10^{-2}m
力传感器	垂向力	$5 \times 10^2\text{N}$
编码器	车轮转动角速度	10^{-3}rad/s
编码器	转向角	10^{-3}rad

为了准确估计摩擦系数 μ，模型需要考虑道路摩擦情况的突然变化。利用一阶模型 $\dot{\mu} = u_\mu$，可以使摩擦系数随着时间而变化。

需要对变量 u_μ 设置惩罚，以保证 μ 的估计不会受到传感器噪声的强烈影响。在二次范数（L^2）中惩罚 u_μ 具有过滤噪声的效果，但不能实现对摩擦系数大跳跃的快速检测。当对 u_μ 的绝对值（L^1 范数）进行惩罚时，跳跃的检测效果更好，因为较大变化受到的惩罚小于 L^2 的惩罚。在这种情况下，μ 的微小变化和噪声都会被过滤掉。Huber 惩罚结合了 L^1 和 L^2 惩罚的好处，定义为

$$H(x) = \begin{cases} \dfrac{1}{2}x^2 & |x| \leq \rho \\ \rho(|x| - \dfrac{1}{2}\rho) & |x| \geq \rho \end{cases} \quad (3.5)$$

采用松弛变量的算法可微分实现，见文献［30］。

3.5.2 NMPC 描述

选取 NMPC 的控制范围为 $S_C = 20\text{m}$，分成 $N = 20$ 个均匀持续时间 $S_c = S_C/N$ 的

控制区间。选取较长的范围是为了保证提前充分观测到障碍以允许避撞操作，包括在紧急工况下停车。

选择权重矩阵 Q 和 R 为对角矩阵，每个元素按照表 3.2 进行选择。对权重的计量单位进行选择，以产生无量纲成本。利用所提出的加权矩阵 Q 和 R，将终端成本矩阵 P_C 作为离散代数 Riccati 方程的解。

表 3.2 NMPC 的权重系数

状态或控制	e_y, e_ψ	$v_x, v_y, \dot{\psi}$	r, p	ω_x, ω_y	$\omega_{..}$	$T^a, T^b_{..}$	$\dot{\delta}$
相应权重	1	10	1	1	1	10^{-4}	$1 \times e^2$

对于输入，选择以下约束
$$0 \leq T^a \leq \overline{T}^a, \quad \underline{T}^b \leq T^b_{\diamond \star} \leq 0 \quad \forall \diamond \star \in \mathcal{W}$$

通过使用模型的空间重构，将避障约束变为简单的边界，定义为
$$\underline{e}_y \leq e_y \leq \overline{e}_y \tag{3.6}$$

由于此避障约束会使轨迹远离参考轨迹，因此 NMPC 通过操纵方向盘避免障碍和尽可能靠近参考轨迹，边界式（3.6）成为激活状态。对于实际系统，由于测量噪声或模型不准确，状态估计总是带有噪声的。即使是最小违反式（3.6）的约束，也会导致 NLP 不可行，并且使控制器工作不可靠。通过使用非负松弛变量重新表示式（3.6）的避障约束，可以保证 NLP 的可行性，即

$$e_y \leq \overline{e}_y + u^U_{e_y}, \quad u^U_{e_y} \geq 0$$
$$e_y \geq \underline{e}_y - u^L_{e_y}, \quad u^L_{e_y} \geq 0$$

在上式中，对每个区间引入松弛变量 $u_{e_y} = [u^L_{e_y}, u^U_{e_y}]^T$。它们可以看作是对应于每个区间的约束违背的度量。

为了惩罚违反约束的行为，在成本函数 J_{NMPC} 中增加两项，成为

$$J_{\text{NMPC}} = \|x(T_c) - x^r(T_c)\|^2_{P_C} + \int_0^{T_c} \|x(t) - x^r(t)\|^2_{Q_C} + \|u(t) - u^r(t)\|^2_{R_C} + w_1^T u_{e_y}(t) + \|u_{e_y}(t)\|_{W_2} dt$$

提出的松弛变量惩罚实现了 L^1 和 L^2 范数之和，分别采用正（定）权重 w_1 和 W_2。这种选择允许对大的约束违背增加较强的惩罚（L^2 范数的效果），使其总是具有非零梯度，即使没有违反约束时也是如此（L^1 范数的效果）。

3.5.3 仿真结果

为了验证所提出控制方案的性能，进行避障仿真。使用 ACADO 代码生成工具实现了 NMPC 和 MHE 方案。

要求车辆以参考速度 $v_x = 10\text{m/s}$ 在 200m 长的长直道路上行驶，同时避开位于 $s = 43\text{m}$ 和 $s = 123\text{m}$ 两处 6m 长的障碍。从左侧避开第一个障碍，障碍为 2m 宽；从

右侧避开第二个障碍,障碍为 0.8m 宽。路面有非常低的摩擦系数 $\mu=0.3$,对应于冰雪路面。80m 后,摩擦系数增加到 $\mu=0.5$。

将所提出的控制方案应用于这种情况,控制器使车辆能够避开障碍。Huber 惩罚式(3.5)成功地抑制了测量噪声,但是仍然允许检测摩擦系数的跳跃。跳跃发生后,将立即以近似的方式进行检测。检测后 MHE 逐步校正误差。状态向量的 MHE 估计误差如图 3.2 所示。可以看出,所有量的估计效果都很好。最大误差是相对于 e_y 的,因为所选的 GPS 噪声相对较高。

所有仿真都是在 2.27GHz 的 Intel Xeon CPU E5520 上进行的,计算时间见表 3.3。

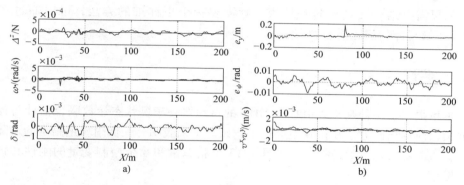

图 3.2 a) 为载荷转移 Δ^z、转速 ω 和转向角 δ 的估计误差;
b) 为距离参考 e_y 和 e_ψ 的估计误差、纵向车速 v^x 和横向车速 v^y 的估计误差

表 3.3 准备和反馈阶段的计算时间

方法	准备阶段/ms	反馈阶段/ms
MPC	15.2	5.8
MHE	16.6	5.0

3.5.4 换档策略

自动驾驶的一个重要控制是档位选择,换档意味着引入一个整数值控制函数 $\eta(s) \in \{1,2,\cdots,n_{gears}\}$ 和相应的一个切换动态系统 $f(x(s),u(s),\eta(s))$,通常涉及特定齿轮传动比或效率等级。为了解决档位选择的离线控制问题,研究人员提出了各种方法,最适合在线设置的方法在文献[34]中有所描述。其建立在动力学的局部外凸基础上,即引入了凸乘子控制 $\omega_i(s) \in \{0,1\}$、$\sum_{i=1}^{n_{gears}} \omega_i(s) = 1$ 和新的动力学方程

$$\dot{x}(s) = \sum_{i=1}^{n_{\text{gears}}} \omega_i(s) f(x(s), u(s), i)$$

重新构造的公式允许将整数选择放宽为连续输入 $\omega_i(s) \in [0,1]$，其可以由所给出的软件架构进行处理。虽然 $\omega_i(s)$ 可以取区间 $[0,1]$ 中的任意值，但最优松弛解通常是 Bang–Bang 类型，因此是一个可行的输入。原因是外部凸化在能量最优和时间最优设置的情况下，都有利于最有效的齿轮与相对于加速度的变化，如文献 [32] 所述。一个可能的例外是执行器时间网格和最优切换点之间的不匹配区间，在这种情况下可以应用舍入方法。对于足够快的执行机构，既显示了 ε - 最优，又显示了稳定的行为。

如果需要结合发动机转速约束，则需要一个更详细的方法，可以通过文献 [37] 了解可能的问题描述和方法。

3.6 结论

本章提出了一种基于 NMPC 和 MHE 的自动驾驶车辆状态参数联合估计与控制的框架，所提出的方案在仿真中进行了测试。结果表明，在低附着道路上的避障情况下，该方案可以有效地控制一个具有 15 个状态量和 6 个控制变量的刚性和强非线性模型。

最新算法的研发使这些先进的控制和估计技术可以实时运行，在标准 CPU 上的计算时间是 20ms。

通过采用 Huber 范数惩罚道路 – 轮胎摩擦系数的变化，实现摩擦系数的估计，并且通过松弛公式保证了受到噪声影响的路径约束可行性。

未来的研究致力于将所提出的框架拓展到包括换档在内的更复杂的车辆模型。

参 考 文 献

1. Falcone P, Borrelli F, Asgari J, Tseng H, Hrovat D (2008) Low complexity MPC schemes for integrated vehicle dynamics control problems. 9th international symposium on advanced vehicle, control
2. Gao Y, Gray A, Frasch JV, Lin T, Tseng E, Hedrick J, Borrelli F (2012) Spatial predictive control for agile semi-autonomous ground vehicles. In: Proceedings of the 11th international symposium on advanced vehicle, control
3. Gao Y, Lin T, Borrelli F, Tseng E, Hrovat D (2010) Predictive control of autonomous ground vehicles with obstacle avoidance on slippery roads. In: Dynamic systems and control conference
4. Gray A, Gao Y, Lin T, Hedrick J, Tseng E, Borrelli F (2012) Predictive control for agile semi-autonomous ground vehicles using motion primitves. In: American control conference, ACC
5. Frasch JV, Gray AJ, Zanon M, Ferreau HJ, Sager S, Borrelli F, Diehl M (2013) An auto-generated nonlinear MPC algorithm for real-time obstacle avoidance of ground vehicles. In: Proceedings of the European control conference (2013)

6. Diehl M, Bock H, Schlöder J, Findeisen R, Nagy Z, Allgöwer F (2002) Real-time optimization and nonlinear model predictive control of processes governed by differential-algebraic equations. J Process Control 12(4):577–585
7. Bock H, Plitt K (1984) A multiple shooting algorithm for direct solution of optimal control problems. In: Proceedings 9th IFAC World Congress Budapest. Pergamon Press, NY, pp 242–247
8. Zanon M, Frasch J, Diehl M (2013) Nonlinear moving horizon estimation for combined state and friction coefficient estimation in autonomous driving. In: Proceedings of the European control conference
9. Zanon M, Gros S, Diehl M (2013) Airborne wind energy. Control of rigid-airfoil airborne wind energy systems. Springer, Berlin
10. Mayne D, Rawlings J, Rao C, Scokaert P (2000) Constrained model predictive control: stability and optimality. Automatica 26(6):789–814
11. Grüne L (2012) NMPC without terminal constraints. In: Proceedings of the IFAC conference on nonlinear model predictive, control 2012
12. Rao C (2000) Moving horizon estimation of constrained and nonlinear systems. Ph.D. Thesis, University of Wisconsin-Madison
13. Kühl P, Diehl M, Kraus T, Schlöder JP, Bock HG (2011) A real-time algorithm for moving horizon state and parameter estimation. Comput Chem Eng 35(1):71–83. doi:10.1016/j.compchemeng.2010.07.012
14. Biegler L, Rawlings J (1991) Optimization approaches to nonlinear model predictive control. In: Ray W, Arkun Y (eds) Proceedings of 4th international conference on chemical process control-CPC IV. AIChE, CACHE, pp 543–571
15. de Oliveira N, Biegler L (1995) An extension of Newton-type algorithms for nonlinear process control. Automatica 31(2):281–286
16. Mayne DQ, Michalska H (1990) Receding horizon control of nonlinear systems. IEEE Trans Autom Control 35(7):814–824
17. Frasch JV, Sager S, Diehl M (2013) A parallel quadratic programming method for dynamic optimization problems. Submitted
18. Diehl M, Findeisen R, Allgöwer F (2007) A stabilizing real-time implementation of nonlinear model predictive control. In: Biegler L, Ghattas O, Heinkenschloss M, Keyes D, van Bloemen Waanders B (eds) Real-time and online PDE-constrained optimization, SIAM, pp 23–52
19. Ferreau HJ, Bock HG, Diehl M (2008) An online active set strategy to overcome the limitations of explicit MPC. Int J Robust Nonlinear Control 18(8):816–830. doi:10.1002/rnc.1251
20. Houska B, Ferreau H, Diehl M (2011) An auto-generated real-time iteration algorithm for nonlinear MPC in the microsecond range. Automatica 47(10):2279–2285. doi:10.1016/j.automatica.2011.08.020
21. Houska B, Ferreau H, Diehl M (2011) ACADO toolkit—An open source framework for automatic control and dynamic optimization. Optimal Control Appl Methods 32(3):298–312. doi:10.1002/oca.939
22. ACADO Toolkit Homepage. http://www.acadotoolkit.org (2009–2013)
23. Ferreau H, Kraus T, Vukov M, Saeys W, Diehl M (2012) High-speed moving horizon estimation based on automatic code generation. In: Proceedings of the 51th IEEE conference on decision and control (CDC 2012)
24. Quirynen R, Gros S, Diehl M (2013) Fast auto generated ACADO integrators and application to MHE with multi-rate measurements. In: Proceedings of the European control conference
25. Quirynen R, Vukov M, Diehl M (2012) Auto generation of implicit integrators for embedded NMPC with microsecond sampling times. In: Lazar M, Allgöwer F (eds) Proceedings of the 4th IFAC nonlinear model predictive control conference
26. Pacejka HB (2006) Tyre and vehicle dynamics. Elsevier, Amsterdam
27. Kehrle F, Frasch JV, Kirches C, Sager S (2011) Optimal control of formula 1 race cars in a VDrift based virtual environment. In: Bittanti S, Cenedese A, Zampieri S (eds) Proceedings of the 18th IFAC World Congress, pp 11,907–11,912
28. Kiencke U, Nielsen L (2005) Automotive control systems. Springer, Berlin

29. Gray A, Zanon M, Frasch J (2012) Parameters for a Jaguar X-Type. http://www.mathopt.de/RESEARCH/obstacleAvoidance.php
30. Boyd S, Vandenberghe L (2004) Convex optimization. Cambridge University Press, Cambridge
31. Gerdts M (2006) A variable time transformation method for mixed-integer optimal control problems. Optim Control Appl Methods 27(3):169–182
32. Kirches C, Sager S, Bock H, Schlöder J (2010) Time-optimal control of automobile test drives with gear shifts. Optimal Control Appl Methods 31(2):137–153
33. Terwen S, Back M, Krebs V (2004) Predictive powertrain control for heavy duty trucks. In: Proceedings of IFAC symposium in advances in automotive control, Salerno, Italy, pp 451–457
34. Kirches C (2011) Fast numerical methods for mixed-integer nonlinear model-predictive control. Advances in numerical mathematics. Springer, Wiesbaden
35. Sager S, Reinelt G, Bock H (2009) Direct methods with maximal lower bound for mixed-integer optimal control problems. Math Prog 118(1):109–149
36. Sager S, Bock H, Diehl M (2012) The integer approximation error in mixed-integer optimal control. Math Prog A 133(1–2):1–23
37. Jung M, Kirches C, Sager S (2013) On perspective functions and canishing constraints in mixed-integer nonlinear optimal control. In: Facets of combinatorial optimization—Festschrift for Martin Grötschel (2013, to appear)

第4章 HJBE的近似解和内燃机最优控制

摘要： 最优控制问题会出现在多种应用中，包括汽车系统。然而，这些问题的求解取决于偏微分方程，即所谓的 Hamilton–Jacobi–Bellman（HJB）偏微分方程，在实践中很难甚至不可能确定。在此，引入动态值函数的概念，提出一种新的技术，其将给定模型浸入扩展的状态空间中，从而可以用构造性的方式定义解，产生一个近似最优策略的动态控制律。通过对内燃机领域的实例研究，即试验台的转矩和转速的最优控制，验证了该方法的有效性。

4.1 引言

最优控制是将动态系统的状态引导到期望的构型，同时最小化给定的最优性准则。因为由此产生的控制律允许稳定闭环系统达到期望的平衡状态——在非线性环境中，这是一项极其重要的任务——以及考虑优化目标，这样的问题在控制设计应用中相当普遍，显然包括机械和汽车系统等。众所周知，最优控制作用通常以偏微分解的形式提供，即所谓的 HJB 偏微分方程。这种（非线性的）偏微分方程的解析解，可能难以或甚至不可能在相当简单的学术模型类之外确定。因此，文献提出了几种方法来近似，至少在期望均衡的邻域中得到近似的最优策略。

本章的主要目的是定义动态值函数概念。与经典值函数类似，这些函数与辅助最优控制问题的解有很强的相关性，近似于原问题的解。有趣的是，该结构利用了系统状态的动态扩展，因此产生了一个动态控制律来代替经典的静态最优反馈。

本章的其余部分组织如下：4.2 节综述有关最优控制及其解的一些基本定义和结果；4.3 节引入动态值函数的概念，给出其定义的一些动机，同时讨论（矩阵）代数 $\overline{P}$ 解的概念，其有助于构造不涉及任何偏微分方程解的一类动态值函数；最后通过在汽车中的实际应用，对所提出的控制律的性能进行评估。特别地，本章还考虑了由电动测功机驱动的内燃机试验台的转矩和转速的最优控制问题。

4.2 HJB 方程和最优控制

为了给可能不熟悉经典最优控制问题的标准定义和符号的读者提供一个全面的框架，简要回顾上述最优控制问题的基本思想和结果。为此，考虑一个非线性动力系统由如下方程描述

$$\dot{x} = f(x) + g(x)u \tag{4.1}$$

式中，$f: \mathbb{R}^n \to \mathbb{R}^n$ 和 $g: \mathbb{R}^n \to \mathbb{R}^{n \times m}$ 为光滑映射；$x(t) \in \mathbb{R}^n$ 为系统状态；$u(t) \in \mathbb{R}^m$ 为输入。

稳定的无限时域最优控制问题在于找到使成本函数最小的控制动作 u

$$J(u) = \frac{1}{2} \int_0^\infty (q(x(t) + u(t)^T u(t)) \mathrm{d}t \tag{4.2}$$

其中，$q: \mathbb{R}^n \to \mathbb{R}_+$ 为半正定函数，受到式（4.1）的动态约束，初始状态 $x(0) = x_0$，闭环系统零平衡是局部渐近稳定的要求。

假设 q 至少二次连续可微，以保证一个（可能不唯一）的矩阵值函数 $Q: \mathbb{R}^n \to \mathbb{R}^{n \times m}$，$Q(x) = Q(x)^T \geq 0$ 对于所有 $x \in \mathbb{R}^n$ 均存在，以便对于任意 $x \in \mathbb{R}^n$，都有 $q(x) = x^T Q(x) x$。

假设 1

向量场 f 使得 $f(0) = 0$，即对于任意 $t \geq 0$，$u = 0$ 时 $x = 0$ 是系统式（4.1）的平衡点。

假设 2

输出为 $y = q(x)$ 的非线性系统式（4.1）是零状态可检测的，即对于任意 $t \geq 0$，$y(t) = 0$ 和 $u(t) = 0$ 意味着状态 $x(t)$ 随着时间趋于无穷大而收敛到零。

假设 1 的结果是，存在一个可能不唯一的连续矩阵值函数 $F: \mathbb{R}^n \to \mathbb{R}^{n \times n}$，以便对于任意 $x \in \mathbb{R}^n$，$f(x) = F(x)x$。系统式（4.1）的经典最优控制设计方法取决于著名的 HJB 偏微分方程的解

$$\frac{\partial V}{\partial x}(x)f(x) - \frac{1}{2}\frac{\partial V}{\partial x}(x)g(x)g(x)^T \frac{\partial V}{\partial x}(x)^T + \frac{1}{2}q(x) = 0 \tag{4.3}$$

对于所有 $x \in \mathbb{R}^n$ 均成立，并且边界条件 $V(0) = 0$。

如果 HJB 式（4.3）的解存在，则解是最优控制问题的值函数，即它是一个与状态空间中每个点相关的函数，系统式（4.1）轨迹的最优成本为 $x(0) = x_0$。整个状态空间上的值函数允许构造最小输入，这是根据静态反馈 $u_o = -g(x)^T (\partial V(x)/\partial x)^T$ 定义的。

最后，在初级阶段回顾线性化设置最优控制问题的解似乎是有用的。其以线性静态反馈控制律 $u_o = -B^T \overline{P}x$ 的形式给出，其中 $\overline{P} \in \mathbb{R}^{n \times n}$，表示代数 Riccati 方程 $\overline{P}A + A^T \overline{P} - \overline{P}BB^T \overline{P} + \overline{Q} = 0$ 的对称正定解，而矩阵 $A \in \mathbb{R}^{n \times n}$、$B \in \mathbb{R}^{n \times m}$、$\overline{Q} \in \mathbb{R}^{n \times n}$

定义为

$$A \triangleq \frac{\partial f}{\partial x}\bigg|_{x=0} = F(0), B \triangleq g(0), \overline{Q} \triangleq \frac{1}{2}\frac{\partial^2 q}{\partial x^2}\bigg|_{x=0} = Q(0) \tag{4.4}$$

4.3 动态值函数与代数$\overline{P}$解

本节讨论最优控制问题的一种改进定义，因此考虑其解的另一种概念，下面进行详细说明。

问题 1

针对系统式（4.1），考虑假设 1、假设 2 和式（4.2）的成本函数。具有稳定性的区域动态最优控制问题在于确定一个整数 $\tilde{n} \geq 0$，动态控制律为

$$\begin{aligned}\dot{\xi} &= \alpha(x,\xi) \\ u &= \beta(x,\xi)\end{aligned} \tag{4.5}$$

式中，$\xi(t) \in \mathbb{R}^{\tilde{n}}$；$\alpha: \mathbb{R}^{n \times \tilde{n}} \to \mathbb{R}^{\tilde{n}}$；$\beta: \mathbb{R}^{n \times \tilde{n}} \to \mathbb{R}^m$；$\alpha(0,0)=0$；$\beta(0,0)=0$。

通过光滑映射和包括 $\mathbb{R}^n \times \mathbb{R}^{\tilde{n}}$ 原点的集合 $\overline{\Omega} \subset \mathbb{R}^n \times \mathbb{R}^{\tilde{n}}$ 得到闭环系统

$$\begin{aligned}\dot{x} &= f(x) + g(x)\beta(x,\xi) \\ \dot{\xi} &= \alpha(x,\xi),\end{aligned} \tag{4.6}$$

该方程具有以下特性：

1) 系统式（4.6）的零平衡渐近稳定，吸引区包含 $\overline{\Omega}$。
2) 对于任意 $\overline{u}$ 和初始条件 (x_0, ξ_0)，使系统式（4.6）的轨迹保持在 $\overline{\Omega}$ 中，不等式 $J(\beta) \leq J(\overline{u})$ 成立，其中 β 在式（4.5）中定义。

问题 1 可以解释为与扩展系统式（4.1）～式（4.5）相关的辅助最优控制问题，具有状态 (x,ξ) 和成本泛函式（4.2）。在此，考虑上述辅助最优控制问题的一个近似解。

问题 2

针对系统式（4.1），考虑假设 1 和假设 2。具有稳定性的近似区域动态最优控制问题在于确定一个整数 $\tilde{n} \geq 0$，即式（4.5）描述的动态控制律，包含 $\mathbb{R}^n \times \mathbb{R}^{\tilde{n}}$ 原点的集合 $\overline{\Omega} \subset \mathbb{R}^n \times \mathbb{R}^{\tilde{n}}$ 和函数 $c: \mathbb{R}^n \times \mathbb{R}^{\tilde{n}} \to \mathbb{R}_+$，使区域动态最优控制问题可以根据改进的成本泛函来求解

$$J(u) = \frac{1}{2}\int_0^\infty (q(x(t)) + u(t)^{\mathrm{T}} u(t) + c(x(t),\xi(t)))\mathrm{d}t \tag{4.7}$$

4.3.1 动态值函数定义

综上所述，近似值是由两部分组成的。一方面，引入一个动态扩展 ξ，其产生动态状态反馈来代替经典静态反馈。另一方面，考虑式（4.7）所示的额外成本 c，其对动态扩展的状态以及系统式（4.1）的状态施加惩罚。后者松弛的直接结果是，可以用偏微分不等式代替方程来求解。因此，相应地定义另一种值函数的概念。

定义 1

针对系统式（4.1），考虑假设 1、假设 2 和成本函数（4.2），动态值函数 $\mathscr{V}$ 是一对 (D_α, V)，定义如下。

1) D_α 是动态系统

$$\dot{\xi} = \alpha(x, \xi),$$
$$u = -g(x)^T \frac{\partial V}{\partial x}(x, \xi)^T \tag{4.8}$$

式中，$\xi(t) \in \mathbb{R}^n$；$\alpha: \mathbb{R}^n \times \mathbb{R}^n \to \mathbb{R}^n$，$\alpha(0, 0) = 0$，具有充分平滑映射，使 $\alpha(0, \xi) = 0$ 的零平衡为局部渐近稳定。

2) $V: \Omega \subseteq \mathbb{R}^n \times \mathbb{R}^n$ 在原点附近为正，且

$$\mathscr{H}(x, \xi) \triangleq \frac{\partial V}{\partial x} f(x) + \frac{\partial V}{\partial \xi} \alpha(x, \xi) + \frac{1}{2} q(x) - \frac{1}{2} \frac{\partial V}{\partial x} g(x) g(x)^T \frac{\partial V^T}{\partial x} \leq 0 \tag{4.9}$$

对于所有 $(x, \xi) \in \Omega$ 均成立。

为了更清晰地解释上述定义，在下面的引理中，我们对动态值函数与近似区域动态最优控制问题解之间的关系进行研究和说明。

引理 1

针对系统式（4.1），考虑假设 1、假设 2 和成本函数式（4.2）。设 $\mathscr{V} = (D_\alpha, V)$ 为式（4.1）在包含 $\mathbb{R}^n \times \mathbb{R}^n$ 原点的非空开集 Ω 上的一个动态值函数，然后对于所有 $(x, \xi) \in \widetilde{\Omega}$，利用动态系统式（4.8）求解具有稳定性的近似区域动态最优控制问题，即问题 2，而 $\widetilde{\Omega}$ 为包含在 Ω 中函数 V 的最大水平集。

证明

通过式（4.9），这一引理直接指出 V 是闭环系统式（4.1）～式（4.8）关于成本函数式（4.7）的连续可微值函数。由式（4.9）定义额外成本函数 $c: \mathbb{R}^n \times \mathbb{R}^n \to \mathbb{R}_+$，对于 $(x, \xi) \in \Omega$，$c(x, \xi) = -2H(x, \xi) \geq 0$。此外，通过设 V 为 Lyapunov 候选函数，证明闭环系统式（4.1）～式（4.8）的零平衡渐近稳定性。事实上，通过函数 V 沿着系统式（4.1）～式（4.8）轨迹对时间求导，得到

$$\frac{dV}{dt} \leq -\frac{1}{2} q(x) - \frac{1}{2} \frac{\partial V}{\partial x}(x, \xi) g(x) g(x)^T \frac{\partial V}{\partial x}(x, \xi)^T \leq 0 \tag{4.10}$$

其中，第一个不等式是由式（4.9）得到的，表明闭环系统式（4.1）～式（4.8）的所有轨迹对于任意 $t \geq 0$ 时都保持有界。此外，根据 LaSalle 不变原理，后一个轨迹收敛到一个包含原点的集合，可以得到

$$\{(x, \xi) \in \mathbb{R}^n \times \mathbb{R}^n : q(x) \frac{\partial V}{\partial x}(x, \xi)^T = 0\} \tag{4.11}$$

其中，系统式（4.1）降为 $\dot{x} = f(x)$。结合式（4.11）和假设 2，现在可以证明 $x(t)$ 渐近收敛于 0。通过 $\alpha(0, \xi)$ 的稳定性和互联系统上的标准参数，证明 $\xi(t)$ 趋向于 0。

注释1

引理1要求的动态值函数的知识为问题2提供了一个解,即控制律式(4.8),这与原最优控制问题密切相关。有趣的是,通过允许动态反馈近似或在某些情况下提供最优解,控制律式(4.8)的结构为最优控制问题的解提供了不同的概念。

4.3.2 一类正则动态值函数

虽然4.3.1节向读者提供了对动态值函数概念的解释,但是上述讨论的动机将在本章其余部分变得清晰。实际上,这是通过说明一类正则动态值函数可以不依赖于任何偏微分方程或不等式解析解而构造定义实现的。为此,现在正式引入(矩阵)代数$\overline{P}$解的概念,其为上述构造的工具。

定义2

考虑系统式(4.1)和成本函数式(4.2),对于任意$x \in \mathbb{R}^n$,定义$\Sigma : \mathbb{R}^n \to \mathbb{R}^{n \times n}$,$\Sigma(x) = \Sigma(x)^T \geqslant 0$。对于任意$x \in \mathbb{R}^n$,连续矩阵值函数$P : \mathbb{R}^n \to \mathbb{R}^{n \times n}$,$P(x) = P(x)^T$,被称为式(4.3)的矩阵$\mathscr{X}$-代数$\overline{P}$解,如果

$$P(x)F(x) + F(x)^T P(x) + Q(x) - P(x)g(x)g(x)^T P(x) + \Sigma(x) = 0 \quad (4.12)$$

对于任意$x \in \mathscr{X} \subseteq \mathbb{R}^n$均成立且$P(0) = \overline{P}$。如果式(4.12)对于任意$x \in \mathbb{R}^n$均成立,即$\mathscr{X} = \mathbb{R}^n$,则$P$是矩阵代数$\overline{P}$解。

虽然式(4.12)遵循了所谓状态相关Riccati方程的思路,但是完整的研究见文献[4],对于产生的解P的使用明显不同于SDRE方法。尽管如此,式(4.12)及其解具有与Riccati方程状态相关解的理想性质。例如,如果$(F(x), Q(x)^{1/2})$和$(F(x), Q(x))$分别为逐点可观测和可控的,即对于任意$x \in \mathbb{R}^n$的状态的每个固定值,可以证明$P(x)$对于任意$x \in \mathbb{R}^n$均为正定矩阵。值得注意的是,只有当代数输入$u = -g(x)^T P(x)x$时,矩阵$A_{cl}(x) = F(x) - g(x)g(x)^T P(x)$才为闭环系统的状态相关表示。

考虑在定义2中引入矩阵代数$\overline{P}$的解P。显然,映射$x \to P(x)x$在标准意义上可能是不可积的。实际上,其Jacobi矩阵通常不同于矩阵$P(x)$,即可能不是对称矩阵。因此,利用定义1中动态扩展所提供的自由度,考虑上述映射的另一种集成概念,得到

$$V(x, \xi) \triangleq \frac{1}{2} x^T P(\xi) x + \frac{1}{2} \|x - \xi\|_R^2 \quad (4.13)$$

其对于$R = R^T > 0$和$\xi \in \mathbb{R}^n$均成立。值得注意的是,一个简单的Schur补参数表明,对于任何矩阵$R > 0$,函数V至少在原点附近是正定的。此外,如果矩阵$P(x)$对于所有$x \in \mathbb{R}^n$都是正定的,则函数确实是全局正定的,如上文所述。

下面的结果描述了一类典型动态值函数,其构造取决于(矩阵)代数$\overline{P}$解的概念。为了简化说明,令$\psi : \mathbb{R}^n \times \mathbb{R}^n \to \mathbb{R}^{n \times n}$为映射$(x, \xi) \to 1/2 P(\xi) x$对于$\xi$的Jacobi矩阵,而对于所有$(x, \xi) \in \mathbb{R}^n \times \mathbb{R}^n$,矩阵值函数$\phi : \mathbb{R}^n \times \mathbb{R}^n \to \mathbb{R}^{n \times n}$使$(x - \xi)^T \phi$

$(x,\xi)^T = x^T(P(x) - P(\xi))$ 成立。

定理 1

考虑系统式（4.1），具有假设 1、假设 2 和成本函数式（4.2）。设 P 为式（4.1）的矩阵代数 $\overline{P}$ 的解和 $R = R^T > 0$，使下式对于所有 $(x,\xi) \in \Omega \setminus \{0\}$ 均成立

$$\frac{1}{2}A_{cl}(x)^T \Delta(x,\xi) + \frac{1}{2}\Delta(x,\xi)^T A_{cl}(x) < \sum(x) + \frac{1}{2}\Delta(x,\xi)^T g(x)g(x)^T \Delta(x,\xi) \quad (4.14)$$

式中，$\Omega \subseteq \mathbb{R}^{n \times n}$ 为包含原点的非空开集。

存在 $\overline{k} \geq 0$，对于所有 $(x,\xi) \in \Omega$ 和 $k > \overline{k}$，以使式（4.13）中的 V 满足 HJB 不等式（4.9），有 $\dot{\xi} = -k(\partial V(x,\xi)/\partial \xi)^T$。因此，$\mathcal{V} = (D_\alpha, V)$，定义有

$$\dot{\xi} = -k(\Psi(x,\xi)x - R(x-\xi))$$
$$u = -g(x)^T(P(x)x + (R - \Phi(x,\xi))(x-\xi)) \quad (4.15)$$

V 如式（4.13）所示，为系统式（4.1）的动态值函数，通过引理 1 和式（4.15）求解所有 $(x,\xi) \in \overline{\Omega}$ 的近似区域动态最优控制问题，而 $\overline{\Omega}$ 是包含在 Ω 中的 V 的最大水平集。

证明

直接调节文献［7］中定理 3 的参数，可以得到定理 1 的详细证明。

注释 2

式（4.15）中的控制律 u 由上述代数输入和动态补偿项之和给出，解决了期望偏导数 $P(x)$ 和式（4.13）中函数 V 对于 x 的实际偏导数之间的不匹配问题。

注释 3

设 $R = \Phi(0,0) = \overline{P}$，则 $\Delta(0,0) = 0$。值得注意的是，上述矩阵 R 的选择使得 V 至少是局部正定的。假设 $\Sigma(0) > 0$，由于 $\Delta(0,0) = 0$ 和不等式（4.14）中函数连续性，则存在原点非空开放邻域 $\overline{\Omega}$，使得式（4.14）对于所有 $(x,\xi) \in \overline{\Omega}$ 均成立。

注释 4

可以给出代数方程（4.12）的另一种定义，允许考虑单个标量代数不等式，在 n 个未知数中，用 $n(n+1)/2$ 个独立未知数代替矩阵代数方程式（4.12）。更准确地说，可以考虑非线性系统式（4.1），对于所有 $x \in \mathbb{R}^n$，$\sigma: \mathbb{R}^n \to \mathbb{R}^{n \times n}$，$\sigma(0) > 0$，$x^T \sigma(x)x \geq 0$，连续可微映射 $p: \mathbb{R}^n \to \mathbb{R}^{n \times n}$ 可看作式（4.3）的代数 $\overline{P}$ 的解，如果

$$p(x)f(x) + \frac{1}{2}q(x) - \frac{1}{2}p(x)g(x)g(x)^T p(x)^T + \frac{1}{2}x^T \sigma(x)x \leq 0 \quad (4.16)$$

以及相切条件 $\partial p(x)/\partial x |_{x=0} = \overline{P} > 0$。相应的动态值函数必须根据第二种定义进行调整，从而得到函数 $V_s(x,\xi) = p(\xi)x + (1/2)\|x-\xi\|^2$ 和动态系统

$$\dot{\xi} = -k\left(\frac{\partial p}{\partial \xi}(\xi)x - R(x-\xi)\right)$$
$$u = -g(x)^{\mathrm{T}}(p(\xi) + R(x-\xi)) \qquad (4.17)$$

有趣的是，通过用 V_s 替换式（4.13）和用式（4.17）替换式（4.15），定理 1 的结果可以等效证明。

4.3.3 扩展成本最小化

本节将探讨两种不同的方法——在某些方面是替代关系——减小式（4.15）动态解对于最优控制律的近似误差。特别地，这两种方法的探索一方面可以考虑最优解实现成本的实际价值，另一方面可以考虑沿着系统轨迹最小化的成本结构来探索。

根据值函数的定义，$V(x_0,\xi_0)$ 为在式（4.13）中定义的函数 V，提供了成本泛函式（4.7）的最小值，沿着闭环系统式（4.1）～式（4.15）的轨迹计算，初始值为 $(x(0),\xi(0)) = (x_0,\xi_0)$。一方面，在实际应用中，原始对象式（4.1）的初始条件 x_0 是先验的。另一方面，动态扩展的初始条件 ξ_0 可以任意选择。因此，为了使动态解式（4.15）实际成本最小化，对于系统式（4.1）的固定初始条件 x_0，初始条件 ξ_0 应选择为 $\xi_0^* = \mathrm{argmin}_\xi V(x_0,\xi)$。

上述考虑的含义值得特别注意，因为其为采用第二种方法减少近似误差提供了契机。事实上，值函数的定义要求 $\xi(t)$ 的所有可能轨迹，如通过修改增益 k 得到的轨迹，在它们具有相同的初始条件 ξ_0^* 下产生相同的成本泛函式（4.7）的最小值。然而，根据某种特定的标准选择其中一个轨迹可能是可取的。下面的结果解释了如何通过让式（4.15）中的增益 k 成为状态的函数来最小化额外成本函数 c，即 $k(x,\xi)$。为此，对于 $\varepsilon > 0$，定义开集 $M_\varepsilon \triangleq \{(x,\xi) \in \mathbb{R}^n \times \mathbb{R}^n : \|\psi(x,\xi) - R(x-\xi)\| < \phi\}$ 和考虑连续函数

$$\mathrm{sat}_\delta(x) = \begin{cases} x, & 0 \leq |x| \leq \delta \\ \mathrm{sign}(x)\delta, & |x| > \delta \end{cases} \qquad (4.18)$$

其中，$x \in \mathbb{R}$ 和 $\delta > 0$。

定理 2

考虑系统式（4.1），具有假设 1、假设 2 和成本泛函式（4.2）。假设 P 是式（4.3）的（矩阵）代数 $\bar{P}$ 解，假设 R 使式（4.14）在某个非空开集 $\Omega \subseteq \mathbb{R}^n \times \mathbb{R}^n$ 中成立。考虑式（4.13）中的函数 V，所求得的 ξ 是某常数 $\hat{k} > \bar{k}$ 时式（4.15）的解。令 $\varepsilon > 0$，定义式（4.15）中的 $k(x,\xi)$ 为

$$k(x,\xi) = \mathrm{sat}_{\hat{k}}(m(x,\xi)) \qquad (4.19)$$

其中

$$m(x,\xi) \triangleq \left(\frac{\partial V}{\partial \xi}\frac{\partial V^{\mathrm{T}}}{\partial \xi}\right)^{-1}\left(\frac{\partial V}{\partial x}f(x) + \frac{1}{2}q(x) - \frac{1}{2}\frac{\partial V}{\partial x}g(x)g(x)^{\mathrm{T}}\frac{\partial V^{\mathrm{T}}}{\partial x}\right) \qquad (4.20)$$

则动态值函数 $\mathcal{V}^\varepsilon = (D_\alpha^\varepsilon, V^\varepsilon)$ 为

$$\begin{cases} c^\varepsilon(x,\xi) = 0, & (x,\xi) \in \Omega/\mathcal{M}_\varepsilon \\ c^\varepsilon(x,\xi) \leq c(x,\xi), & (x,\xi) \in \mathcal{M}_\varepsilon \end{cases} \quad (4.21)$$

分两步进行证明。首先，证明函数 m 并不是对于所有 $(x,\xi) \in \Omega/\mathcal{M}_\varepsilon$ 都是饱和的，则式（4.21）成立。将式（4.19）变化为

$$k(x,\xi) = \begin{cases} m(x,\xi), & (x,\xi) \in \Omega/\mathcal{M}_\varepsilon \\ \mathrm{sat}_{\hat{k}}(m(x,\xi)), & (x,\xi) \in \mathcal{M}_\varepsilon \end{cases} \quad (4.22)$$

需要注意的是，对于所有 $(x,\xi) \in \Omega/\mathcal{M}_\varepsilon$，函数 m 小于或等于 $\hat{k}$。实际上，在这个集合 V 中，满足 $\|\partial V(x,\xi)/\partial \xi\|^2 \geq \varepsilon^2$，且

$$\frac{\partial V}{\partial x} f(x) + \frac{1}{2} q(x) - \frac{\partial V}{\partial x} g(x) g(x)^\mathrm{T} \frac{\partial V}{\partial x} - m(x,\xi) \frac{\partial V}{\partial \xi} \frac{\partial V^\mathrm{T}}{\partial \xi} = 0 \quad (4.23)$$

其中，这个等式通过替换式（4.19）中的函数 m 获得。而且，根据定理1

$$\frac{\partial V}{\partial x} f(x) + \frac{1}{2} q(x) - \frac{\partial V}{\partial x} g(x) g(x)^\mathrm{T} \frac{\partial V}{\partial x} - \hat{k} \frac{\partial V}{\partial \xi} \frac{\partial V^\mathrm{T}}{\partial \xi} \leq 0 \quad (4.24)$$

对于任意 $(x,\xi) \in \Omega$ 成立，因此，由式（4.24）减去式（4.23），在 $\Omega/\mathcal{M}_\varepsilon$ 中得到 $-(\hat{k}-m(x,\xi))\|\partial V(x,\xi)/\partial \xi\|^2 \leq -(\hat{k}-m(x,\xi))\varepsilon^2$。于是，$m(x,\xi) \leq \hat{k}$，$k(x,\xi)$ 在集合 $\mathcal{M}_\varepsilon$ 外是不饱和的。

为了证明式（4.21）成立，由式（4.23）可知，函数 V 满足偏微分不等式（4.9），且对于任意 $(x,\xi) \in \Omega/\mathcal{M}_\varepsilon$ 均成立，因此 $c^\varepsilon = 0$。另外，通过式（4.19）中的 $k(x,\xi)$ 定义可知，对于任意 $(x,\xi) \in \mathcal{M}_\varepsilon$，$k(x,\xi) \leq \hat{k}$。最后，因为对于任意 $(x, \xi) \in \Omega$，$0 \leq c^\varepsilon(x,\varepsilon) \leq c(x,\varepsilon)$，则 $\mathcal{V}^\varepsilon = (D_\alpha^\varepsilon, V^\varepsilon)$ 为动态值函数，证明完毕。

有趣的一点是，通过选择式（4.19）中增益 k 得到的解使 $(x, \xi) \in \mathbb{R}^n \times \mathbb{R}^n$ 的所有值的期望成本泛函式（4.2）最小化，从而使 $c(x,\xi) = 0$，可以恢复得到原问题的最优解。

4.4 内燃机试验台的最优控制

在试验台上，内燃机的运行方式与乘用车或重型货车相同，因为前者允许产生与内燃机正常运行时相同的负荷。使用试验台的关键优势在于，可以根据温度和压力再现所需条件的可能性，从而大大减少开发和匹配所需的成本和时间。在车辆中，发动机和负载转矩通过变速器产生车速和转速 ω_E。为此，需要控制发动机转矩 T_E 和发动机转速 ω_E 以在试验台上实现内燃机的操纵。在工业实践中，通常采用两个单独的控制回路来控制试验台：转矩通常受到试验发动机加速踏板位置 α 的影响，而转速则由加载机构控制。

在试验台的标准设置中，内燃机通过单轴与不同的主动力单元相连。后者可以

是一个纯粹的被动制动装置或者电机，提供主动操作的可能性。在这种情况下，内燃机的加速踏板位置 α 和测功机转矩设定值 $T_{D,set}$ 为试验台提供输入。Grutnbuter 描述了整个机械系统的简化模型

$$\dot{T}_E = -(c_0 + c_1\omega_E + c_2\omega_E^2)T_E + \tau(\omega_E, T_E, \alpha) \tag{4.25}$$

$$\Delta\dot{\varphi} = \omega_E - \omega_D \tag{4.26}$$

$$\theta_E\dot{\omega}_E = E - c\Delta\varphi - d(\omega_E - \omega_D) \tag{4.27}$$

$$\theta_D\dot{\omega}_D = c\Delta\varphi + d(\omega_E - \omega_D) - T_D \tag{4.28}$$

式中，$\Delta\varphi$ 为连接轴的扭转角；θ_E 和 θ_D 分别为内燃机和测功机的转动惯量，这些值已经考虑了适配器法兰、阻尼元件、轴转矩测量装置和飞轮惯性的影响；c 为连接轴的刚度；d 为阻尼；$c_i > 0$ $(i = 1, \cdots, 3)$ 为常数；$\tau: \mathbb{R} \times \mathbb{R} \times \mathbb{R} \to \mathbb{R}$ 为非线性静态函数。

将采用的电测功机建模为二阶低通滤波器，其动态特性明显快于试验台其他部件，因此在设计中可以忽略。在最大转矩和最大变化率范围内，测功机的转矩可用 $T_D = T_{D,set}$ 表示。设 $v = (\omega_E, T_E, \alpha)$，系统式（4.25）~式（4.28）可以重新表示为

$$\dot{x} = Ax + f(x) + Bu \tag{4.29}$$

其中

$$A = \begin{pmatrix} -c_0 & 0 & 0 & 0 \\ 0 & 0 & 1 & -1 \\ \dfrac{1}{\theta_E} & -\dfrac{c}{\theta_E} & -\dfrac{d}{\theta_E} & \dfrac{d}{\theta_E} \\ 0 & \dfrac{c}{c_D} & \dfrac{d}{\theta_D} & -\dfrac{d}{\theta_D} \end{pmatrix}, \quad B = \begin{pmatrix} 1 & 0 \\ 0 & 0 \\ 0 & 0 \\ 0 & \dfrac{1}{\theta_D} \end{pmatrix}$$

$$f(x) = (-(c_1 x_3 + c_2 x_3^2)x_1 \quad 0 \quad 0 \quad 0)^T$$

式中，$x(t) \in \mathbb{R}^4$，$x = (x_1 \ x_2 \ x_3 \ x_4)^T = (T_E \Delta\varphi \omega_E \omega_D)^T$ 为系统状态；$u(t) \in \mathbb{R}^2$，$u = (vT_{D,set})^T$ 为输出。

在实际应用中，控制输入通过非线性函数 τ 的近似反演得到，以便生成所需信号 v，即 α。

为了构造动态控制律式（4.17），初始让 e_i 表示 x_i 与相应参考值的调节误差，即 $e_i = x_i - x_i^*$，$i = 1, \cdots, 4$。为了触发无限范围的情况，假设系统式（4.25）~式（4.28）的拟设计的动态控制律的闭环瞬态响应明显快于期望参考值的阶跃变化。

在误差坐标系中，设成本泛函式（4.2）中 $q(e) = \mathbb{R}^{4 \times 4}$，其中正定矩阵 $Q \in \mathbb{R}^{4 \times 4}$ 对调节误差进行加权。不失一般性，让式（4.16）的代数 $\overline{P}$ 解的形式为 $p(e) = e^T \overline{P} + \mathscr{P}(e)$，其中 $\mathscr{P}: \mathbb{R}^4 \to \mathbb{R}^{1 \times 4}$ 包含误差变量 e 的高阶多项式。矩阵 $\overline{P}$ 是代数 Riccati 方程的对称正定解，与期望的工作点和二次成本函数 $q(e)$ 附近线性化的误差

系统相关。所提出代数 $\bar{P}$ 的解 P 的结构直观表明，通过增加项 $\mathscr{P}$ 来修正线性解 $e^T \bar{P}$，以补偿式（4.25）～式（4.28）中的非线性项。

利用系统式（4.29）中向量场 $\mathscr{F}$ 的特殊结构，将 $\mathscr{P}$ 定义为 $\mathscr{P} = (\mathscr{P}_1, 0, 0, 0)$。值得注意的是，这种特定选择是任意的，可以探索其他替代选择。然后，求得不等式（4.16）未知变量 $\mathscr{P}_1$，得到解的形式为 $\mathscr{P}_1(e) = \mathscr{N}(e)\mathscr{D}(e)^{-1}$，函数 $\mathscr{D}: \mathbb{R}^4 \rightarrow \mathbb{R}$ 对于状态变量 x 的所有感兴趣的值，即在期望的工作范围内严格为正。最后，在林茨（Linz）的开普勒大学机电系统设计与控制研究所开发的高质量试验台模拟器上，验证了根据注释 3 中的参数选择矩阵 R 的控制律式（4.17）。除了整个力学描述的动力学外，模拟器还包含一个更准确、真正非线性和基于数据的内燃机模型，该模型考虑了测功机的局限性以及干扰的影响。例如，内燃机模型考虑了加速踏板的动力学特性和燃烧振荡。测量噪声与实际内燃机试验台观测到的噪声类似，叠加在所有相关值上。

由于式（4.17）是由一个相对简化的模型设计的，需要修改控制动作以便应对内燃机的一些非线性。因此，设 v_i ($i = 1, 2$) 表示式（4.17）的第 i 个分量，将内燃机试验台上实现的实际控制输入定义为 $u_i = v_i(e, \xi) + k_i \int_0^\tau v_i(e(\tau), \xi(\tau)) \mathrm{d}\tau$ ($i = 1, 2$)。此外，设增益 k_2 为发动机转速调节误差的导数，表示为 $s/(\delta_s + 1)$，即 $k_2(\dot{e}_3)$，其中 $\delta >> 0$。特别地，将增益定义为当发动机转速的调节误差变化过快时，与控制信号的其他部件相比，积分作用是可以忽略的。这种选择是合理的，如仿真所示，并且是必要的，可以避免测功机参考值的过度变化。由于参考值的变化，期望的发动机转速和转矩与测试的发动机转速和转矩之间的误差相对较快补偿，主要由动态控制率式（4.17）提供的动作进行补偿。在原点附近，动态控制律的线性部分相对于高阶项占主导地位，因此积分起到标准的积分作用。

在仿真中，将控制律式（4.17）与文献［5］中开发的控制律进行了比较，该控制律与基于两个独立控制回路的现有标准实现相比，已经显示出显著的性能改善。图 4.1a 显示了由式（4.17）确定的（实线）和由文献［5］的控制律确定的（虚线）发动机转矩 T_E 的时间历程，图 4.1b 显示了由式（4.17）确定的（黑线）和由文献［5］的控制律确定的（灰线）发动机转速 ω_E 的时间历程。采用本文开发的控制器，当需要改变工作点时，可以显著减少发动机转矩 T_E 的超调。虽然发动机转矩 T_E 呈现出略微增加的上升时间，但以约 4 倍的速度达到最终值。所提出的动态控制律也改善了耦合效应，如图 4.1b 所示。需要注意的是，轴编码器和燃烧振荡引起的附加干扰会对转速产生不利影响。控制律产生的输入信号也存在差别，如图 4.2 所示。实际上，在 $t = 12s$ 时，控制式（4.17）避免了加速踏板位置 α 的超调，从污染排放角度来说这是一个优势，而在另一方面，则要求电动测功机具有更高的性能。

第 4 章 HJBE 的近似解和内燃机最优控制

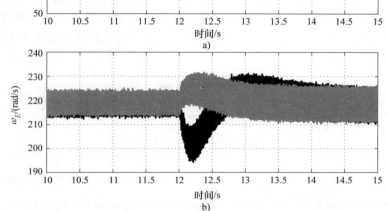

图 4.1　a）由控制律式（4.17）（实线）和文献［5］的控制律（虚线）确定的发动机转矩 T_E 的时间历程以及所需的参考值（虚线）；b）由控制律式（4.17）（黑线）和文献［5］的控制律（灰线）确定的发动机转速 ω_E 的时间历程

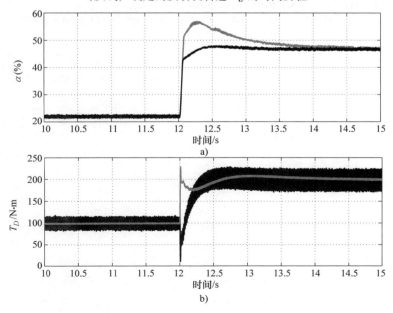

图 4.2　a）由控制律式（4.17）（实线）和文献［5］的控制律（虚线）确定的加速踏板位置 α 的时间历程；b）由控制率式（4.17）（黑线）和文献［5］的控制律（灰线）确定的测功机转矩 T_D 的时间历程

4.5 结论

本章讨论了非线性系统的最优控制问题，其经典解是以由著名的 HJB 偏微分方程得到的；引入和讨论了动态值函数的概念，其允许构造一个逼近最优策略的动态控制律。一方面，可以通过适当初始化动态控制律的内部状态，使近似误差最小化；另一方面，可以控制动态扩展的演化，使实际的最小成本类似于期望的成本。最后，本章针对汽车框架内的一个有趣的控制问题，对所提出的动态控制律的适用性进行了测试和验证。

参 考 文 献

1. Bardi M, Capuzzo Dolcetta I (1997) Optimal control and viscosity solutions to Hamilton-Jacobi-Bellman equations. Birkhauser, Boston
2. Bertsekas DP (1995) Dynamic programming. Athena Scientific, Belmont
3. Bryson AE, Ho YC (1975) Applied optimal control: optimization estimation and control. Taylor and Francis, UK
4. Çymen T (2008) State-dependent Riccati equation (SDRE) control: a survey. In: Proceedings of the 17th IFAC world congress, Seoul, Korea
5. Gruenbacher E (2005) Robust inverse control of a class of nonlinear systems. PhD thesis, Kepler University Linz, Austria
6. Lukes DL (1969) Optimal regulation of nonlinear dynamical systems. SIAM J Control 7:75–100
7. Sassano M, Astolfi A (2012) Dynamic approximate solutions of the HJ inequality and the HJB equation for input affine nonlinear systems. IEEE Trans Autom Control 57(10):2490–2503
8. Vinter RB (2000) Optimal control. Birkhauser, Boston
9. Wernli A, Cook G (1975) Successive control for the nonlinear quadratic regulator problem. Automatica 11:75–84

第二部分　车辆内部和内部系统优化

第5章 基于协同交通场景确定的智能速度推荐

摘要：提出一种基于车辆密度估计协同方法和交通场景智能确定的新的安全车速推荐系统。

5.1 引言

目前，智能速度适应（ISA）系统作为先进驾驶员辅助系统（ADAS）的一部分，已经成为安全车辆运行系统设计的一个基础部分，其目的是利用环境友好型应用提高驾驶员/行人的安全性。从统计上看，ISA系统在减少二氧化碳（CO_2）排放和燃料消耗以及减少/预测（致命、严重和轻微的）事故方面起到了一定的作用。咨询系统依赖于安全推荐参数的计算，并且通过适当的显示系统提供给驾驶员。因此，一般而言，咨询ISA方法涉及较少的算法和分析复杂度，是构建更全面（强制性）系统的第一步，也是增强自适应巡航控制（ACC）算法的第一步。通过结合来自不同来源的相关信息，如环境（天气、能见度等）和道路（车辆密度、速度限制等）信息，可以大大改进ISA系统，从而产生更可靠的系统。在文献[5]中，可以找到基于天气信息的最新应用。

关于道路信息，车辆密度是设计安全车速提示系统的一个非常重要的因素，因为从中可以获得对一般交通状况更现实的认识。在这个意义上，大多数涉及车辆密度估计技术的ADAS都是基于环形检测器的应用。然而，使用这种专用的基础设施设备存在许多缺点：①只计算固定路段（两个连续环形站之间）的车辆密度，即可用信息是空间不连续的；②在环形检测站密度较低的每个位置，都无法正确检测到密度变化（但从经济角度来看，高密度的环道检测站是不可取的）。此外，如果考虑一个分散的方案，则应该估计属于车辆自组网（VANET）每个节点的车辆密度，这使得环形检测器的使用更加不可行。因此，需要更实际的方法估计车辆（交通）密度，如文献[6]提出的方法。

基于上述考虑，提出一种智能速度推荐的两阶段方法：第一阶段涉及基于协同方法的交通场景确定和基于规则的系统，该方法使用车辆对车辆（V2V）通信进行车辆密度估计（5.4节）；第二阶段涉及根据拟定的交通情景计算安全参数（5.5

节）。5.6节进行试验验证，5.7节总结全文。

5.2 智能速度适应系统

ISA系统可以分为静态系统和动态系统。静态ISA系统是指只在固定/局部速度限制下支持推荐的系统，而动态ISA系统还使用环境信息更新推荐的速度。ISA系统也可以在咨询、自愿或强制模式下工作。在咨询模式下，ISA的功能是向驾驶员推荐一个速度。在强制模式下，ISA系统使用控制动作执行推荐的速度。对于动态强制情况，ISA系统已被证明能够提供安全效益，减少高达44%的死亡率。ITS基础设施的最新进展使得开发更先进的ISA系统成为可能，本章将描述一个这样的系统。其允许包含相关的可用信息，通过使用当前的交通信息和道路速度限制计算推荐的速度。我们提出使用V2V通信作为车辆密度计算的主要工具，而不是环形检测器，目的是通过成本更低的方法（而不是使用专用的基础设施设备）获得空间连续信息。因此，车辆密度可以作为规则库推理机输入之一，该推理机用于确定当前的交通场景；该场景将用于动态计算最终推荐的速度。使用这种推理机的主要优点是，可以通过IF – THEN规则以简单直观的方式包含专家知识。最后，通过使用一种传统的安全策略来评估速度适应方案，用于产生车辆之间的距离。

5.3 设计过程

本章提出一种智能速度推荐的两阶段方法：①第一阶段侧重于交通情景的确定；②第二阶段是安全参数计算。在第一阶段中，从时间 – 空间角度考虑问题。通过定义一个参考点开始这个过程，该参考点表示车辆未来轨迹上的一个点，推荐器为其而构建。

（1）基本概念

1）主车辆（HV）是为其构建推荐的车辆。

2）下一个目标点（NPI）是主车辆未来可达的坐标，即位于主车辆未来轨迹上的一个点。

3）最近车辆（NV）是当前最接近NPI的（可能是虚构的）车辆。

一旦选择了最近车辆，车辆密度计算将作为NPI周围某个预先指定区域的车辆密度。由于问题的时空性，车辆密度是针对主车辆和NPI两者计算的。

当前的交通场景是通过主车辆和最近车辆计算的车辆密度和速度确定的，并且将主车辆速度的变化作为推理机的输入，而推理机由28个IF – THEN规则组成。

对于过程的第二阶段，提出使用加权公式计算推荐的速度，该公式结合了主车辆和最近车辆的速度以及密度信息。

最后，一旦得到推荐速度，就可以使用一种众所周知的安全推荐距离策略。

(2) 基础假设

道路设置如图 5.1 所示。

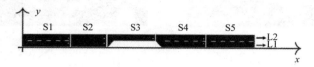

图 5.1 道路设置

1) 一条五段（S1～S5）、两车道（L1、L2）和单向行驶的直线道路。
2) 用于道路空间表示的 2D Descartes 系统（顶视图），其中 x 轴方向为行驶方向。
3) 以道路变窄（S3）表示静止的瓶颈路段，模拟因道路事故而封闭的车道。
4) 所有属于 VANET 的车辆，都具有一个兼容的 V2V 系统。
5) 所有所需信息都可以使用适当的装置/技术获取，然后使用这种 V2V 系统进行传输。
6) V2V 通信和输出计算的处理时间远小于速度推荐的时间间隔。

5.4 方法：第一阶段

在提出的 ISA 方法的第一阶段，基本思想是使用 V2V 通信获得车辆密度的估计。有了这些信息，再加上速度值和其他相关数据，就可以使用基于规则的系统确定当前的交通场景。

然而，由于交通场景的确定是一个时空问题，除了主车辆信息外，还必须考虑其他信息来源。这就要求选择在主车辆行驶前方路段的某个点上的车辆，以代表主车辆未来轨迹上的某个点。此后，该点即为 NPI，代表 NPI 的车辆被称为最近车辆，其不一定是紧跟在主车辆之前的车辆。

5.4.1 下一个目标点和最近车辆选择

NPI 是位于主车前方距离 x_{ahead} 处的参考点。当考虑与 x 轴共线的直线道路时，将 NPI 定义在 $(x_H + x_{ahead}, y_H)$。其中，(x_H, y_H) 是主车辆位置。

为了选择最近车辆代表 NPI，定义一个以圆心位于 $(x_H + x_{ahead}, y_H)$ 和半径为 r_N 的圆，如图 5.2 所示。如果圆内没有车辆，如图 5.2b 所示，则假设最近车辆虚拟位于 $(x_N, y_N) = (x_H + x_{ahead}, y_H)$；否则，选择最接近 NPI 的车辆，如图 5.2a 所示。

5.4.2 车辆密度估计

基于文献 [7]，可以对 VANET 中任意一个采样节点进行车辆密度估计：①采

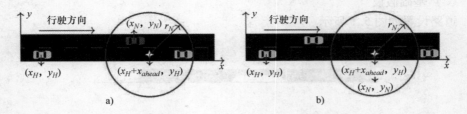

图 5.2 NPI 位置：a）最近车辆是距离 ($x_H + x_{ahead}$, y_H) 最近的车辆，即蓝色车辆；b）最近车辆是位于 ($x_H + x_{ahead}$, y_H) 的虚拟车辆（见彩插）

样点发送一条询问消息；②接收询问消息的所有节点用一条回复消息响应采样点；③采样点的车辆密度 δ 由下式给出

$$\delta(t) = \frac{n_r + 1}{A}, A = \begin{cases} \pi r_D^2 & \text{若 } 2r_D \leq W_R = W_L N_L \\ 2r_D W_L N_L & \text{其他} \end{cases}$$

式中，n_r 为询问区 A 内返回的回复数；W_R 为道路宽度；W_L 为车道宽度；N_L 为车道总数。

需要注意的是，通过将系数 +1 包括在系数 n_r 中，可以将采样节点考虑到密度方程中。然而，如果采样点是虚拟车辆，则车辆密度不是 A 而是 0，如图 5.2b 所示。

5.4.3 交通场景确定

一旦计算出主车辆和最近车辆的车辆密度，就可以在主车辆/最近车辆的速度外使用该信息来确定交通场景。本节将使用推理机实现这一目的。

5.4.3.1 推理机设计

推理机由一个（用户定义的）知识库组成，用于根据输入值为输出分配值。该知识库需要定义输入/输出变量，以及关联它们的规则库。

（1）输入/输出定义

选择 5 个变量作为输入：归一化的主车辆速度（$\bar{V}_H$）、归一化的最近车辆速度（$\bar{V}_N$）、归一化的主车辆密度（$\bar{\delta}_H$）、归一化的最近车辆密度（$\bar{\delta}_N$）和主车辆速度的变化 $\Delta V_H(t) = V_H(t) - V_H(t-1)$。

此外，选择 5 个变量作为输出：自由交通（FT）、接近拥堵（AC）、交通拥堵（CT）、通过瓶颈（PB）和离开拥堵（LC）。

集合的低（L）和高（H）用于输入 $\bar{V}_{H,N}$ 和 $\bar{\delta}_{H,V}$，集合的负（N）、零（Z）和正（P）用于输入 $\Delta V_H(t)$，集合的非（N）和是（Y）用于所有输出。隶属函数见表 5.1。

第 5 章 基于协同交通场景确定的智能速度推荐

表 5.1 隶属函数

类型	变量	集合	隶属函数
输入	$\overline{V}_{H,N}, \overline{\delta}_{H,V}$	L	[0 0 0.1 0.8]
		H	[0.1 0.8 1 1]
	$\Delta V_H(t)$	N	[−100 −100 −7.5 −2.5]
		Z	[−7.5 7.5]
		P	[2.5 7.5 100 100]
输出	FT, AC, CT, PB, LC	N	[0 0 1]
		Y	[0 0.8 1 1]

最后,根据以下方程对交通情景进行分类:

$$T(t) = \mathrm{argmax}(\mathrm{FT}(t), \mathrm{AC}(t), \mathrm{CT}(t), \mathrm{PB}(t), \mathrm{LC}(t))$$

(2) 规则库

将 5 个输入(input)与 5 个输出(output)相关联的规则 R_k 具有如下形式:

R_k: IF $\mathrm{input}_1 = \bullet$ AND... $\mathrm{input}_i = \bullet$, THEN($\mathrm{output}_1 = \bullet$ AND... $\mathrm{output}_j = \bullet$) $* w_k$

根据表 5.2 中的值,将交通流理论和常识应用于每种特定场景,并考虑每种输入所取的值。

表 5.2 交通场景确定的规则库

规则	输入 $[\overline{V}_H, \overline{\delta}_H, \overline{V}_N, \overline{\delta}_N]$	ΔV_H	输出 [FT, AC, CT, PB, LC]	权重
1	[L L L L]	N	[Y, N, N, N, N]	0.6
2	[L L L L]	Z	[Y, N, N, N, N]	0.6
3	[L L L L]	P	[Y, N, N, N, Y]	1.0
4	[L L L H]	—	[N, Y, N, N, N]	1.0
5	[L L H L]	N	[Y, N, N, N, N]	1.0
6	[L L H L]	Z	[N, N, N, N, N]	1.0
7	[L L H L]	P	[N, N, N, N, Y]	1.0
8	[L L H H]	—	[N, Y, N, N, N]	1.0
9	[L H L L]	N	[N, N, Y, N, N]	1.0
10	[L H L L]	Z	[N, N, N, Y, N]	1.0
11	[L H L L]	P	[N, N, N, Y, N]	1.0
12	[L H L H]	—	[N, N, Y, N, N]	1.0
13	[L H H L]	—	[N, N, N, Y, N]	1.0
14	[L H H H]	—	[N, N, Y, N, N]	1.0

(续)

规则	输入 $[\bar{V}_H, \bar{\delta}_H, \bar{V}_N, \bar{\delta}_N]$	ΔV_H	输出 [FT, AC, CT, PB, LC]	权重
15		N	[N, Y, N, N, N]	1.0
16	[H L L L]	Z	[Y, N, N, N, N]	1.0
17		P	[Y, N, N, N, N]	1.0
18	[H L L H]	—	[N, Y, N, N, N]	1.0
19		N	[Y, N, N, N, N]	1.0
20	[H L H L]	Z	[Y, N, N, N, N]	1.0
21		P	[Y, N, N, N, N]	1.0
22	[H L H H]	—	[N, Y, N, N, N]	1.0
23		N	[N, N, Y, N, N]	0.8
24	[H H L L]	Z	[N, N, Y, N, N]	0.8
25		P	[N, N, Y, N, N]	1.0
26	[H H L H]	—	[N, N, Y, N, N]	1.0
27	[H H H L]	—	[N, N, Y, N, N]	1.0
28	[H H H H]	—	[N, N, Y, N, N]	1.0

5.4.3.2 变量归一化

为了提供对规则的通用解释，一般使用归一化值而不是原始值。这样的归一化过程取决于每种类型输入，如下面所述。

(1) 速度归一化

这种归一化取决于速度的原始值、车辆的最大个体速度（MIS）和车辆行驶所在路段的道路速度限制（RSL）。归一化速度由下式表示

$$\bar{V}_{H,N}(t) = \min(\alpha_{speed}\widetilde{V}_{H,N}(t), 1)$$

$$\alpha_{speed} = \frac{1}{\max(\text{MIS}_{H,N}, \text{RLS}_{H,N})}, \widetilde{V}_{H,N}(t)$$

$$= \begin{cases} V_{H,N}(t), & \text{若 MIS}_{H,N} > \text{RLS}_{H,V} \\ f_1(\text{RLS}_{H,V}, \text{MIS}_{H,N}, V_{H,N}(t)) & \text{其他} \end{cases}$$

f_1 提供了一个与 $V_{H,N}(t)$ 线性插值相对应的值，该线性插值使用由 $\{(0, \text{RLS}_{H,V}), (0, \text{MIS}_{H,N})\}$ 给出的曲线。即使速度超过相应的 RLS，min(•, 1) 也会保证 $\bar{V}_{H,N}(t)$ 的最大值为 1。

(2) 车辆密度归一化

这种归一化取决于车辆密度的原始值、询问量 r_D 和最大允许密度（MAD）曲线（由表 5.3 构建）。归一化车辆密度按下式计算

$$\bar{\delta}_{H,N}(t) = \min(\alpha_{density}\delta_{H,N}(t), 1), \alpha_{density} = \frac{1}{f_2(r_D)}$$

$f_2(r_D)$ 的值根据表 5.3 中的数据（由仿真试验获得）进行线性插值计算得出。同样，即使车辆密度超过相应的估计 MAD，min（•，1）也会保证 $\bar{\delta}_{H,N}(t)$ 的最大值为 1。

表 5.3 给定 r_D 的最大允许密度（f_2）

r_D	7.5	8.5	8.5	11	13	15	19.5	21
f_2（r_D）	7	6	5.5	5	4.5	4.2	3.9	3.8

5.5 方法：第二阶段

一旦确定了交通场景，就可以使用这些信息设计相应的咨询 ISA 方法。然而，由于推荐速度 V_R（以及推荐距离 D_R）的定义应当是基于确定的交通场景和最近车辆速度（V_N）的，因此首先引入虚拟最近车辆情况下速度 V_N 的更新模型。

5.5.1 虚拟最近车辆更新速度

如果选择一辆虚拟最近车辆，则必须从其他来源而不是在道路上的真实车辆来计算最近车辆的位置和速度。回想一下，5.4.1 节已经分配最近车辆的位置为 ($x_H + x_{ahead}$，y_H)，但是并没有建立其速度更新模型。因此，本节提出一种更新速度 V_N 的方法，类似于

$$V_N(t) = \alpha_{NV}(t) V_N(t-1)$$

式中，α_{NV}（•）为演化参数，但包括一些特殊的考虑。

然后，给出归一化虚拟最近车辆速度 $\bar{V}_N$ 的方法

$$\bar{V}_N(t) = \min(\alpha_{NV}(T(t-1)) f(\bar{V}_N(t-1)), 1) \tag{5.1}$$

$$f(\bar{V}_N(t-1)) = \max(\bar{V}_N(t-1), \underline{V}_N(T(t-1))) \tag{5.2}$$

式中，T（•）为确定的交通场景；$\underline{V}_N$（•）为虚拟最近车辆的最小允许归一化速度，考虑这个大于 0 的最小极限速度是为了避免 $\bar{V}_N$=0，$\bar{V}_N$=0 表示主车辆正在接近静止车辆，这是不正确的，因为 NPI 周围没有真正的车辆，如图 5.2 所示。

式 (5.1) 中 min（•，1）用于保证 $\bar{V}_N$ 始终不超过最大归一化值 1；式 (5.2) 中的 max（•，$\underline{V}_N$（•））用于保证虚拟最近车辆总是至少以 $\underline{V}_N$ 移动；α_{NV} 和 $\underline{V}_N$ 都为设计参数，由仿真试验获得的参考值见表 5.4。

表 5.4 决策矩阵 $\underline{V}_N$、α_{NV} 和 α_R

交通场景	FT	AC	CT	PB	LC
$\underline{V}_N$ 的值	0.3	0.2	0.1	0.1	0.3
α_{NV} 的值	1.4	0.7	0.9	0.9	1.0
α_R 的值	0.7	0.7	0.7	0.45	0.7

表 5.4 取值理由如下：

1）考虑之前的自由交通/离开拥堵场景，假设虚拟最近车辆可以无限制加速。因此，$\alpha_{NV}=1.4$ 表示 V_N 增加 40%，$\underline{V}_N=0.3$ 表示将 $\overline{V}_N$ 最小值设置为 0.3。

2）考虑之前的拥堵交通/通过瓶颈的场景，假设虚拟最近车辆无法加速，并且可能有微小减速。因此，$\alpha_{NV}=0.9$ 表示 V_N 减少 10%，$\underline{V}_N=0.1$ 表示将 $\overline{V}_N$ 最小值设置为 0.1。

3）考虑之前的接近拥堵的场景，假设虚拟最近车辆减速。因此，$\alpha_{NV}=0.7$ 表示 V_N 减少 30%，$\underline{V}_N=0.2$ 表示将 $\overline{V}_N$ 最小值设置为 0.2。

5.5.2 推荐速度方案

本节提出一种类似于文献 [5] 的推荐巡航速度计算方法，即具有时变系数的凸线性组合。不过，本节会结合主车辆速度 V_H 和最近车辆速度 V_N 来计算推荐速度

$$V_R(t) = (\alpha_R(T(t)))V_N(t) + (1 - \alpha_R(T(t)))V_H(t) \tag{5.3}$$

式中，$\alpha_R(\bullet)$ 为根据表 5.4 中决策矩阵计算的时变加权系数。

需要注意的是，α_R 是一个设计参数。因此，表 5.4 中的值是根据仿真试验进行调校得到的。α_R 取值的理由如下：

1）接近拥堵/拥堵交通的场景应当迫使主车辆减速，以便最多以 V_N 行驶，通常在主车辆密集行驶的过程中前方存在真实车辆。因此，$\alpha_R=0.7$ 意味着推荐速度更多地取决于 V_N 而不是 V_H，这使得 V_N 成为一个上限。

2）自由交通/离开拥堵的场景应当迫使主车辆加速，以达到 V_N，然后在自由交通场景下行驶。因此，$\alpha_R=0.7$ 意味着推荐速度更多地取决于 V_N 而不是 V_H，这使得 V_N 成为一个目标速度。

3）通过瓶颈的场景是基于最近车辆存在及其以正速度 ΔV_N 离开拥堵来确定的。然而，这时的主车辆即将离开交通拥堵但仍在拥堵段内。因此，推荐速度应更多地取决于 V_H 而不是 V_N，$\alpha_R=0.45$ 使得 V_H 成为一个上限。

由式（5.3）可以看出，V_R 总是直接依赖于 V_H 和 V_N，V_H 和 V_N 任何一个的噪声行为都会直接反映在 V_R 上。因此，必须增加两个额外过程：①量化过程，以避免推荐速度存在噪声；②饱和过程，以避免推荐速度大于主车辆在道路上行驶的速度限制。最后，得到 $V_R \in \min(5n, RLS_H)$，$n=1, 2, \cdots$。

5.5.3 推荐距离方案

通过常用的安全间隔评估策略，可以评估推荐速度方案的性能

$$D_R(t) = h_0 + h_1 V_f(t) + h_2(V_f^2(t) - V_l^2(t))$$

式中，D_R 为推荐（安全）距离；h_0 为与前面车辆的最小安全距离；h_1 为需要的最小行车间隔时间，通常设置为 $h_1=0.6s$；h_2 为与问题相关的加权因子；V_f 为主

车辆速度；V_l 为前面车辆的速度。

然而，这里的参考是最近车辆，不一定与前面车辆一致。因此，定义

$$V_l(t) = V_N(t)$$

h_0 是与最近车辆的安全距离，重新定义如下

$$h_0 = \left[\frac{X_N - (X_H + G_{\min})}{L_V + G_{\min}}\right](L_V + G_{\min}) + G_{\min}$$

式中，$G_{\min}$ 为两个连续车辆之间的最小允许间距（安全距离）；L_V 为网络中车辆的平均经度。

需要注意的是，接近拥堵、交通拥堵和通过瓶颈等场景具有特殊的意义，因为只有在这些场景下，主车辆和最近车辆之间才存在很高的车辆密度，即碰撞概率更高。

现在，推荐距离必须与相对距离 X_{rel} 进行比较。测量主车辆与最近车辆之间的位置差值为

$$X_{rel} = X_N - X_H$$

然后，定义 $e = X_{rel} - D_R$。$e \geq 0$ 的情况意味着安全状况，即相对距离大于或等于推荐距离，而 $e < 0$ 的情况意味着非安全状况。

5.6 验证

为了验证所提出的方法，使用 SUMO 模拟 31 辆车辆，其特性见表 5.5。这些车辆在图 5.1 和表 5.6 所定义的道路上按照改进的 Krauss 模型行驶。08 号车辆表现出一种特殊的行为：在距离为 296m（S4 路段）处停车，然后重新开始行驶。将 SUMO 获得的数据导出输入 MATLAB 7.120.635（R2011A）中。

表 5.5 试验中使用的模拟车辆的特性

属性	车辆类型		
	A	B	C
车辆 ID	03, 09, 11, 13, 15, 17, 19, 23, 25, 27, 29, 31	04, 05, 07, 10, 12, 14, 18, 20, 24, 26, 28	01, 02, 06, 08, 16, 21, 22, 30
长度/m	4.4	4.0	4.2
最大速度/(m/s)	40	30	16.677
加速度/(m/s^2)	3	2	1
减速度/(m/s^2)	10	10	10
最小间距/m	2.5	2.5	2.5
Sigma	0.5	0.5	0.5

表 5.6　图 5.1 中路段的特性

路段	长度/m	最大速度/(m/s)
S1	175	27.778
S2	5	0.7
S3	30	2.5
S4	235	27.778
S5	55	2.5

使用具有较高减速能力车辆的想法是为了获得极端工况（即车辆很容易发生碰撞）的数据，以便评估所提出方法的性能，尽早推荐安全速度。此外，在 S2/S3 和 S5 上的速度限制分别模拟了交通瓶颈周围的实际状况和同一条道路上不同分段恒定速度的限制。

5.6.1　交通场景确定

推理机是采用 FL 工具箱与 MATLAB 实现的，测试参数设置如下：$r_N = 4\text{m}$、$r_D = 14\text{m}$、$x_{ahead} = 32\text{m}$、$W_L = 3.5\text{m}$ 和 $N_L = 2$。使用 LOM（最大值的最后一个）方法计算输出，得到 20 号车辆的测试结果，如图 5.3 所示。使用这种方法，所有估计都具有 1.0 的确定值，即完全确定性。

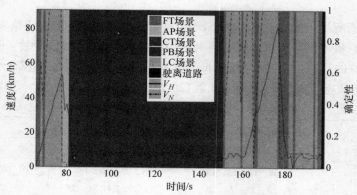

图 5.3　使用 LOM 确定 20 号车辆的交通场景（见彩插）

整组车辆的交通场景确定，如图 5.4 所示。由图 5.4a 可以得出结论：几乎所有的交通场景都在距离 190m 的切面下（瓶颈的中点），确定其为交通瓶颈场景（洋红色）；一些车辆在距离 463m 处附近测到新的速度限制，确定其为交通拥堵场景（红色），持续了几秒，直到在距离 445m 处发生新的速度限制。

图 5.4b 显示，在速度为 10km/h 切面以下的大多数速度被成功地归类为通过瓶颈或拥堵交通的场景。此外，增加速度被归类为自由交通情景（绿色）或离开拥堵情景（青色），通常在通过瓶颈或拥堵交通情景后，如图 5.4a 所示。最后，

图 5.4b 中的速度下降被归类为接近拥堵情景（黄色），即将发生通过瓶颈或交通拥堵的场景，也在图 5.4a 中再次被确认。

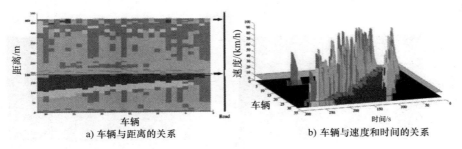

a) 车辆与距离的关系　　　　　b) 车辆与速度和时间的关系

图 5.4　使用 LOM 对所有车辆进行交通场景估计（见彩插）

5.6.2　推荐速度

20 号车辆特殊情况的结果（图 5.5）表明，通过检测 V_N 在 78s 和 177s 时的突然（并保持）下降，然后施加预期的低速 V_R，可以适当地解决接近拥堵场景。这样就可以提前警告主车辆即将到来的交通堵塞，从而使其获得几秒钟的时间来更平稳地执行制动操作。

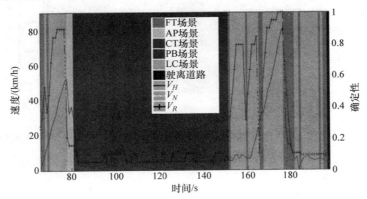

图 5.5　使用所提出方法获得的 20 号车辆的速度曲线（见彩插）

V_N 的另一个突然下降发生在 165s，并且在极短时间内推荐使用低速。这样的减速不是由任何拥堵引起的，而是由在自由交通场景下停车（08 号车辆）引起的。然后，V_R 曲线短时间内会受到影响，表明存在一辆孤立的停止车辆（在这样的检测过程和检测后的一段时间内，估计的场景仍然为自由交通场景）。

由于采用颜色进行标记，所有车辆的性能可以很容易通过图 5.6 和图 5.7 进行分析：蓝色部分表示 $V_R \geq V_H$。需要注意的是，$V_R < V_H$ 部分对应于图 5.7 中的下端箭头，通常展现出一种与拥堵场景相一致的模式，这可以解释为以适当的安全（低）速度接近即将到来的拥堵交通/通过瓶颈的场景。

由图 5.7 可以更好地理解 $V_R < V_H$ 的另外两种场景：中间箭头表示检测到一辆停在道路中间的孤立车辆（车辆 08 号），上端箭头表示将立即达到较低速度限制的路段。

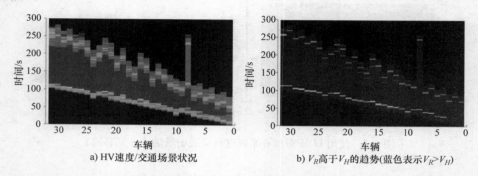

a) HV速度/交通场景状况　　　b) V_R高于V_H的趋势（蓝色表示$V_R > V_H$）

图 5.6　所有车辆在时间函数下的 V_R 分析（黑色部分：超出道路长度）（见彩插）

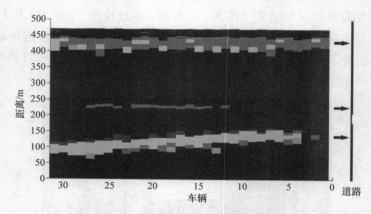

图 5.7　所有车辆在距离函数下的 V_R 分析（蓝色表示 $V_R > V_H$）（见彩插）

5.6.3　推荐距离

这里的 D_R 方案使用以下数据进行测试：①原始设置（不考虑 V_R）；②改进设置（根据 V_R 方案手动和独立调整速度），$h_2 = 0.01$，$L_V = 4.2$ 和 $G_{min}[m] = 2.5\,[m]$。

在图 5.8a（原始设置）中，可以看到许多 $e < 0$ 的情况是在接近拥堵场景下产生的。这一点很有意思，因为此时 V_H 远大于 V_R，使得 e 产生很大的负值，从而导致碰撞概率较高。在图 5.8b（改进设置）中，可以看到大多数危险场景都得到适当的处理，只剩下一些较小的 $e < 0$。

回想一下，在协同 ACC 方案中，控制律取决于 e 的值：e 值越小，跟踪安全参数的动作控制（破坏力）越弱。因此，由图 5.8b 可以看出，推荐的速度/距离方案在安全条件下提高了行驶性能。

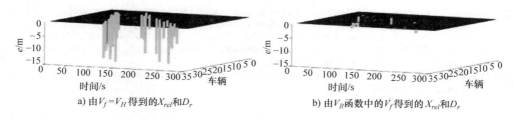

图 5.8 所有车辆 $e = X_{rel} - D_r$ 的三维分析，彩色部分对应 $e < 0$
（根据先前的颜色约定）（见彩插）

5.7 结论

本章提出了一种基于协同和分散方法用于交通场景确定的安全速度推荐的新方案，并使用安全策略对其性能进行评估，通过 SUMO 软件包对其进行试验测试。目前，工作重点在超出使用设置之外评估 ISA 系统的性能，即在其他现实场景下的情况，如具有弯道和移动瓶颈的道路。

未来的一项紧要的任务是，使用所提出的方法设计一个协同 ACC 系统，即通过关闭速度/距离循环，使用所提出的 V_R 和 D_R 方案和合适的控制器。对于这样一个强制性的 ISA，必须能够开发相应的分析以保证稳定性。此外，还可以使用其他类型的信息提高咨询系统的性能，如气象（天气）和环境（污染）信息。

参 考 文 献

1. Carsten O, Lai F, Chorlton K, Goodman P, Carslaw D, Hess S (2008) Speed limit adherence and its effect on road safety and climate change final report. University of Leeds, 2008
2. Adell E, Varhelyi A, Alonso M, Plaza J (2008) Developing human-machine interaction components for a driver assistance system for safe speed and safe distance. Intell Transport Syst 2(1):1–14
3. Hounsell N, Shrestha B, Piao J, McDonald M (2009) Review of urban traffic management and the impacts of new vehicle technologies. Intell Transport Syst 3(4):419–428
4. Tradisauskas N, Juhl J, Lahrmann H, Jensen C (2009) Map matching for intelligent speed adaptation. Intell Transport Syst 3(1):57–66
5. Gallen R, Hautiere N, Cord A, Glaser S (2013) Supporting drivers in keeping safe speed in adverse weather conditions by mitigating the risk level. IEEE Trans Intell Transportation Syst 99:1–14
6. Tyagi V, Kalyanaraman S, Krishnapuram R (2012) Vehicular traffic density state estimation based on cumulative road acoustics. IEEE Trans Intell Transportation Syst 13(3):1156–1166
7. Garelli L, Casetti C, Chiasserini C, Fiore M, (2011) Mobsampling: V2V communications for traffic density estimation. In 2011 IEEE 73rd vehicular technology conference (VTC Spring), Budapest, Hungary, May 15–18 2011, pp 1–5
8. Schakel W, Klunder G, van Arem B, Harmsen E, Hagenzieker M (2012) Reducing travel delay by in-car advice on speed, headway and lane use based on downstream traffic flow conditions-a simulation study. (2012)
9. Kerner BS (2009) Introduction to modern traffic flow theory and control: the long road to three-phase traffic theory. Springer London Limited, London

10. Martinez J-J, Canudas-de Wit C (2007) A safe longitudinal control for adaptive cruise control and stop-and-go scenarios. IEEE Trans Control Syst Technol 15(2):246–258
11. Behrisch M, Bieker L, Erdmann J, Krajzewicz D (2011) Sumo - simulation of urban mobility: An overview. In SIMUL 2011, the third international conference on advances in system simulation, Barcelona, Spain, October 2011, pp 63–68
12. MathWorks I, Wang W-C (1998) Fuzzy Logic Toolbox: for Use with MATLAB: User's Guide. MathWorks, Incorporated

第6章 应用于车道变换的驾驶员控制和轨迹优化

摘要：运用与现代汽车开发相同的设计和仿真工具，探讨车道变换的驾驶员控制和轨迹优化问题。将车辆模型和驾驶员控制算法与遗传算法相结合，进行轨迹优化，以确定用于实现最大速度的客观度量的最优路径。与使用新的驾驶员在环系统的专业驾驶员的主观结果进行比较，结论是综合主观-客观的仿真方法可以在设计的早期应用，以提高车辆的操纵稳定性。

6.1 引言

在过去的20年里，包括汽车在内的工程复杂系统过程发生了巨大的变化。这种根本性变化的主要原因是用于设计绘图、数字模型和仿真的计算机工具的开发。基于模型的工程（MBE）将工程过程中基于计算机的模型提升为一个系统的规范、设计、集成、验证和运行的中心和管理角色。所有主要的汽车公司都在不同程度上采用了MBE技术。

虚拟样机是对物理产品的计算机仿真，可以从产品生命周期的相关方面进行展示、分析和测试，如设计/工程。

完整的虚拟样机环境可以将汽车的仿真性能与一组现在的客观指标相比较，现在已经成为操纵稳定性、平顺性甚至耐久性的标准做法。然而，个人在驾驶车辆时感受到的主观体验与刊登在杂志上的性能指标一样重要，因此需要一种比虚拟样机更广泛的客观度量方法。到目前为止，这些主观经验还没有包含在客观指标中。

6.1.1 经验工程

经验工程领域试图重新创造驾驶车辆的人类环境，从而可以做出关于车辆设计需要的人类感知（来自情绪或其他难以测量的输入）的决策。为了取得成功，必须在产品开发过程中，必须将这种环境与车辆的技术开发相结合。

本节提出的方法是将客观和主观测量结合到一个工程工具和过程的集成环境中，从而加速车辆开发过程。通过"离线仿真"进行的客观测试和通过"在线仿真"进行的主观测试，使得车辆操作者"在环"进行控制。

6.1.2 车道变换问题

研究人员已经对 ISO 车道变换机动或避障机动的最优控制策略的确定研究了一段时间。文献［9］将最优预瞄控制方法应用于汽车路径跟随问题，用于车道变换机动过程的汽车驾驶员/车辆系统的闭环仿真，将计算机仿真结果与等效车辆测试测量结果进行了比较。在文献［7］中，作者考虑了开环和闭环车道变换机动，设计了具有非线性约束的时间最优转向控制器。首先，产生一个特殊的开环车道变换转向信号，在侧向加速度和冲击度幅值的约束下最小化车道变换的周期。然后，讨论如何在闭环系统中使用车道跟随控制器实现这些转向命令。

最近，该问题通过一个简化的车辆动力学模型和驾驶员控制模型来解决。该模型在移动的预测范围内反复求解，以产生全模型的接近最优设定点的轨迹。针对自主导航问题，采用非线性规划方法（NLP）解决路径寻找和驾驶员控制问题。这里采用了一种类似的方法，即反复求解简化的车辆动力学模型。然而，轨迹控制方法的采用更为普遍，可以将其应用于汽车操纵稳定性设计。同时，我们也在寻找一种求解设计问题的方法，使车辆具有良好的"主观"控制感。

6.2 基于模型的工程环境客观评价

Adams/Car 是一种工业标准的虚拟样机解决方案，用于设计汽车的操纵稳定性、行驶平顺性和耐久性。该软件在时间域内有效组织和求解了一整套微分和代数方程组。

VI－CarRealTime 是一个 Adams/Car 衍生模型，专门开发允许将低阶 Adams/Car 模型应用于实时问题，如赛车道仿真、快速优化和试验设计研究，以及硬件和驾驶员在环仿真。VI－CarRealtime 模型是一个 14 自由度模型，表示车辆有 6 个自由度，每个车轮有 2 个自由度。VI－CarRealtime 模型可以从一个 Adams/Car 模型中自动提取，并且自动与一系列标准事件的 Adams/Car 结果进行比较。

6.2.1 驾驶员控制的确定

Vi－Driver 是一个人类驾驶员的虚拟样机，旨在以非常简单和有效的方式驾驶一个模拟的车辆模型。驾驶员模型的开发理念是，"驾驶员"必须：①足够稳健，以适应广泛的车辆特性；②易于调节，随时可能自适应；③能够在极限和次极限操作下驾驶。

Vi－Driver 将侧向和纵向控制问题分解为不耦合的控制器，如图 6.1 所示。每个控制回路都有一个预测（前馈）和补偿（反馈）控制系统。在最一般的情况下，侧向控制器以一个轨迹跟踪作为输入，速度与纵向控制器匹配。

侧向跟踪的目标轨迹曲线通过以下过程确定，参考的轨迹模型如图 6.2 所示。

第6章 应用于车道变换的驾驶员控制和轨迹优化

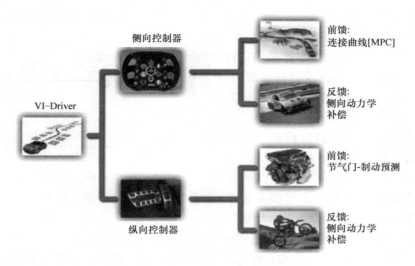

图6.1 VI – Driver 侧向和纵向控制器

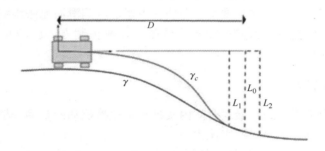

图6.2 确定参考方向的连接曲线

给定一条目标曲线 γ，其表示必须遵循的轨迹。定义一条连接轮廓 γ_c，其约束条件如下：①初始位置（与车辆位置一致）；②初始方位（与车速和车辆侧偏角 β 一致）；③最终位置（在预瞄距离 D 处评估的参考轨迹）；④最终方位（在预瞄距离 D 处平滑地连接评估的参考轨迹）。

为了拟合这些约束，使用三次多项式，采用以下关系计算系数

$$\begin{bmatrix} \gamma_c(0,t) \\ \dfrac{\partial \gamma_c}{\partial x}(0,t) \end{bmatrix} = \begin{bmatrix} 0 \\ \beta \end{bmatrix}$$

$$\begin{bmatrix} \gamma(D,t) \\ \dfrac{\partial \gamma}{\partial x}(D,t) \end{bmatrix} = \begin{bmatrix} L_0 \\ L_2 - L_1 \end{bmatrix} \quad (6.1)$$

利用微分平坦特性，将连接曲线作为控制输入轨迹。同样的特性允许反转该轨迹和计算适当的转向控制动作。调整预瞄距离参数 D，可以形成输入的参考形状。

对于方向控制，捕捉感兴趣动态效应的最简单车辆模型是将经典的自行车模型视为非完整的模型，如图6.3所示。

VI – Driver 的侧向控制器采用自行车模型作为实现模型预测控制技术的基础。给定车辆速度 V、侧偏角 β、预瞄时间 t_p 和预瞄距离 D（计算方法为 Vt_p），该原理提供了将车辆带回目标路径所需转向角的非常好的近似。

最后一个阶段已经实现，其补偿了未建模的侧向动力学。该横摆角速度控制器利用参考路径曲率和实际车辆横摆

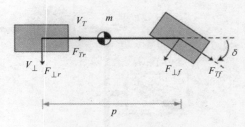

图6.3 经典的自行车模型作为侧向控制器的参考

角速度修正转向动作，使车辆瞬时曲率尽可能接近参考路径曲率。

由于未建模动力学、扰动和数值积分噪声等因素，模拟的车辆几乎总是偏离全局最优轨迹目标。尽管如此，侧向控制器的简单性和自然鲁棒性提供了正确的转向动作，并且观察到其行为非常现实，即使在由于过度侧滑而无法跟踪目标轨迹的情况下也是如此。包括滑移预测的更先进的模型预测控制方法已经在其他工作中实现，但牺牲了计算速度。

6.2.2 优化问题

汽车制造商希望找到在最短时间内实现车道变换机动的车辆悬架和底盘设计。在形式上，设计优化问题表述为

$$\text{发现 } \boldsymbol{u}^* \text{ 和 } \boldsymbol{p}, \text{ 使得 } \dot{\boldsymbol{x}}(t) = \boldsymbol{a}(\boldsymbol{x}(t), \boldsymbol{u}(t), \boldsymbol{p})$$

遵循允许的轨迹 $\boldsymbol{x}^*$，使性能指标最小化

$$\min(J) = t_f + wv$$

式中，$\boldsymbol{u}(t)$ 为（允许的）驾驶员控制；$\boldsymbol{p}$ 为悬架和底盘设计参数向量；成本函数为最终机动时间 t_f 和车速 v 的机动常数的加权组合。

为了实现这一目标，构建计算方法求解以下两个问题：①在给定车速的情况下，通过一组锥体找到可行的轨迹，使锥体不会被碰到；②通过一组锥体找到在所有可行轨迹上完成车道变换的最短时间。

问题①是通过设置轨迹种群，由一组轨迹样条点参数化，对每个候选轨迹进行仿真，如图6.4所示。问题②是通过增加机动的起始速度来开始的。

这两个问题作为一个迭代自动求解，总迭代次数由用户设置。通过查看连续运行结果，确定最终收敛到的最大速度、最小时间和正确轨迹的最终组合。

仿真车辆控制、轨迹优化、车速最大化的整体过程，如图6.5所示。VI – Driver 用于以恒定速度控制车辆通过锥体的路径。

Press Maneuvers Optimizer 模块采用遗传算法生成一组由样条点参数化的目标轨

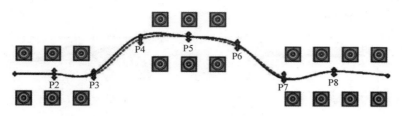

图 6.4　样条控制点应用于 ISO 车道变换轨迹

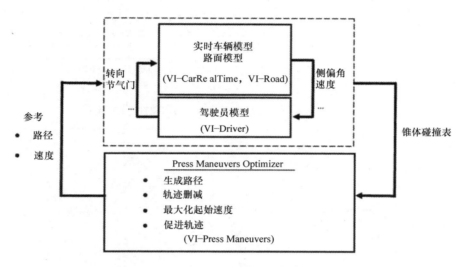

图 6.5　路径和速度优化的处理流程

迹。对于每次迭代，都要进行锥干涉检查，以验证目标轨迹是否可行。如果仿真结果导致锥体碰撞，删掉所有具有相同样条段的轨迹，动态仿真停止。在没有锥体碰撞的情况下，所有成功仿真的轨迹都用于作为下一代的起始集。

增加起始（恒定）速度，开始新的循环。根据用户指定的细化次数，将为轨迹创建过程运行附加的代。当至少识别一个轨迹和最大速度的组合，并且完全没有锥体碰撞的情况时，则完成事件。最优值是最高速度和最短时间的加权组合。

6.2.3　离线优化结果

对三种车型进行仿真，验证算法的鲁棒性：一种高性能跑车、一种运动型多用途车辆和一种紧凑型轿车。此外，还检查了两种锥体布局，即 ISO 车道变换布局和消费者报告车道变换布局。消费者报告布局类似于图 6.4，但中间部分只有一对锥体。

车辆距离初始车道的侧向位移和方向盘角度（转向需求）用于说明收敛性，并且用于以后与真实驾驶员进行比较。由图 6.6～图 6.9 可以得出结论：对 ISO 车道变换进行六代轨迹优化和对消费者报告车道变换进行三代轨迹优化之后，优化收敛于稳态侧向位移和转向轮廓。

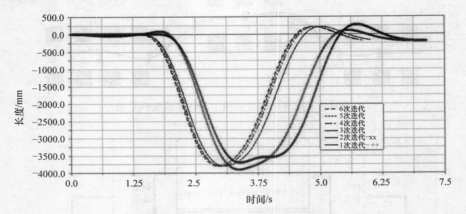

图 6.6　紧凑型轿车侧向位移最优解的收敛性，ISOLC

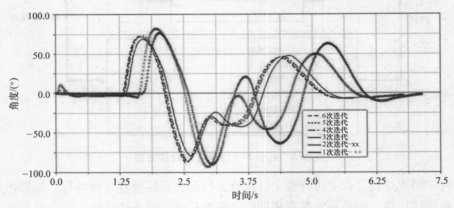

图 6.7　紧凑型、转向需求最优解的收敛性，ISOLC

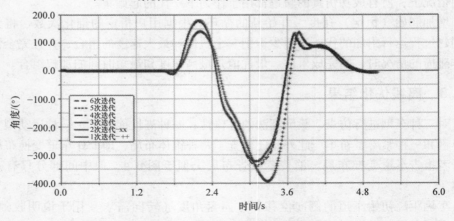

图 6.8　紧凑型、转向需求最优解的收敛性，CRLC

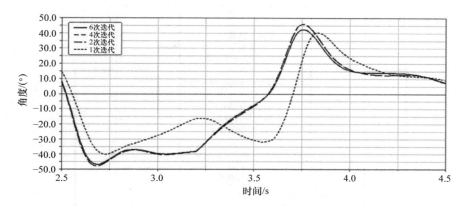

图6.9 紧凑型轿车横摆角速度最优解的收敛性，CRLC

表6.1显示了优化器在 ISO 车道变换每次迭代的单圈时间和速度的收敛性。注意从第2次迭代到第3次迭代的最大侧向加速度的意外变化。

车辆特性，如轮距、轴距、侧倾中心高度和其他设计参数，会对最优的车道变换性能产生影响。离线优化的结果已经用于通过设计参数变化来改善车道变换中的车辆操纵稳定性。

表6.1 优化收敛结果，ISLOC

迭代次数	1	2	3	4	5	6
单圈时间/s	7.14	6.78	6.03	5.87	5.82	5.58
最大侧向加速度	$0.761g$	$0.786g$	$0.752g$	$0.79g$	$0.793g$	$0.802g$
平均速度/(km/h)	86.3	90.8	102.1	105.0	105.8	106.5

6.3 虚拟样机环境的主观评价

前面已经说明了一种评估新车辆执行车道变换的操纵稳定性的方法。离线评估车辆的方法是对性能的客观度量，但是如前所述，车辆也通过客户测试对其主观性能进行评估。最近引入了在早期设计阶段对车辆操纵稳定性进行主观评价的新技术，本节将描述对车辆操纵稳定性进行主观评价的这项新技术。

VI – DriveSim Dynamic 是一个高保真、"硬件和驾驶员在环"和全运动车辆模拟器，用于模拟车辆操纵响应。模拟器是 Multimatic、VI – grade、Concurrent、SimCoVR 和 Ansible Motion 之间协同的结果。迄今为止，它已经建成了两个完整的系统；还设计了一个全新的驾驶模拟器，除了模拟操纵稳定性外，还可以模拟车辆行驶平顺性。

VI – DriveSim Dynamic 集成了实时车辆动力学仿真软件、6自由度运动平台、高清图形、先进的运动提示和高度可配置的驾驶员界面，如图6.10和图6.11所示。

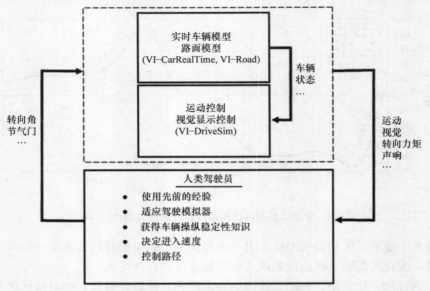

图 6.10　驾驶模拟器功能框图

图 6.11　模拟器高度沉浸式的视觉体验

VI – CarRealTime 可提供实时、高保真、全动态的车辆运动仿真，VI – DriveSim 用于集成分析引擎、沉浸式图形和高分辨率可视化程序。运动平台采用一种创新的紧凑机构，提供具有大位移能力的侧向、纵向和横摆的解耦运动，俯仰轴、侧倾轴和垂直轴对于操纵动力学的重要性较小，并且是耦合的。

由此产生的侧向、纵向和横摆运动为驾驶员前庭系统提供了适当的起始"线索"。与六足动物相比，这是一种更好的反应。视觉线索投射到一个 160°、1.5m 高和 4m 直径的圆柱形屏幕上，在 $X-Y$ 面内移动，而投影仪在 $X-Y$ 面和横摆方向移动，允许产生大视野和高度沉浸式视觉体验。为了实现最真实的仿真，也对转向反馈给予了特别关注。

第 6 章 应用于车道变换的驾驶员控制和轨迹优化

　　Multimatic 技术中心及其开发的驱动程序,已经在该公司的激光雷达扫描和网格化测试轨道上运行了数百圈真实和虚拟场景。这些测试轨道位于安大略省(Ontario)卡拉博基(Calabogie)赛车场,使用的是该公司的全特性参数或 P – Car。图 6.12 中的轨迹显示出极好的相关性,但更重要的是,他们的驾驶员已经多次证明,即使是对 P – Car 进行微小的机械和空气动力学变化,也可以在模拟器上识别出来,反之亦然。

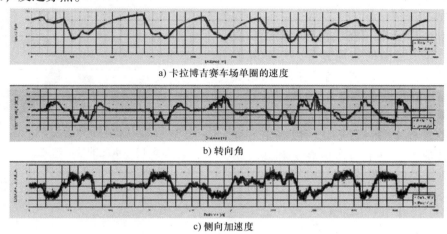

a) 卡拉博吉赛车场单圈的速度

b) 转向角

c) 侧向加速度

图 6.12　P – Car(蓝色)与仿真(红色)的相关性(见彩插)

在受控试验中的驾驶员操作

　　在进行离线优化研究之前,使用与优化研究相同的紧凑型轿车制造商的专业驾驶员、工程师进行了试验。该驾驶员在实际测试过程中对紧凑型轿车以及其他车辆拥有丰富的驾驶经验。

　　试验的第一步是让驾驶员熟悉运动模拟器环境和车辆模型。驾驶员使用模拟试验场进行两种类型的操作以熟悉车辆:恒定半径转弯和车道变换。驾驶员试验结果是双车道变换操作,其布局略长于消费者报告的锥体间距。驾驶员更熟悉这种布局,但会导致结果之间的比例差异,将在后面进行讨论。

　　试验的一部分是对车辆设置进行更改,以确定驾驶员是否对车辆性能的变化具有敏感性。以下每个更改都要得到驾驶员认可:

　　1)车辆总重量变化,增加 800lb。

　　2)侧倾刚度分布变化,增加 250N · m/(°)后侧倾刚度。

　　3)将后侧向力随动转向降低 0.04°。

　　4)从 16.3 到 15.0 快速转向。

　　5)后前束由 0.38°变化为零。

　　本章的重点是将驾驶员在模拟器上的结果与优化结果进行比较,而不是将驾驶模拟器作为一种主观的车辆设计工具进行评价。然而,最终目的是使用驾驶模拟器作为实际试验场测试的补充,使用比物理样机更接近最终设计的仿真车辆模型。

6.4 驾驶模拟器结果(在线)

图 6.13 显示了从驾驶模拟器获取的作为原始数据的地面轨迹结果。因为驾驶员有能力在任何时候重置仿真,其可以决定继续事件结束或重新开始,从而加快学习过程。

图 6.14 比较了在线仿真和离线仿真结果。除了轻微的布局差异,专业驾驶员在操作过程中调整了节气门,而仿真结果显示速度保持得更好,从而导致不同比例的横摆角速度差异。目前,我们正在考虑响应的一般形状,以确定专业驾驶员是否学习了与遗传算法和驾驶员控制算法类似的最优路径和控制。

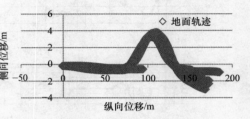

图 6.13 重复的地面轨迹、专业驾驶员和车道变换

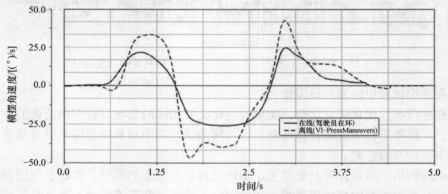

图 6.14 横摆角速度在线仿真和离线仿真比较

图 6.15 比较了在线仿真和离线仿真的转向角结果。同样,离线和在线试验之间的差异也解释了两种仿真在横摆角速度的比例差异。目前,我们正在考虑转向角响应的一般形状,以确定专业驾驶员与遗传算法之间的学习差异。

对模拟的驾驶员控制施加约束

为了更好地匹配实际驾驶员的性能,对驾驶员控制进行了两项调整。第一项调整是增加预瞄距离以适应连接轮廓,这是期望提供一个更平滑的控制。如图 6.16 所示,这样的调整导致了更低和更平稳的横摆角速度,但代价是更长的过渡时间。

第二项调整是增加驾驶员的预期效应,用于补偿由于惯性和柔性导致的车辆响应变慢。预期效应的增加使连接轮廓的起始参考点移动了一个量(AC·速度),这样变化的结果如图 6.17 所示。这样的调整缩短了机动时间,降低了驾驶员控制要

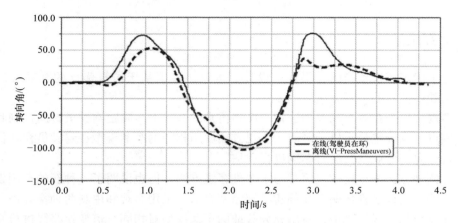

图 6.15 转向角在线仿真和离线仿真比较

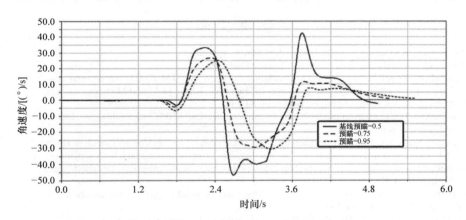

图 6.16 预瞄距离变化效果

求，因此显示出良好的前景。

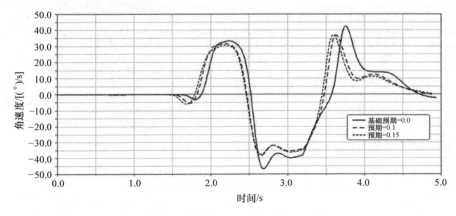

图 6.17 预期补偿变化的影响

6.5 结论

为了确定车道变换的"最优"设计，本章比较了基于仿真优化的客观方法和基于驾驶模拟器的主观方法。

客观方法是在对车辆模型进行一系列仿真的基础上，确定驾驶员转向控制和一组轨迹点，以确定最小机动时间。主观方法使用相同的车辆模型在驾驶员在环仿真中运行，允许专业驾驶员对车辆进行评估。

对两种方法进行比较主要是为了改进客观方法，但也说明了一种新的车辆设计过程，即在设计过程早期，在创建物理原型之前，采用客观和主观两种指标进行设计。在离线和在线仿真中，使用充分验证的车辆模型对相同车道变换路线进行系统的比较工作。此外，为了比较客观和主观的结果，相应的数学描述也在研发之中。

参 考 文 献

1. Anon. ADAMS/Car User Manual. MSC Software Corporation
2. Anon. VI-CarRealTime User Manual. VI-grade GmbH
3. Bulirsch R, Vögel M, von Stryk O, Chucholowski C, Wolter TM (2003) An optimal control approach to real-time vehicle guidance. In: Jäger W, Krebs H-J (eds) Mathematics - key technology for the future. Springer, Berlin, pp 84–102
4. Estefan JA (2007) Survey of model-based systems engineering (MBSE) methodologies. Incose MBSE Focus Group 25
5. Frezza R, Saccon A, Minen D, Ortmann C (2004) Smart driver: a research project for closed loop vehicle simulation in msc. adams. In: 3rd international symposium on multi-body dynamics: monitoring & simulation techniques (MBD-MST). Loughborough University, Loughborough, Leicestershire, UK
6. Gibbons P (2012) Multimatic for vehicle dynamics international magazine. Annual Showcase 2012 Issue, Product Profile-Innovative Simulator
7. Hatipoglu C, Ozguner U, Unyelioglu KA (1995) On optimal design of a lane change controller. In: Proceedings of the intelligent vehicles' 95 symposium. IEEE, pp 436–441
8. Kolb DA (1984) Experiential learning: experience as the source of learning and development, vol 1. Prentice-Hall, Englewood Cliffs, NJ
9. MacAdam CC (1981) Application of an optimal preview control for simulation of closed-loop automobile driving. IEEE Trans Syst Man and Cybern 11(6):393–399
10. Minen D, Bacchet D (2008) Advanced simulation technology for closed loop limit vehicle handling performance. In: 8th world congress on computational mechanics, Venice
11. Motoyama K, Yamanaka T, Hoshino H, McNally PJ, Yu Q, Shiratori M (2000) A study of automobile suspension design using optimization technique. In: AIAA-2000-4748, 8th AIAA/USAF/NASA/ISSMO symposium on multidisciplinary analysis and optimization
12. Schudt JA, Kodali R, Shah M, Babiak G (2011) Virtual road load data acquisition in practice at general motors. Technical Report 2011–01–0025, SAE Technical Paper
13. VI Grade Press Release (2013) Ferrari adopts revolutionary driving technology from saginomiya. www.vi-grade.com
14. Wang GG (2002) Definition and review of virtual prototyping. J Comput Inf Sci Eng (Trans ASME) 2(3):232–236
15. Wilhelm H, Audi AG (2007) Maximum performance simulation while avoiding cones. In: 1st VI-grade user conference. Marburg, Germany. www.vi-grade.com

第7章 激进车辆机动的实时近似最优反馈控制

摘要：Patreck J 的最优控制理论可用于在各种条件下使用最小假设生成车辆的激进机动。虽然最优控制理论为利用完全非线性的车辆和轮胎模型生成激进操纵提供了一个强大的框架，但由于缺乏收敛保证，求解通常需要很长时间，其在实践中的使用仍然受到阻碍，使得这种方法不适合实时实现，除非问题服从一定的凸性和/或线性特性。本章研究使用统计插值（例如 Kriging）从预先计算的最优解中即时合成近似最优反馈控制律，将此方法应用于具有挑战性的场景，即在高速行驶车辆上产生最小时间的横摆旋转，以便在与另一个车辆碰撞前先改变其姿态，从而减轻正面碰撞的影响。结果表明，这种方法为实时、近似最优、鲁棒的轨迹生成提供了一种潜在具有吸引力的选择。

7.1 引言

在过去的 30 年里，人们在乘用车主动安全系统的开发上投入了大量的工作。这一努力引领了大量主动安全系统的发展，如防抱死制动系统（ABS）、牵引力控制系统（TCS）、电子稳定系统（ESP）、雷达通信系统（RCS）、主动前轮转向（AFS）等，其中，许多系统现在已经成为量产车辆的标准配置。所有这些系统的主要目标是帮助驾驶员避免或防止所谓的"异常"驾驶场景发生，如侧滑、滑动、过度的不足转向或过多转向等。在这些条件下，非线性效应主导了车辆动力学，轮胎摩擦非常接近（或超过）附着极限。当轮胎处于附着极限边界时，会导致驾驶员的操纵稳定性裕度下降。因此，当前大多数主动安全系统的主要目标是将车辆和轮胎的运行范围限制在一个线性的、明确定义的、稳定的范围内。然而，这是一种过于保守的方法。增强稳定性是以降低机动性为代价的。在许多现实场景中，通过允许（甚至诱导）车辆以受控方式在非线性区域内行驶，可以减少碰撞的发生（或后效应）。

先前的观察自然会促使人们研究在非线性和/或不稳定区域内操纵车辆而增加车辆机动性的算法。通过扩展下一代主动安全系统的有效区域，我们希望提高其性能。在先前的工作中，作者研究了行驶在非线性或不稳定状态下车辆的数学建模，演示了这样的方法具有避免碰撞和缓解碰撞的潜在优势和超越现有主动安全系统的可能性。

这种观点代表了一种与当前实践的哲学背离的观点,并且在范围上与乘用车主动安全系统的标准设计有着显著的不同。因此,可以理解的是,其带来了一系列未解的问题。其中,关键问题是如何在短时间内产生执行这种极端机动所需的必要控制动作。事实上,除了专业车手、特技车手和赛车手之外,大多数驾驶员在整个机动过程中都很难极端操纵和控制车辆。

最优控制是一个强大的框架,已经成功应用于许多工程中,以产生满足约束和复杂系统动力学的可行轨迹。近年来,数值最优控制领域取得了巨大的进步,以至于现在有了可靠的数值算法可以为各种实际工程问题生成最优轨迹。尽管取得了这些进步,但目前最先进的数值最优控制主要只集中于生成开环最优控制器。此外,除非研究的问题(动力学、成本)符合一定的凸性和/或线性条件,否则当前的轨迹优化器不允许实时计算最优轨迹,至少对于类似于本章考虑的应用,分配给求解问题的时间只有几毫秒。随着嵌入式计算的发展,当前一个快速计算的例子是模型预测控制(MPC)领域。其中,在有限范围内被控对象的连续线性化用于产生一系列线性或凸性优化问题序列,可以非常有效地在线求解。然而,通常来说,一般非线性系统和一般成本函数的最优解对于提供的初始猜测是非常敏感的,并且在没有及时重新规划的情况下,这些开环最优控制律的鲁棒性是值得怀疑的。

因此,研究人员最近把其注意力转向使用替代方法生成近似最优轨迹,绕过求解复杂的非线性最优控制问题所需的精确在线计算,选择近似的最优解或次最优解。一种典型的方法是在各种初始条件下对预先计算的最优控制进行插值。然而,只凭借插值不能保证得到插值轨迹的可行性——更不用说最优性。例如,在文献[1]中,作者在预先计算的最优轨迹上使用传统插值。然而,这种方法被证明是不准确和费时的。另一种更有希望的方法是文献[14]提出的方法,将最优控制问题转换为一个元建模,其中控制输入/系统响应对之间的(未知)映射通过一系列计算机试验隐式生成。具体而言,文献[14]的方法将通过数值方法得到的最优控制解视为通过一系列离线仿真获得的元模型的输出。在文献中,可以找到大量关于计算机试验元模型的出版物。它们中的大多数都是由低耗时优化过程驱动的,通过给定仿真的元模型获得。

与文献[1]相反,文献[14]的框架基于离线"元模型"之间的严格插值,利用统计插值理论,通过 Gauss 过程实现。在地质统计学中,这也称为 Kriging 方法。在一组离散点上,Kriging 方法用观测值的凸组合近似观测的函数,以减小最小均方误差(MSE),是使用 Gauss 过程进行预测的一种特殊情况。虽然经典插值方法侧重于低阶多项式回归,适用于灵敏度分析,但是 Kriging 方法是一种可以比经典方法提供更好全局预测的插值技术。本章使用 Kriging 方法由离线计算的极值轨迹构造近似最优反馈控制器。以前的 Kriging 方法应用主要侧重于仿真和元建模,

7.3 节简要介绍使用 Gauss 过程和 Kriging 方法进行的插值。

本章应用一种类似于文献［14］提出的技术获得近似最优的"反馈"控制器，以解决高速车辆在交叉路口与另一辆车碰撞（T 形碰撞）时以最小时间进行激进偏航机动的问题。结果表明，Kriging 插值能够实时生成非常精确的参数化轨迹。因此，在这种极端驾驶条件下，由于时间约束不允许使用当前技术状态及时计算精确的最优轨迹，Kriging 可能是生成实时、近似最优轨迹的潜在选择。

先前使用参数化轨迹生成的类似方法包括文献［9］和文献［31］提出的方法。前者开发了一种算法，其可以在两种不同初始条件的两个预先计算的解之间生成一组轨迹。后者使用机动试验演示生成参数化轨迹。然而，文献［9，31］获得的控制律是开环的，因此容易受到初始条件和未知模型参数不确定性的影响。本章描述方法的优点是，控制是作为实际状态的函数获得的，因此是一种"反馈"控制。

本章的结构如下：7.2 节将引入要研究的问题以及车辆动力学模型和轮胎摩擦动力学。然后，描述最优控制问题，在初始条件的离散网格上求解。将这一系列离散点生成的解存储在内存中，在 7.4 节中使用 Kriging 方法在线插值生成反馈控制。为了方便不了解情况的读者，7.3 节给出本章使用的 Kriging 理论的简要介绍。7.4.2 节呈现应用所提出方法求解两个超速车辆在交叉路口 T 形碰撞问题的数值结果，以演示所提出的方法实现最优在线控制器生成的可能性。

7.2 超速车辆的激进横摆机动

7.2.1 问题描述

两辆超速行驶车辆之间最致命的碰撞之一就是所谓的"T 形"碰撞，其发生在一个车辆驶向另一个车辆的侧面时，如图 7.1 所示。通常，遭受正面碰撞的车辆被称为"子弹"车辆，而遭受侧面碰撞的车辆被称为"T 形"车辆。如果没有足够的侧面碰撞保护，T 形车辆的乘客将面临严重伤害甚至死亡的危险。

虽然子弹车辆行驶速度快得多，但 T 形碰撞场景对目标车辆的驾驶员或侧面乘客来说特别危险。这是因为现在市场上对汽车正面耐撞性的要求非常高，以高达 64km/h 的速度进行正面碰撞试验

图 7.1 "T 形"碰撞

时，要求乘员舱几乎完好无损。汽车前部适当的设计和材料选择，允许其有较大的结构变形，从而吸收碰撞过程中的残余能量。此外，自 1998 年 9 月以来，美国强

制安装正面安全气囊,大大减少了因正面碰撞而造成的伤亡。另一方面,底盘侧部结构薄弱,大变形会对乘员造成致命伤害。不幸的是,侧面安全气囊目前只在高档或中档汽车上使用,尽管可以预见其未来也将成为所有乘用车的标准安全设备。参考文献[13]提供了侧面碰撞中乘员伤害的详细研究,不出所料,最严重的伤害是胸部和车门板之间的碰撞。

汽车制造商也意识到侧面碰撞的高风险。例如,沃尔沃(Volvo)在1991年推出一种特殊的侧面碰撞保护系统,名为侧面碰撞保护系统(SIPS)。其他汽车制造商也引入了类似的被动安全系统。

在本章先前的工作中,研究了通过对来袭子弹车辆采用激进横摆机动减轻不可避免的T形碰撞的可能性。所提出的碰撞减缓机动包括子弹车辆以约90°的角度快速横摆旋转,使得两个车辆的纵轴几乎平行对齐,以便将碰撞的剩余动能分布在更大的表面积上,从而减轻其影响。虽然这代表了最坏的情况,即目标车辆没有反应(更优化的策略也将包括目标车辆的快速横摆机动),但是本章的初步研究只关注子弹车辆在碰撞前激进机动的情况。对于两个车辆协同尽量避免碰撞的情况,可能涉及一些车对车(V2V)的通信,有待于将来研究。因此,只考虑主动控制(子弹)车辆的问题。这个问题在文献[6,7]中作为时间最优控制问题提出,并且使用伪谱方法求解。在接下来的两节中,将简要总结问题的定义及其数值解。

7.2.2 车辆和轮胎模型

本章使用的模型是所谓的"自行车模型",在此基础上增加了车轮动力学。关于该模型的术语和规定,如图7.2所示。状态由 $x = [u, v, r, \psi, \omega_f, \omega_r]^T$ 给出,其中 u 和 v 分别是固定在车身坐标系的纵向速度和侧向速度,r 是车辆横摆角速度,ψ 是车辆航向角,$\omega_f \geq 0$ 和 $\omega_r \geq 0$ 是前轮和后轮的角速度。系统由 $u = [\delta, T_b, T_{hb}]^T$ 控制,其中 δ 是转向角,T_b 和 T_{hb} 分别是行车制动和驻车制动产生的力矩。

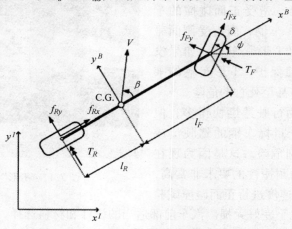

图7.2 自行车模型

车辆的运动方程可以写为式（7.1）~式（7.4）

$$\dot{u} = \frac{1}{m}(F_{xf}\cos\delta - F_{yf}\sin\delta + F_{xr}) + vr \quad (7.1)$$

$$\dot{v} = \frac{1}{m}(F_{xf}\sin\delta + F_{yf}\cos\delta + F_{yr}) - ur \quad (7.2)$$

$$\dot{r} = \frac{1}{I_z}(\ell_f(F_{xf}\sin\delta + F_{yf}\cos\delta) - l_r F_{yr}) \quad (7.3)$$

$$\dot{\psi} = r \quad (7.4)$$

以及车轮动力学

$$\dot{\omega}_f = \frac{1}{I_w}(T_{bf} - F_{xf}R) \quad (7.5)$$

$$\dot{\omega}_r = \frac{1}{I_w}(T_{br} - F_{xr}R) \quad (7.6)$$

式中，m 和 I_z 分别为车辆的质量和横摆转动惯量；I_w 为每个车轮绕其轴线的转动惯量；R 为有效轮胎半径；ℓ_f 和 ℓ_R 分别为前轴和后轴到车辆质心的距离；F_{ij}（$i = x, y; j = f, r$）为固定在轮胎参考系中产生的轮胎的纵向力分量和侧向力分量。

上述力取决于前轴和后轴上的法向载荷 F_{zf} 和 F_{zr}，这两个力的计算公式为

$$F_{zf} = \frac{mgl_r - hmg\mu_{xr}}{l_f + l_r + h(\mu_{xf}\cos\delta - \mu_{yf}\sin\delta - \mu_{xr})} \quad (7.7)$$

$$F_{zr} = \frac{mgl_f + hmg(\mu_{xf}\cos\delta - \mu_{yf}\sin\delta)}{l_f + l_r + h(\mu_{xf}\cos\delta - \mu_{yf}\sin\delta - \mu_{xr})} \quad (7.8)$$

式中，h 为车辆质心到地面的距离，如图 7.3 所示。

$$\mu_j = D\sin(C\arctan(Bs_j)), \quad \mu_{ij} = -(s_{ij}/s_j)\mu_j, \quad i = x, y; j = f, r \quad (7.9)$$

式中，C、B 和 D 为常数。

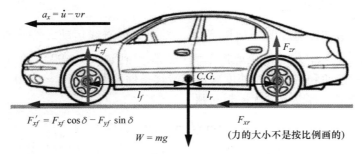

图 7.3 纵向荷载传递力分布

式（7.9）是轮胎摩擦建模中著名的 Pacejka "魔术公式"（MF）的简化版本，结合了纵向和侧向运动，因此本质上结合了侧向/纵向耦合的非线性效应，也称为 "摩擦圆"，如图 7.4 所示。根据该效应，约束 $F_{x,j}^2 + F_{y,j}^2 \leq F_{\max,j}^2 = (\mu_j F_{z,j})^2$（$j = f, r$）耦合了纵向和侧向轮胎摩擦力的许用值。

在本章中，考虑摩擦圆约束对于激进操纵过程动力学的正确建模是必要的。

在式（7.9）中，s_{ij}表示轮胎纵向和侧向的滑移率，由下式给出

$$s_{xj} = \frac{V_{xj} - \omega_j R}{\omega_j R} = \frac{V_{xj}}{\omega_j R} - 1,$$

$$s_{yj} = (1 + s_{xj}) \frac{V_{yj}}{V_{xj}}, j = f, r \quad (7.10)$$

其中，纵向和侧向的速度分量定义在固定于轮胎的坐标系中，由下式给出

$$V_{xf} = u\cos\delta + v\sin\delta + rl_f\sin\delta,$$
$$V_{yf} = -u\sin\delta + v\cos\delta + rl_f\cos\delta \quad (7.11)$$
$$V_{xr} = u, V_{yr} = v - rl_r \quad (7.12)$$

式中，s为总滑移，表示为$s_j = (s_{xj}^2 + s_{yj}^2)^{1/2}$ $(j=f, r)$。

最后，在式（7.1）~式（7.6）中，轮胎力由$F_{ij} = F_{zj}\mu_{ij}$ ($i=x$, y; $j=f$, r) 计算。

根据当前的车辆技术，假设驻车制动力矩只施加在后轴上，行车制动力矩以系数γ_b分配给两个轴，根据$T_{bf}/T_{br} = (1 - \gamma_b)/\gamma_b$，使$T_{bf} = -(1 - \gamma_b)/T_b$和$T_{bf} = -\gamma_b T_b - T_{hb}$。进一步假设控制的大小在上限和下限之间，即

$$\delta_{\min} \leq \delta \leq \delta_{\max}, 0 \leq T_b \leq T_{b,\max}, 0 \leq T_{hb} \leq T_{hb,\max} \quad (7.13)$$

这定义了允许的控制约束集$\boldsymbol{u} \in \mathcal{U} \in \mathbb{R}^3$。有关本章使用的车辆和轮胎模型的更多详细信息，请参考文献[7, 35, 38]。

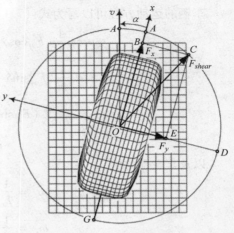

图7.4 摩擦圆概念

7.2.3 最优控制描述

假设车辆最初以速度$V_0 = u(0)$沿着x轴正方向直线运动，本章的主要目标是找到控制输入$\boldsymbol{u}(t)$，尽可能快地将车辆姿态调整到$\psi(t_f) = 90°$。在不失一般性的前提下，假设前轮和后轮的角速度满足无滑移条件，即$\omega_f(0) = \omega_r(0) = V_0/R$。

因此，希望求解以下最优控制问题

$$\min_{\boldsymbol{u} \in \mathcal{U}} J = \int_0^{t_f} dt \quad (7.14)$$

$$\text{s.t.} \quad \dot{\boldsymbol{x}} = f(\boldsymbol{x}, \boldsymbol{u}) \quad (7.15)$$

$$\boldsymbol{x}(0) = [V_0, 0, 0, 0, V_0/R, V_0/R]^T \quad (7.16)$$

$$\psi(t_f) = \pi/2 \quad (7.17)$$

式中，$f(\boldsymbol{x}, \boldsymbol{u})$由式（7.1）~式（7.6）的右边给出，除$\psi$外，其余的最终状态都是自由的。

这个问题可以用各种数值方法求解。在这项工作中，本章使用基于伪谱方法的

GPOPS 软件包求解上述最优控制问题。这个问题在各种初始条件下都得到求解。通过求解最优控制问题获得的典型机动如图 7.5 所示。有兴趣的读者可以参考文献 [7] 了解更多细节。表 7.1 总结了 7.4.2 节数值示例中使用的车辆模型数据和轮胎参数。

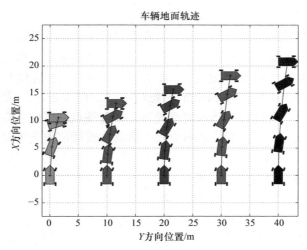

图 7.5　不同初始车速下预先计算的解（干沥青情况，对应于 $\mu = 0.8$）

表 7.1　数值仿真中使用的车辆和轮胎数据

变量	数值	变量	数值
m	1245 kg	B	7
I_z	1200 kg·m²	C	1.4
I_w	1.8 kg·m²	$\delta_{max} = -\delta_{min}$	45°
l_f	1.1 m	$T_{b,max}$	3000 N·m
l_r	1.3 m	$T_{hb,max}$	1000 N·m
h	0.58 m	γ_b	0.4
R	0.29 m	g	9.81 m/s²

下文将着重通过在预先计算的最优轨迹之间利用插值生成不同初始条件值的最优解。使用的插值方法是基于将输入（初始条件）和输出表示为（隐藏的）Gauss 过程的实现，而输出是由最优控制问题式（7.14）~式（7.17）的数值解获得的控制命令。然后，目标是找到这个 Gauss 过程的未知参数，以便预测不同问题参数的最优控制输入。虽然只给出了不同初始条件下的结果，但是这种方法很容易推广于不同车辆或道路参数的情况，只要感兴趣的参数范围内有足够的数据点。

7.3 应用高斯过程的统计插值

7.3.1 基础理论

统计插值背后的基本思想是，所有可能观测的实际值都是由一个潜在的随机过程实现的。其本质上是一种插值技术在随机数据领域的应用，即使没有先验趋势也能提供准确的插值。Kriging 是一个通用术语，指的是基础统计过程为高斯（Gauss）过程的情况。Kriging 的基本思想与传统的广义最小二乘方法（GLS）的区别是，假设在给定要进行预测点的情况下，靠近该点的点应当有更大的权重，即其应该比远离该点的点对预测的影响更大。这意味着插值权重不是常数，而是必须在每个新位置专门计算。

Kriging 插值模型具有以下特征：
1）它是无偏的，即误差的期望值为零。
2）从误差方差最小的意义上说，它是最优的。
3）它提供精确的插值，即在观测点的预测输出值等于观测值。
4）它的计算效率很高，因此在线实现是可行的。

下面简要总结这种方法的基本思路。本节的讨论主要基于文献［15］进行。为了理解统计预测是如何工作的，考虑一组给定的位置 $\boldsymbol{X}=[\boldsymbol{x}_1,\cdots,\boldsymbol{x}_N]\in\mathbb{R}^{n\times N}$ 与 $\boldsymbol{x}_i\in\mathbb{R}^n$，未知函数 $y:\mathbb{R}^n\rightarrow\mathbb{R}$ 是被观测的。假设一个简单的回归模型

$$y(\boldsymbol{x})=\sum_{k=1}^{r}\beta_k f_k(\boldsymbol{x})+z=f(\boldsymbol{x})^{\mathrm{T}}\boldsymbol{\beta}+z \tag{7.18}$$

对于某些基函数（回归量）$f(\boldsymbol{x})=[f_1(\boldsymbol{x}),\cdots,f_r(\boldsymbol{x})]^{\mathrm{T}}$，其中 $\boldsymbol{\beta}=[\beta_1,\cdots,\beta_r]^{\mathrm{T}}\in\mathbb{R}^r$ 是回归系数的向量，$z\in\mathbb{R}$ 是观测误差，$\boldsymbol{y}=[y(\boldsymbol{x}_1),\cdots,y(\boldsymbol{x}_N)]^{\mathrm{T}}=[y_1,\cdots,y_N]^{\mathrm{T}}\in\mathbb{R}^N$ 是观测向量。给定数据 $(\boldsymbol{y},\boldsymbol{x}_1,\cdots,\boldsymbol{x}_N)$ 的广义回归模型很容易由式（7.18）得到

$$\boldsymbol{y}=F(\boldsymbol{X})\boldsymbol{\beta}+\boldsymbol{z} \tag{7.19}$$

式中，$\boldsymbol{z}=[z_1,\cdots,z_N]^{\mathrm{T}}\in\mathbb{R}^N$ 为观测误差向量；$F(\boldsymbol{X})\in\mathbb{R}^{N\times r}$ 为回归矩阵，由下式给出

$$F(\boldsymbol{X})=[f(\boldsymbol{x}_1)^{\mathrm{T}},\cdots,f(\boldsymbol{x}_N)^{\mathrm{T}}]^{\mathrm{T}}=\begin{bmatrix}f_1(\boldsymbol{x}_1) & f_2(\boldsymbol{x}_1) & \cdots & f_r(\boldsymbol{x}_1)\\ f_1(\boldsymbol{x}_2) & f_2(\boldsymbol{x}_2) & \cdots & f_r(\boldsymbol{x}_2)\\ \vdots & \vdots & & \vdots \\ f_1(\boldsymbol{x}_N) & f_2(\boldsymbol{x}_N) & \cdots & f_r(\boldsymbol{x}_N)\end{bmatrix} \tag{7.20}$$

在统计预测中，将式（7.19）中的误差 z 建模为平稳协方差随机过程，具有以下特性

$$\mathbb{E}[z] = 0 \qquad (7.21)$$

$$\operatorname{cov}[z] = \mathbb{E}[zz^{\mathrm{T}}] = C = \sigma^2 R \qquad (7.22)$$

式中，$C, R \in \mathbb{R}^{N \times N}$ 分别为协方差矩阵和相关矩阵，定义为

$$\mathbb{E}[z_i z_j] = C_{ij} = \sigma^2 R_{ij}(x_i, x_j), i,j = 1, \cdots, N \qquad (7.23)$$

式中，$R_{ij}(x_i, x_j)$ 为稍后定义的平稳相关函数。

现在，假设要预测新位置 $x_0 \in \operatorname{co}(x_1, x_2, \cdots, x_N)$ 的 $y(x_0)$ 值，其中 co（·）表示凸包。由式（7.18）可知，$y(x_0)$ 的预测值为

$$y(x_0) = f(x_0)^{\mathrm{T}} \beta + z_0 \qquad (7.24)$$

式中，标量 z_0 表示预测误差，这是 Kriging 和 GLS 的不同之处。

GLS 假设式（7.18）中的样本扰动和式（7.24）中的预测扰动都是独立的，即 $\operatorname{cov}[z, z_0] = 0$。然而，鉴于样本中干扰的相互依赖性（$C$ 具有非零的非对角线元素），下述假设似乎更合理

$$\mathbb{E}[z_0] = 0 \qquad (7.25)$$

$$\operatorname{cov}[z_0] = \mathbb{E}[z_0^2] = \sigma^2 \qquad (7.26)$$

$$\operatorname{cov}[z, z_0] = \sigma^2 r(x_0) \qquad (7.27)$$

式中，$r(x_0) \in \mathbb{R}^N$ 为 z 和 z_0 之间的相关向量。

现在，假设式（7.24）的最优线性预测值可以由观测值表示，得到

$$\hat{y}(x_0) = \sum_{i=1}^{N} w_i y_i = w^{\mathrm{T}} y \qquad (7.28)$$

式中，$w = [w_1, \cdots, w_N]^{\mathrm{T}} \in \mathbb{R}^N$ 为权重的列向量。

近似残差由下式给出

$$\varepsilon(x_0) = \hat{y}(x_0) - y(x_0) = \sum_{i=1}^{N} w_i y_i - y(x_0) \qquad (7.29)$$

为了确定最优权值 w，Kriging 强加了以下条件

$$\min_{w} \operatorname{var}[\varepsilon(x_0)] \quad \text{s.t.} \quad \mathbb{E}[\varepsilon(x_0)] = 0 \qquad (7.30)$$

以获得最优线性无偏预测（BLUP）。在一些文献中，该准则涉及的是将均方误差最小化。结果表明，如果估计量是无偏的，则两个准则是等价的。

式（7.30）中的最小化问题可以表示为二次规划问题，形式如下

$$\min_{w} \operatorname{var}[\varepsilon(x_0)] = \min_{w} \sigma^2(1 + w^{\mathrm{T}} R w - 2 w^{\mathrm{T}} r(x_0))$$
$$\text{s.t.} \quad F(X)^{\mathrm{T}} w - f(x_0) = 0 \qquad (7.31)$$

其解容易获得，即

$$w^* = R^{-1}(r(x_0) - F(X)\lambda^*) \qquad (7.32)$$

$$\lambda^* = (F(X)^{\mathrm{T}} R^{-1} F(X))^{-1}(F(X)^{\mathrm{T}} R^{-1} r(x_0) - f(x_0)) \qquad (7.33)$$

使用前面的公式，最终可以将式（7.28）的最优线性无偏预测表示为

$$\hat{y}(\boldsymbol{x}_0) = \boldsymbol{R}^{-1}[r(\boldsymbol{x}_0) - \boldsymbol{F}(\boldsymbol{X})(\boldsymbol{F}(\boldsymbol{X})^{\mathrm{T}}\boldsymbol{R}^{-1}\boldsymbol{F}(\boldsymbol{X}))^{-1}(\boldsymbol{F}(\boldsymbol{X})^{\mathrm{T}}\boldsymbol{R}^{-1}r(\boldsymbol{x}_0) - f(\boldsymbol{x}_0))]\boldsymbol{y} \tag{7.34}$$

为了更深入地了解预测器，可以将式（7.34）表示为

$$\hat{y}(\boldsymbol{x}_0) = f(\boldsymbol{x}_0)^{\mathrm{T}}\boldsymbol{\beta}^* + r(\boldsymbol{x}_0)\boldsymbol{\gamma}^* \tag{7.35}$$

其中

$$\boldsymbol{\beta}^* = (\boldsymbol{F}(\boldsymbol{X})^{\mathrm{T}}\boldsymbol{R}^{-1}\boldsymbol{F}(\boldsymbol{X}))^{-1}\boldsymbol{F}(\boldsymbol{X})^{\mathrm{T}}\boldsymbol{R}^{-1}\boldsymbol{y}, \quad \boldsymbol{\gamma}^* = \boldsymbol{R}^{-1}(\boldsymbol{y} - \boldsymbol{F}(\boldsymbol{X})\boldsymbol{\beta}^*) \tag{7.36}$$

$\boldsymbol{\beta}^*$ 是回归问题 $y \approx \boldsymbol{F}(\boldsymbol{X})\boldsymbol{\beta}$ 的 GLS 解，也称为 Aitken 的 GLS 估计器。由式（7.35）可以看出，如果考虑干扰的独立性，即 $r(\boldsymbol{x}_0) = 0$，则该解与 GLS 解等价。另一个要点是，对于给定的一组设计数据 $\boldsymbol{x}_1, \boldsymbol{x}_2, \cdots, \boldsymbol{x}_N$ 和 $\boldsymbol{y}$，$\boldsymbol{\beta}^*$ 和 $\boldsymbol{\gamma}^*$ 是固定的。因此，计算某一点插值函数的值所需的计算工作只涉及两个向量（通过评估回归基函数和相关函数）和两个简单乘积的计算。

如前所述，式（7.35）是一个精确的插值。从某种意义上来说，它返回设计点的观测值。在式（7.35）中，选择 $\boldsymbol{x}_0 = \boldsymbol{x}_i$，可以很容易地看出这一点。然后，$r(\boldsymbol{x}_i)$ 就是相关矩阵 $\boldsymbol{R}$ 的第 i 列。因此，$\boldsymbol{R}^{-1}r(\boldsymbol{x}_i) = e_i$，其中 e_i 是单位矩阵的第 i 列，有

$$\begin{aligned}\hat{y}(\boldsymbol{x}_i) &= f(\boldsymbol{x}_i)^{\mathrm{T}}\boldsymbol{\beta}^* + r(\boldsymbol{x}_i)\boldsymbol{R}^{-1}(\boldsymbol{y} - \boldsymbol{F}(\boldsymbol{X})\boldsymbol{\beta}^*) \\ &= f(\boldsymbol{x}_i)^{\mathrm{T}}\boldsymbol{\beta}^* + e_i(\boldsymbol{y} - \boldsymbol{F}(\boldsymbol{X})\boldsymbol{\beta}^*) \\ &= f(\boldsymbol{x}_i)^{\mathrm{T}}\boldsymbol{\beta}^* + y_i - f(\boldsymbol{x}_i)^{\mathrm{T}}\boldsymbol{\beta}^* = y_i\end{aligned} \tag{7.37}$$

7.3.2 相关函数的选择

必须强调的是，方法的准确性高度依赖于式（7.23）和式（7.27）中相关函数的选择，因为它们决定了周围位置观测值的影响。然而，这些都不是先验已知的，它们必须根据数据进行估计。为了找到近似相关函数的方法，通常假定它们可以表示为

$$R_{ij}(\theta; \boldsymbol{x}_i, \boldsymbol{x}_j) = \prod_{k=1}^{n}\rho(\theta; x_i^{(k)}, x_j^{(k)}) = \prod_{k=1}^{n}\rho(\theta; |x_i^{(k)} - x_j^{(k)}|) \tag{7.38}$$

对于一些参数 θ 和 $\boldsymbol{x}_t, \boldsymbol{x}_j \in \mathbb{R}^n$，$\boldsymbol{x}^{(k)}$ 表示向量 $\boldsymbol{x}$ 的第 k 个分量。式（7.38）意味着多维相关函数表示为 n 个一维相关函数的乘积。空间相关函数取决于参数 θ 和所考虑点之间的距离 $l = |x_i^{(k)} - x_j^{(k)}|$。为了获得合适的相关函数 R_{ij}，坐标相关函数 ρ 必须满足：对于所有 $l \geq 0$，$0 \leq \rho(\theta; k) \leq 1$。此外，它必须满足 $\rho(\theta; 0) = 1$，$\lim_{l \to \infty}\rho(\theta, l) = 0$，表示距离较远点相关性较弱或不相关，而重合点相关性最大。

参数 θ 决定相关函数渐进于零的速度，该参数可以使用最大似然估计（MLE）获得。图 7.6 显示了 θ 的影响是函数 $f(x, y) = x^2 + y^3$ 的响应面。为简单起见，选择一个常数多项式作为总趋势，针对不同的 θ 值建立不同的 Kriging 模型。由此产生的元模型表示和 θ 递减值的观察点，也如图 7.6 所示。

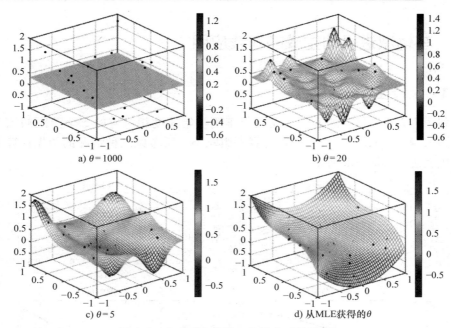

图 7.6 响应面中参数 θ 的影响（见彩插）

在不同的相关函数下，根据距离原点的距离和参数 θ 影响的空间变化，如图 7.7 所示。按照实际惯例，将状态变量归一化使其具有单位长度。因此，ρ 的归一化依据（$|d=l|$）是 $0 \leqslant |d| \leqslant 2$。

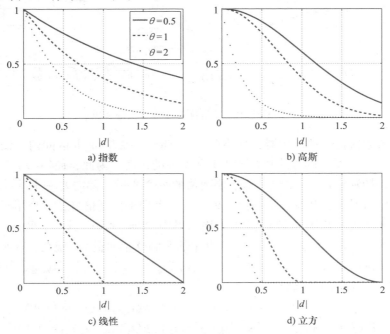

图 7.7 相关函数 $\rho(\theta;|d|)$ 可能的不同选择

7.4 车辆激进机动生成的在线应用

7.4.1 反馈控制器的综合

利用7.2.3节概述的方法,使用与车辆初始速度相对应的5个等距初始条件 $V_0 = [40,48,56,64,72]$ 离线计算一组轨迹。所考虑三种情况的预先计算的开环最优轨迹,如图7.8所示。

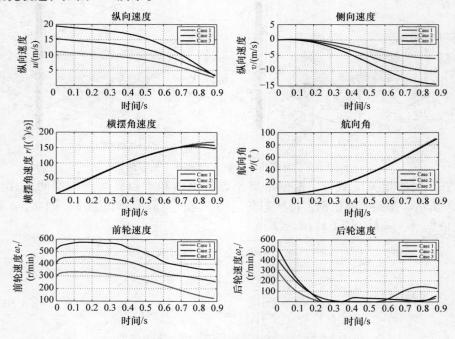

图7.8 GPOPS生成的最优开环状态轨迹(见彩插)

我们希望获得一种控制器,其能在 $40\text{km/h} \leq V_0 \leq 72\text{km/h}$ 区间内的任何初始速度下以(接近)最优的方式执行7.2.1节所述的机动。为此,使用7.3.1节导出的插值公式,特别是式(7.35)。对于要插值的每个变量,都需要一个单独的插值模型。在这种情况下,共有四个插值元模型:三个用于控制信号,一个用于最优终止时间。最优轨迹的均匀离散化提供了输入数据 $X = [x_1, \cdots, x_N]$,而控制命令 δ、T_b、T_{bh} 和终止时间 t_f 构成相同时间实例中的观测变量向量 y。现在,在某个时刻 t_k 给定车辆轨迹的状态 $x_0 = [u(t_k), v(t_k), \psi(t_k), \omega_f(t_k), \omega_f(t_k)]$,获得所需控制输入作为当前状态的函数

$$\delta(t_k) = \hat{y}_1(x_0) = \kappa_1(u(t_k), v(t_k), \psi(t_k), \omega_f(t_k), \omega_f(t_k)) \qquad (7.39)$$

$$T_b(t_k) = \hat{y}_2(x_0) = \kappa_2(u(t_k), v(t_k), \psi(t_k), \omega_f(t_k), \omega_f(t_k)) \qquad (7.40)$$

$$T_{bh}(t_k) = \hat{y}_3(\boldsymbol{x}_0) = \kappa_3(u(t_k), v(t_k), \psi(t_k), \omega_f(t_k), \omega_f(t_k)) \quad (7.41)$$

类似地，由当前状态执行机动的最优时间由下式给出

$$t_f(t_k) = \hat{y}_4(\boldsymbol{x}_0) = \kappa_4(u(t_k), v(t)k), \psi(t_k), w_f(t_k), \omega_f(t_k)) \quad (7.42)$$

为了便于标记，在式（7.39）～式（7.41）中非正式地引入了插值函数 κ_i（i = 1，2，3，4），以此来表示式（7.35）的右侧。可以看出，该方法在每一时刻都会产生一个取决于当前状态的控制动作，即产生的控制具有反馈结构。在本质上，本章已经开发了一种控制器综合工具，其将开环最优控制器组合成单个反馈策略。与标准方法的不同之处在于，这种综合不是通过分析进行的，而是通过预先计算的开环控制律的隐式插值进行的。

对于所有计算，本章使用了 MATLAB 的 DACE 工具。相关函数和参数 θ 的允许值都是通过反复试验确定的。对于这个问题，使用常数多项式和一阶多项式以及三次相关函数就足够了，如图 7.7 所示。使用均方误差（MSE）获得 θ 的最优值，如 7.3.2 节所述。

7.4.2 数值结果

近似最优的控制系列，如图 7.9 所示。红线突出显示了用于获得插值元模型的预先计算的解。

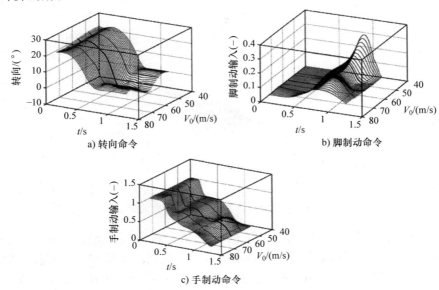

a) 转向命令
b) 脚制动命令
c) 手制动命令

图 7.9 最优控制的插值结果（见彩插）

这些结果表明，使用所提出的统计插值技术获得的控制器对于所考虑的整个初始速度范围产生了近似最优解。在所有仿真中，轨迹都达到了最终约束，即 ψ = 90°。此外，注意图 7.9 中的插值解是如何与试验点的预计算解匹配的。这是插值

方案的准确特性所导致的结果,见式(7.37)。还要注意的是,解沿着整个初始速度范围平稳变化。

在 2.4GHz 和 4 GB 内存的英特尔奔腾酷睿 2 双核处理器上,计算三种情况单次插值的平均时间为 1.2ms(或 800Hz)。对于实时控制器实现来说,这个速率是足够快的。

对于行车制动命令的情况,影响相关函数行为的参数 θ,如图 7.10 所示。对于非常大的 θ 值,除观测点外,该解趋向于 GLS 解 $[r(x_0) = 0]$。当 θ 值较大时,在这些图中观察到的振荡行为是由于行车制动选择了一个零阶多项式,在这种情况下,插值项趋向于在观察点处脉冲函数的叠加,如图 7.7 所示。随着 θ 值的减小,每次观测都会在更大的空间范围内增加其"影响区域",从而"平均"出相邻观测点的贡献。

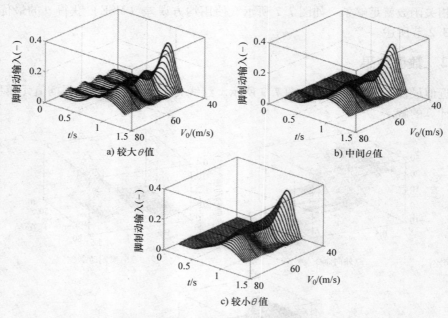

图 7.10 相关参数 θ 对最优脚制动命令响应面的影响(见彩插)

探索具有反馈形式的控制器产生的正反馈特性也很有趣,见式(7.39)~式(7.41)。虽然反馈控制器没有解析表达式,但控制动作是作为当前状态的函数获得的。反馈控制器比开环控制器更可取,因为它们可以考虑状态的突然变化和未建模的不确定性等问题。为了评估反馈形式控制器的好处,进行了扰动仿真,在 $t = 0.6t_f$ 时,让横摆角速度降低 30%。比较是在一个试验点进行的,其中插值解与预先计算解相匹配,因此比较是合理的。选择初始速度 $V_0 = 56$km/h。图 7.11 显示了施加扰动时插值控制的变化情况,以及在 $t = 0.6t_f$ 时状态突然变化系统最终是如何被引导至最终约束的。

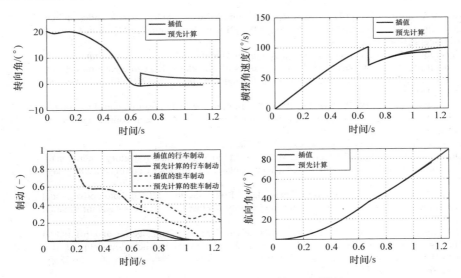

图7.11 扰动下的状态演化比较（见彩插）

7.5 结论

未来一代的乘用车主动安全系统必须利用车辆的非线性和轮胎摩擦动力学，以便在将要发生碰撞事故情况前安全地实施有效的避障操作。不幸的是，对于当前的轨迹优化器来说，产生这种激进机动所需的时间长短和收敛保证，仍然是一个亟待解决的问题。本章研究了基于Gauss过程（如Kriging）的统计插值技术的使用，由一组预先计算的离线最优轨迹沿着相应控制动作生成近似最优轨迹。在本质上，得到的方法是基于预先计算的最优控制解的元模型生成行为–响应映射。只要初始条件包含在离线测试位置的凸包中，所得到的插值模型就能模拟最优反馈控制器。

数值结果表明，所得的控制器具有良好的性能，总是引导系统达到准确的终端约束。此外，控制器的计算速度非常快，因为它是基于简单的代数运算，因此对于所有必须在极短时间内做出反应的类似情况都是有益的。

参 考 文 献

1. Adams J (2012) An interpolation approach to optimal trajectory planning for helicopter unmanned aerial vehicles. Master's thesis, Naval Postgraduate School
2. Assadian F, Hancock M (2005) A comparison of yaw stability control strategies for the active differential. In: Proceedings of IEEE international symposium on industrial electronics ISIE 2005, vol 1, pp 373–378. doi:10.1109/ISIE.2005.1528939
3. Becerra VM (2011) PSOPT optimal control solver user manual
4. Betts JT (1998) Survey of numerical methods for trajectory optimization. AIAA J Guidance Control Dyn 21(2):193–207

5. Betts JT, Huffman WP (1997) Sparse optimal control software SOCS. Mathematics and engineering analysis technical document mealr-085, Boeing Information and Support Services, The Boeing Company, Seattle
6. Chakraborty I, Tsiotras P (2011) Mitigation of unavoidable T-bone colisions at intersections through aggressive maneuvering. In: Proceedings of the 50th IEEE conference on decision and control and European control conference, Orlando, FL, pp 3264–3269. doi:10.1109/CDC.2011.6161241
7. Chakraborty I, Tsiotras P, Diaz RS (2013) Time-optimal vehicle posture control to mitigate unavoidable collisions using conventional control inputs. In: American control conference, Washington, DC, pp 2165–2170
8. Cressie N (1990) The origins of kriging. Math Geol 22(3):239–252
9. Dever C, Mettler B, Feron E, Popovic J, McConley M (2006) Nonlinear trajectory generation for autonomous vehicles via parameterized maneuver classes. J Guidance Control Dyn 29(2):289–302
10. del Re L, Allgöwer FF, Glielmo L, Guardiola C, Kolmanovsky I (2010) Automotive model predictive control: models, methods and applications. Lecture notes in control and information sciences. Springer, Berlin
11. Di Cairano S, Tseng HE (2010) Driver-assist steering by active front steering and differential braking: design, implementation and experimental evaluation of a switched model predictive control approach. In: Proceedings of 49th IEEE conference on decision and control, pp 2886–2891. doi:10.1109/CDC.2010.5716954
12. Doe R (2012) European new car assessment programme, Results (www.euroncap.com), Brussels Belgium
13. Fildes B, Lane J, Lenard J, Vulvan A (1994) Passenger cars and ocupant injury: side impact crashes. Monash University, Accident Research Center, Report No. 134, Canberra, Australia
14. Ghosh P, Conway B (2012) Near-optimal feedback strategies for optimal control and pursuit-evasion games: a spatial statistical approach. In: AIAA/AAS astrodynamics specialist conference, Minneapolis, MN, AIAA Paper 2012–4590. doi:10.2514/6.2012-4590
15. Goldberger A (1962) Best linear unbiased prediction in the generalized linear regression model. J Am Stat Assoc 57(298):369–375
16. Handcock MS, Stein ML (1993) A Bayesian analysis of kriging. Technometrics 35(4):403–410
17. Hargraves CR, Paris SW (1987) Direct tracjectory optimization using nonlinear programming and collocation. AIAA J Guidance Control Dyn 10(4):338–342
18. Huang D, Allen T, Notz W, Miller R (2006) Sequential kriging optimization using multiple-fidelity evaluations. Struct Multi Optim 32(5):369–382
19. Jazar RN (2008) Vehicle dynamics: theory and application. Springer, New York
20. Kleijnen J (2009) Kriging metamodeling in simulation: a review. Eur J Oper Res 192(3):707–716
21. Lophaven SN, Nielsen HB, Søndergaard J (2002) DACE: a MATLAB kriging toolbox, Technical report, Technical University of Denmark
22. MacKay DJC (1998) Introduction to Gaussian processes. NATO ASI Ser F Comput Syst Sci 168:133–166
23. Oberle H, Grimm W (1985) BNDSCO: a program for the numerical solution of optimal control problems. English translation of DFVLR-Mitt. 85–05
24. Pacejka H, Bakker E, Nyborg L (1987) Tyre modelling for use in vehicle dynamics studies. SAE paper 870421
25. Rao AV, Benson D, Darby CL, Mahon B, Francolin C, Patterson M, Sanders I, Huntington GT (2011) User's manual for GPOPS version 4.x: a MATLAB software for solving multiple-phase optimal control problems using hp-adaptive pseudospectral methods. http://www.gpops.org/gpopsManual.pdf
26. Riekert P, Schunck TE (1940) Zür Fahrmechanik des gummibereiften Kraftfahrzeugs. Arch Appl Mech 11(3):210–224
27. Ross IM (2003) User's manual for DIDO: a MATLAB application package for solving optimal control problems. NPS technical report MAE-03-005, Naval Postgraduate School, Monterey, CA
28. Schwartz AL (1996) Theory and implementation of numerical methods based on Runge-Kutta

integration for solving optimal control problems. Ph.D. thesis, Berkeley, University of California
29. Side Impacts: Few second chances. http://www.southafrica.co.za/2011/02/10/side-impacts-few-second-chances/
30. Simpson T, Martin J, Booker A, Giunta A, Haftka R, Renaud J, Kleijnen J (2005) Use of kriging models to approximate deterministic computer models. AIAA J 43(4):853–863
31. Tang J, Singh A, Goehausen N, Abbeel P (2010) Parameterized maneuver learning for autonomous helicopter flight. In: 2010 IEEE international conference on robotics and automation (ICRA), IEEE, pp 1142–1148
32. Simpson TW, Mauery TM, Korte JJ, Mistree F (2001) Kriging models for global approximation in simulation-based multidisciplinary design optimization. AIAA J 39(12):2233–2241
33. Van Beers W, Kleijnen J (2004) Kriging interpolation in simulation: a survey. In: Proceedings of the 2004 winter simulation conference, vol 1. IEEE
34. van Zanten AT (2002) Evolution of electronic control system for improving the vehicle dynamic behavior. In: Advanced vehicle control conference (AVEC), Hiroshima, Japan
35. Velenis E, Frazzoli E, Tsiotras P (2010) Steady-state cornering equilibria and stabilization for a vehicle during extreme operating conditions. Int J Veh Auton Syst 8(2–4):217–241. doi:10.1504/IJVAS.2010.035797
36. Velenis E, Katzourakis D, Frazzoli E, Tsiotras P, Happee R (2011) Steady-state drifting stabilization of RWD vehicles. Control Eng Pract 19(11):1363–1376. doi:10.1016/j.conengprac.2011.07.010
37. Velenis E, Tsiotras P, Lu J (2007) Modeling aggressive maneuvers on loose surfaces: the cases of trail-braking and pendulum-turn. In: European control conference, Kos, Greece, pp 1233–1240
38. Velenis E, Tsiotras P, Lu J (2008) Optimality properties and driver input parameterization for trail-braking cornering. Eur J Control 14(4):308–320. doi:10.3166/EJC.14.308-320
39. Yamamoto M (1991) Active control strategy for improved handling and stability. SAE Trans 100(6):1638–1648

第8章 计算最优控制在车辆动力学中的应用

摘要：现代车辆动态控制系统是以新型执行器为基础的，如主动转向和主动差速器，以便提高整体操纵稳定性，包括稳定性、响应性和敏捷性。车辆动力学控制变量离线优化的数值技术可以方便地用于促进最优执行器构型的决策，并且为现实的在线控制器设计提供指导。本章概述了先前作者基于时间反向传播（BPTT）共轭梯度优化算法对各种车辆动力学执行器构型的评估结果。然后，针对各种机动和设计规范，重点关注主动前轮和后轮转向控制变量的详细优化，其中使用基于非线性规划的优化工具。

8.1 引言

传统的车辆动力学控制系统使用车轮制动器作为执行器。通过单独制动或主要制动一个车轮，产生适当的主动横摆力矩，同时使车辆减速，这有助于车辆保持操纵稳定性和响应性，即分别是过度转向和转向不足补偿。近年来，主动底盘系统正在配备不同类型的附加执行器，如主动转向或主动差速器，它们可以提供优越的操控性能而不会干扰驾驶员（与液压制动不同，无 NVH 干扰），并且也不影响敏捷性（最小限度地降低车速）。

在主动底盘硬件规范/选择的早期阶段，优化技术可用于评估各种单执行器或多执行器的底盘构型。更具体地说，将开环最优控制算法应用于一个合适的非线性车辆动力学模型，在各种等式和不等式约束（如有限的控制输入权限或状态变量幅值）下，寻找使指定成本函数（如最小轨迹跟随误差）最小化的控制变量的时间响应。同时，优化结果可以作为面向生产（在线）的控制系统（如模型预测控制系统）可实现性能的基准，并为控制系统的设计和校准提供良好的意见。

虽然不同的控制变量优化算法已经用于各种汽车动力传动的研究，如混合动力传动优化的动态规划和涡轮增压器动力辅助系统优化的非线性规划，但是它们在车辆动力学控制领域的应用相对较少。例外情况是文献 [9, 16] 对操纵稳定性进行了分析。基于时间反向传播（BPTT）算法，文献 [4] 的作者对各种车辆动力学执行器构型进行了评估。本章概述了这些评估结果，以此为背景提出一项更新的主动前轮和后轮转向优化研究,基于一种完全不同的非线性规划方法,通过 TOMLAB 优化平台实现该研究。

8.2 前期优化和评估结果综述

8.2.1 优化算法

一般的优化问题是找到一个控制向量输入 $u(t)$,$0 \leqslant t \leqslant t_f$,最小化 Bolza 型成本函数 $J_0 = \Theta(\hat{x}(t_f)) + \int_0^{t_f} F_0(\hat{x}(t), u(t)) \mathrm{d}t$,满足被控对象的非线性系统状态方程 $\dot{\hat{x}} = \phi(\hat{x}(t), u(t)) \mathrm{d}t$、$\hat{x}(0) = \hat{x}_0$ 和状态向量端点条件 $b(\hat{x}(t_f)) = 0$,同时还要满足控制和状态向量的不等式约束 $g(\hat{x}(t), u(t)) \geqslant 0$ 和等式约束 $h(\hat{x}(t), u(t)) = 0$。

在先前的工作中,通过使用对于控制向量的迭代梯度下降算法 $u^{(l+1)}(t) = u^l(t) - \eta \partial J / \partial u^l(t)$ 找到最优控制向量输入 $u^l(t)$。其中,总成本函数 J 包括基本(用户定义)函数 J_0 和扩展的针对最终条件的惩罚项,以及等式和不等式约束。梯度 $\partial J / \partial u$ 是基于应用 Adams 方法在时间离散化系统模型上的 BPTT 算法计算的,而 Jacobian 矩阵是数值计算的。利用 Dai–Yuan 共轭梯度方法使学习速率 η 随着时间变化,以便提高算法的收敛速度。

8.2.2 车辆模型

在优化程序中,实现了具有完整"魔术"公式轮胎模型的 10 自由度车辆动力学模型。该模型包括 6 个状态变量,分别与纵向(U)、侧向(V)和垂向(W)的速度以及侧倾(p)、俯仰(q)和横摆(r)的角速度有关,其余 4 个状态变量对应于每个车轮的转速。此外,在惯性(X-Y)坐标系中,使用了与悬架子模型和车辆轨迹相关的 6 个状态变量(侧倾、俯仰和横摆的角度,垂向位移和车辆 X、Y 位置),以及与描述执行器一阶滞后项有关的状态变量。因此,整个非线性动力学模型包括 17~19 个状态变量和 1~3 个控制变量,这取决于在具体车辆构型中使用的执行器的数量。

由于篇幅长度的限制,这里只给出与侧向速度和横摆角速度自由度相关的主要模型状态方程

$$M(\dot{V} + Ur) = F_{yf} + F_{yr} \tag{8.1}$$

$$I_{zz}\dot{r} \cong bF_{yf} - cF_{yr} - \frac{w}{2}(F_{x1} + F_{x2} + F_{x3} + F_{x4}) \tag{8.2}$$

式中,M 为车辆质量;I_{zz} 为绕垂向轴的车辆转动惯量;b 和 c 分别为车辆质心与前后车轴之间的距离;w 为车辆轮距(车辆左右轮轴之间的距离);F_x 和 F_y 分别为从轮胎向车辆坐标系转换后的纵向和侧向的轮胎力,其中下标 $i = 1, \cdots, 4$ 表示从

左前轮到左后轮顺时针方向开始的轮胎编号，下标 f 和 r 分别表示前后轴，有 $F_f = F_{y1} + F_{y2}$ 和 $F_r = F_{y3} + F_{y4}$。

符号规定是这样的，横摆角速度 r 逆时针转动为正，其中车轮 1 和 3 是内轮。为了简化，横摆状态方程式（8.2）省略了次重要的侧倾交叉耦合项。

轮胎模型描述了非线性组合滑移的轮胎静态曲线，它是轮胎法向力 F_{zi}（$i = 1, \cdots, 4$）的函数，通过非线性悬架模型计算。轮胎侧偏角 α_i 和纵向滑移 η_i 由下式给出

$$\alpha_i = \delta_i - \arctan\left(\frac{V_i}{U_i}\right) \tag{8.3}$$

$$\eta_i = \frac{R\omega_i - U_i}{U_i} \tag{8.4}$$

式中，ω_i 为车轮转速；δ_i 为车轮转角；R 为车轮有效半径；U_i 和 V_i 分别为车轮中心速度纵向和侧向的分量，有

$$U_i = U + (-1)^i \frac{w}{2} r, \quad V_{1,2} = V + br, \quad V_{3,4} = V - cr \tag{8.5}$$

轮胎模型静态曲线如图 8.1 所示。通过使用车轮转向输入 δ_i，将获得的轮胎力 F_{xti} 和 F_{yti} 转换到车辆坐标系，从而获得代入状态空间模型的力 F_{xi} 和 F_{yi}，见式（8.1）和式（8.2）。

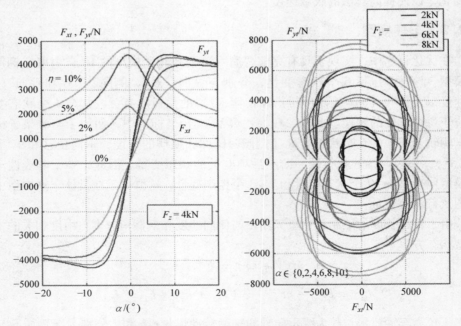

图 8.1 轮胎模型静态曲线（见彩插）

考虑的执行器包括主动前轮和后轮转向（AFS 和 ARS）、主动前和后限滑差速

器（ALSFD 和 ALSRD）、主动中心限滑差速器（ALSCD）、力矩矢量前和后差速器（TVFD 和 TVRD）与力矩矢量中心差速器（TVCD）。后轮驱动（RWD）类型车辆（中型轿车），除了使用前轮或中心差速器的情况，分别考虑 FWD 或 4WD 构型。主动差速力矩传递受到以下约束：①ALSD 无法将力矩传递给更快的车轮；②只有当较快 - 较慢的车轮相对速度差小于允许的车轮速度差系数（对于给定 TVD，AWSD =28.6%）时，TVD 才能将力矩传递给更快的车轮（或 TVCD 更快的车轴）。这些约束可以方便地通过车辆模型来实现，而不是通过不等约束来实现。

8.2.3 优化问题描述

针对三种特征类型的双车道变换机动（DLC）进行优化研究，变量详见表 8.1。目标是找到给定执行器构型的控制输入，最小化成本函数子积分函数 $F_0(\hat{x}(t), u(t)) = K_h(Y - Y_R(X))^2$ 给出的路径跟随误差，其中 $Y_R(X_R)$ 是 DLC 的参考轨迹。该目标受到控制输入变量的不等式约束（限制）和侧偏角 β = arctan (V/U)（分别是 20°和 15°）以及主动前轮转向角速度（以避免很大程度上影响驾驶员感知力矩反馈）的影响。

表 8.1 双车道变换机动变量列表

序号	T_i/N·m	μ	具体情况
1	0	0.6	最初转向不足，然后过度转向
2	350	1	转向不足下的力矩
3	250	0.6	最初转向不足，然后失稳

定义机动 1 如下。首先，在轮胎 - 路面摩擦系数 μ = 1 和传动系输入力矩为零（T_i = 0）的情况下，根据给定的 DLC 参考路径优化前轮转向输入 δ_f。然后，将优化后的变量 δ_f 作为开环驾驶员输入（再次使用 T_i = 0），优化在第一步中实现的参考轨迹的车辆动态控制输入，但此时需要减小摩擦系数到 μ = 0.6。由于轮胎侧向力已经饱和（μ = 1），摩擦减小导致被动式车辆出现最初转向不足然后过度转向的趋势，如图 8.2a 中的"无控制"响应所示。机动 2 使用相同的前轮转向输入 δ_f 和参考轨迹，但它是在加速条件（T_i = 350N·m）和标准道路条件 μ = 1 下应用。显然，在存在加速力矩和驾驶员转向输入不变的情况下，被动式车辆容易出现转向不足，特别是在响应的第二部分，如图 8.2b 所示。机动 3 类似于机动 1，它们的主要区别在于机动 3 在传动力矩非零（T_i = 250N·m）的情况下优化。由图 8.1 所示的轮胎摩擦椭圆可以看出，这降低了后（驱动）轮胎的侧向力，从而使被动式车辆不稳定：侧滑角 β 开始在峰值轨迹点附近发散，见 8.3 节。同时，由于车速的

加快和可达到的（稳态）转弯半径 $R_t = U^2/a_{y,sat}$ 的相应增加，机动 3 比机动 1 出现最初的转向不足更加突出，如图 8.2a、c 所示。其中，给定（饱和）的侧向加速度 $a_{v,sat} = \mu g$，见式（8.1），并且有 $a_y = \dot{v} + rU$ 和 $(F_{yf} + F_{yr})_{sat} = Mg\mu$。

8.2.4 优化和评估结果

表 8.2 给出了不同的单个和多个执行器构型和三种 DLC 机动的优化结果。轨迹跟随精度以 $Y(X) - Y_R(X)$ 的方均根值（RMS）误差为特征，而车辆稳定性体现在抑制侧偏角 β 大小的能力上。在恒定机动时间内，如果行驶距离 $X(t_f)$ 较大，则敏捷性更好。根据这些指标，对不同的执行器构型进行排序，最终的排序和评估结果也包含在表 8.2 中。下面简要讨论评估结果，更详细的阐述请参考文献［4］。

根据表 8.2 的 RMS 数据和图 8.2 的轨迹图，在轨迹跟随精度方面，机动 3 是最困难的。这是因为在 μ 较小的表面上很难让加速的被动式车辆保持稳定（表 8.1），并且在 μ 减小的情况下也要对初始转向不足进行补偿。而机动 2 是最容易实现的，因为其摩擦系数最高。

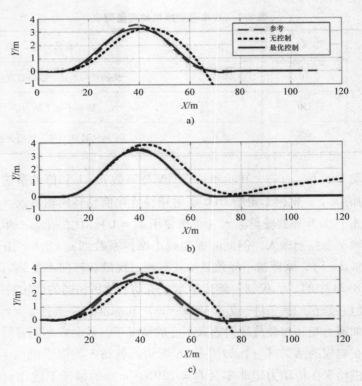

图 8.2　三种 DLC 机动和 ARS 执行器的轨迹跟随优化结果（见彩插）

主动后轮转向（ARS）提供了最佳的整体性能，因为其在横摆角速度和侧向速度/加速度方面具有高的动态控制权：控制输入 $\delta_r = \delta_{3,4}$ 可以通过后侧向力 $F_{y3,4}$ 影响式（8.1）和式（8.2）的状态方程。虽然非常有效，但是单独的后部或前部力矩矢量差速器（TVRD 或 TVFD）是不如 ARS 执行器的。这是因为它们仅通过产生左右轮胎纵向力的差异直接影响横摆角速度的动态，见式（8.2），而且纵向力的产生受到内胎低法向载荷的限制。前后 TVD 的组合构型提供了出色的性能，这是由于平衡的前/后轴力矩分配（用于这种 4WD 构型）和 TVD 控制权的增加（两个轴产生横摆力矩）。然而，与 ARS 执行器相比，TVRD + TVFD 构型的特点是敏捷性稍有降低（由于 TVD 的某些减速作用）和侧偏幅度增加（由于产生很大的横摆力矩）。中心 TVD 对 TVFD + TVRD 构型性能的提升帮助很小。

主动前轮转向（AFS）的性能也是非常好的，但由于控制权限较低，AFS 始终比 ARS 执行器差一些，见 8.3 节。AFS + TVRD 和 TVRD + TVCD 控制也被认为是可行的构型，前者在性能和有限的 AFS 控制之间提供了良好的平衡，而后者由于其 4WD 功能以及 TVCD 施加的附加转向不足和过度转向补偿，改善了机动 2 和机动 3 的 TVRD 性能。然而，与 TVRD + TVFD 构型相比，它们对单个控件的改进并不显著。

对于滑行机动 1，TVCD 不如 TVFD 或 TVRD，因为其间接地作用于轮胎侧向力——通过旋转前轴进行过度转向补偿或者通过旋转后轴进行转向不足补偿。另一方面，由于其具有 4WD 功能，从而为加速机动 2 和机动 3 提供了相当好的性能。ALSFD 和 ALSRD 的性能比 TVD 差，这可以通过它们有限的零 AWSD 相关控制权来解释：①内轮转速高于外轮转速，内轮负载弱，限制了过度转向补偿；②转向不足补偿是不可行的（力矩不能转移到更快/外侧的车轮），除非内轮倾向于旋转加速机动。ALSCD 对被动式车辆几乎没有任何改善作用。

目前的比较研究表明，BPTT 优化算法可以作为评估各种车辆动力学执行器构型的有用工具。然而，在优化结果中也发现了一些问题：①一些多个执行器构型的优化给出了比相应的单个执行器构型更差的（RMS 误差）结果，见表 8.2 中的 AFS + ALSRD 构型；②ALSRD 执行器和机动 3 的优化不一致（不切实际的高 RMS 误差）。前者可以解释为，对于更复杂的多个执行器构型（尤其是具有不同类型的执行器），优化以局部最优化结束。后者则由描述主动差速器动力学的高度非线性离合器模型引起。为了避免多个执行器构型优化的问题，通过使用 TOMLAB 优化平台进行了更详细的 ARS/AFS 研究，见 8.3 节。

表 8.2 各种主动转向和主动差动执行器构型和机动的优化比较结果（使用 BPTT 算法）

序号	执行器构型	机动 1 RMS/m	机动 1 $\beta\|_{max}$/(°)	机动 1 $X(t_f)$/m	机动 2 RMS/m	机动 2 $\beta\|_{max}$/(°)	机动 2 $X(t_f)$/m	机动 3 RMS/m	机动 3 $\beta\|_{max}$/(°)	机动 3 $X(t_f)$/m	单个执行器 级别	多个执行器 级别
1	ARS	0.116	4.565	104.0	0.038	4.403	122.7	0.190	4.307	117.5	1	1
2	AFS	0.146	5.502	104.8	0.045	4.817	122.9	0.234	5.354	118.9	2	5
3	TVRD	0.140	4.774	103.1	0.086	3.478	121.8	0.326	4.774	117.5	4	9
4	ALSRD	0.290	4.835	105.7	0.243	3.436	124.1	5.467	18.3	111.2	7	12
5	TVFD	0.124	5.747	102.8	0.112	3.552	123.4	0.269	5.822	117.4	3	8
6	ALSFD	0.258	4.822	105.7	0.158	2.604	124.8	0.432	4.734	119.7	6	11
7	TVCD	0.358	5.410	102.9	0.130	2.967	119.9	0.410	5.036	116.7	5	11
8	ALSCD	2.404	7.295	104.6	0.604	3.457	124.2	0.557	6.123	119.2	8	13
9	AFS & TVRD	0.149	4.901	104.7	0.043	4.834	122.4	0.220	5.064	117.8	oo**	3
10	AFS & ALSRD	0.160	4.733	105.3	0.064	3.782	123.6	0.248	4.346	119.3	o	6
11	TVRD & TVCD	0.165	5.211	102.6	0.069	4.064	119.7	0.243	6.108	115.1	**	7
12	ALSRD & TVCD	0.283	5.002	104.0	0.130	3.165	121.0	0.375	5.010	116.9	*	10
13	TVRD & TVFD	0.111	7.263	101.8	0.075	4.660	122.0	0.186	7.244	115.4	***	2
14	TVRD & TVCD & TVFD	0.101	6.854	100.6	0.080	3.886	121.2	0.192	6.423	115.0	*	4

注：* = 通过引入更多执行器未改善性能。
o = 通过引入更多执行器来改善控制效果（更好的 AFS 力矩反馈）。

8.3 主动转向构型的详细优化

8.3.1 优化算法

TOMLAB 优化平台是 MATLAB 的接口包，用于建模、优化和最优控制。其由最优控制公式（PROPT）、自动微分（MAD）和各种问题求解器（SNOPT、KNITRO、CPLEX 等）模块组成。用户指定的状态方程，被认为是等式约束、初始和最终条件、约束和成本函数。优化方法基于伪谱配置方法，将最优控制问题离散化和转化为大规模非线性规划（NLP）问题。解采用 n 阶多项式形式，其中 n 是用户指定的配置点（时间网格）的数量。其网格点的数量明显少于 BPTT 算法，BPTT 算法需要密集的网格来显式计算每个网格点处的控制输入值。NLP 与 BPTT 的差异，可能有助于 NLP 算法获得更小的局部最小灵敏度。多项式解需要满足配置点的离散状态方程和约束。如果求解器声称解是最优的，则它满足必要但不充分的最优性条件。在这项工作中，采用基于序列二次规划（SQP）方法的大规模稀疏求解器 SNOPT。由于 SNOPT 使用了由 MAD 自动计算的非线性函数梯度，因此，问题必须围绕最优解是光滑（一阶可微）的。

8.3.2 主动后轮转向

针对表 8.1 中定义的三个 DLC 机动和施加在控制输入上的软约束，ARS 优化结果如图 8.3 所示，相关的性能指标由表 8.3 给出。符号规定是，负的 ARS 控制输入，后轮角度 δ_r 有助于增加正横摆角速度 r。即如果 $\text{sgn}(\delta_r) \neq \text{sgn}(r)$，则 ARS 执行器会产生过度转向（或补偿转向不足）；如果 $\text{sgn}(\delta_r) = \text{sgn}(r)$，则产生转向不足（即过度转向得到补偿）。因此，图 8.3a（机动 1）中 δ_r 和 r 的时域响应表明，控制动作具有三个特点，相对较短的转向不足补偿周期（USC）：$t \in [0, 0.3]$、$[1, 1.25]$ 和 $[2.5, 2.7]$。USC 第一次作用使车辆转向参考路径，由于车辆动力学的影响，实际车辆轨迹响应相对于控制作用是延迟的，即 ARS 在初始直线运动期间提供预瞄控制作用。第二次 USC 干预导致围绕其峰值点产生"切割"轨迹，在 μ 减小的表面上无法准确跟随参考轨迹峰值能力的情况下，以最小化轨迹跟随误差。USC 的第三次作用与第一次作用相似。

USC 作用导致横摆力矩出现特征峰值，计算式为 $M_Z \cong bF_{yf} - cF_{yr}$，见式（8.2），这可以增加横摆角速度 r，从而产生所需的过度转向。因此，每个 USC 作用都将引起侧偏角 β 的变化率增加 [见式（8.1）和 $\beta = \arctan(V/U)$]。为了有效地限制侧偏角 β，提供足够的稳定裕度（与被动式/不受控车辆相比），每个 USC 间隔之后都有一个相对长的过度转向补偿间隔（OSC）。USC 相关的侧偏角增大，即其偏差增大会导致汽车产生减速力，从而在一定程度上影响敏捷性 [与参考和不受控制车辆相比，末速度 $U(t_f)$ 减小，如图 8.3 所示]。

表 8.3 各种主动转向构型和不同机动的比较优化结果（使用 TOMLAB 工具）

	执行器构型	控制输入约束	RMS /m	$\|\beta\|_{max}$ /(°)	$X(t_f)$ /m	$\|\alpha\|_{max}$ /(°)	η_{max} /(°)	$\|M_z\|_{max}$ /kN·m
机动 1	ARS	是	0.112	4.58	103.9	9.2	0.06	8.0
	ARS	否	0.087	4.75	100.4	27.2	0.3	11.8
	AFS	是	0.137	5.26	104.4	9.4	0.04	10.3
	ARS 和 AFS	否	0.091	4.96	102.5	9.7	0.1	12.5
	ARS 和 AFS	否	0.031	17.7	92.4	37.3	0.4	16.7
	ARS 和 AFS	微弱	0.069	8.38	100.0	18.5	0.2	16.5
机动 2	ARS	是	0.044	4.06	123.2	8.7	6.7	8.0
	ARS	否	0.017	4.20	118.0	32.1	37.8	22.0
	AFS	是	0.045	4.05	123.3	8.1	7.0	12.9
	ARS 和 AFS	否	0.030	4.66	122.2	9.4	11.0	11.3
	ARS 和 AFS	否	0.006	20.7	109.7	48.1	49.9	28.4
	ARS 和 AFS	微弱	0.027	4.69	121.7	10.0	5.8	19.8
机动 3	ARS	是	0.176	4.75	116.6	9.8	12.3	9.0
	ARS	否	0.158	4.43	112.7	25.8	26.2	11.6
	AFS	是	0.229	5.14	118.6	10.3	3.7	10.1
	ARS 和 AFS	是	0.163	4.29	115.7	9.7	11.2	13.7
	ARS 和 AFS	否	0.101	17.86	105.2	32.0	47.7	16.9
	ARS 和 AFS	微弱	0.145	5.23	112.9	22.1	8.0	16.6

侧向加速度响应倾向于跟随参考车辆的侧向加速度响应（与 $\mu=1$ 有关）。然而，由于 μ 减小到 0.6 时，侧向加速度被限制在 $0.6g$，不可能围绕 $1g$ 的侧向加速度峰值进行准确跟随，因此可以通过侧向加速度更宽和更尖锐的边缘来"补偿"。这给出了 a_y 响应的特征方波形状。轮胎侧偏角 α_i 和侧向力 F_{yi} 呈现相似的响应形状（图 8.3 没有显示），特别是对于后轮胎（$i=3,4$），ARS 执行器具有直接控制权。

由于 μ 值较大的机动 2 不如机动 1 重要（8.2 节），在这种情况下，ARS 控制输入幅度是相对温和的（图 8.3b）。主动控制作用与时间间隔 $t \in [1, 1.4]$ 的第二次 USC 相关（与 $t \in [1.5, 2.2]$ 的第二次 OSC 相关），其对轨迹峰值点之后强调的转向不足进行了补偿。其他响应特征在性质上与上述机动 1 类似，包括侧向加速度方波形状效应（特别是在第二次 USC 主动作用期间）。

机动 3（图 8.3c 和表 8.3）的结果在性质上类似于机动 1，主要区别是对于这种更关键的机动控制作用更强。因为加速车辆无法跟随峰值点周围的尖锐轨迹，所

第 8 章 计算最优控制在车辆动力学中的应用

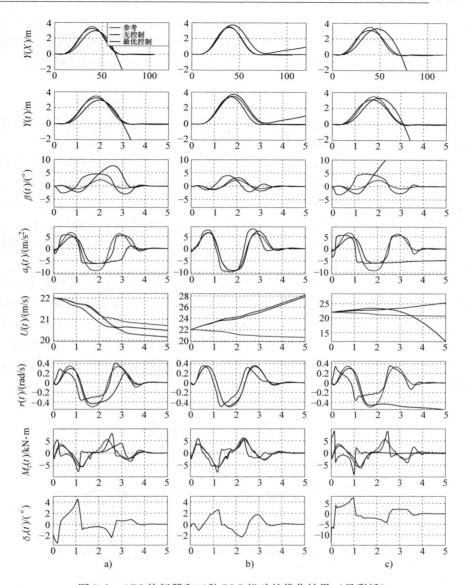

图 8.3 ARS 执行器和三种 DLC 机动的优化结果（见彩插）

以第一次 USC 作用（约 $t = 0.1s$）更强，以使轨迹的初始部分超调，即比机动 1 更大限度地"切割"轨迹。因此，侧向加速度响应随后也广泛饱和，从而更接近方波形状。第二次 USC 的干预（大约 $t = 1s$）也更强，从而围绕峰值点提供更强的"切割"轨迹。

表 8.3 表明，在忽略控制输入约束时，轨迹跟踪误差可以显著减小。然而，控制输入 δ_f 随后达到一个过大值（且具有振动行为），轮胎在不稳定的饱和区域（大

的 α_i) 运行过多,机动 2 和机动 3 加速时车辆侧偏角幅值增加,并且内后轮/从动轮的轮胎纵向滑移大。此外,由于(控制输入)响应具有极强的突发性和高幅值特性,得到的优化结果不能通过后优化仿真完全再现(发生一定的轨迹漂移)。

8.3.3 主动前轮转向

包含控制输入软约束的 AFS 优化结果见表 8.3。这些结果与先前的 ARS 优化结果一致,与 BPTT 优化结果吻合较好(表 8.2 和表 8.3)。

虽然控制输入量 $\Delta\delta_f$ 和 δ_r 的大小是可比的(图 8.4),但是 AFS 控制性能明显差于 ARS(表 8.3)。这是因为驾驶员已经在很大程度上利用了前轮转向输入,而后轮转向控制作用可以有效地提高后轮胎未使用的瞬态性能。更具体地说,驾驶员的前转向效果 $\delta_f = \delta_{1,2}$ 直接转换到前轮侧偏角 $\alpha_{1,2}$,从而转换到前侧偏力 $F_{y1,2}$,而后轮侧偏角 $\alpha_{3,4}$ 和后侧偏力 $F_{y3,4}$ 则通过侧向速度 V(或侧偏角 β)和横摆角速度 r 的滞后响应间接建立 [见式 (8.3)]。

另一方面,ARS 控制作用 $\delta_r = \delta_{3,4}$ 可以直接影响 $\alpha_{3,4}$ 和 $F_{y3,4}$,从而显著改善车辆侧向响应性。这可以通过比较 ARS 和 AFS 对侧向力 F_{yi} 的响应来说明(图 8.4),其显示结果如下(特别要关注在 $t = 0.1\mathrm{s}$ 附近的第一次 USC 情况):①AFS 功能可以增强瞬态过程的前轮侧向力,但它对后轮侧向力的作用有限;②ARS 功能可以使后轮侧向力响应非常快速和及时,从而协助 AFS 功能提高整体横摆力矩和侧向加速度响应。

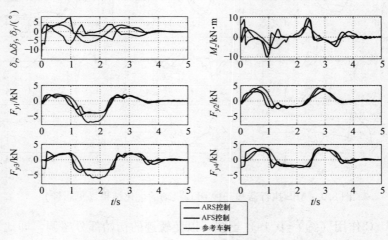

图 8.4 机动 3 的 ARS 和 AFS 优化结果比较(见彩插)

8.3.4 四轮转向

在 4WS 构型中,当 ARS 与 AFS 组合时,轨迹跟随的 RMS 误差可以减少 7% ~ 30%,取决于机动情况(表 8.3,常规输入约束)。其中,机动越关键,RMS 误差减少越少。图 8.5a 给出了机动 1 对应的时间响应,在 $t=0.3$s 左右,AFS 支持作用呈现强烈的第一次 OSC 干预,具有反向转向的意义;在 1.1s 和 2.65s 左右,分别补充了第二次和第三次 USC 干预。反向转向干预允许通过 ARS 执行器进行更强的第一次 USC 作用,因此与只使用 ARS 控制相比,提高了(过多转向)横摆力矩 M_z 和侧偏角 β 的临界第一峰值(图 8.3a、图 8.5、表 8.3)。β 值的增加在一定程度上影响敏捷性,见表 8.3。

如果忽略控制输入约束,4WS 可以将 RMS 轨迹跟随误差减少 40% ~ 65%(表 8.3)。然而,这会导致控制输入和其他变量产生不可接受的高幅度振荡行为,如 8.3.1 节所述。此外,侧偏角 β 和纵向滑移 η 也非常大(内后轮旋转的"漂移"车辆)。

如果使用控制输入弱约束,与常规输入约束相比(表 8.3),RMS 误差可以减少 11% ~ 24%,具有通常可接受和良好的阻尼响应(图 8.5b),抑制了侧偏角 β 的幅值和横摆力矩 M_z 产生强烈的脉冲特征响应。然而,AFS 控制输入量值尤其是反向转向量值很高,从驾驶员感知力矩反馈的角度来说,这可能并不方便。此外,由于 β 峰值增加,敏捷性也有所降低,尤其是在第一个 USC 阶段之后。

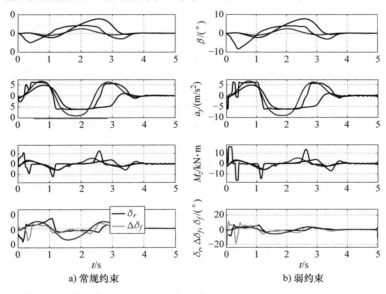

a) 常规约束　　　b) 弱约束

图 8.5　机动 1 针对 ARS 和 AFS 控制输入的 4WS 优化结果比较(见彩插)

8.4　结论

本章的研究表明,先进的计算最优控制算法可以作为评估各种车辆动力学执行器构型的有用工具,获得掌握这些执行器最优控制的作用。时间反向传播(BPTT)

共轭梯度算法和基于非线性规划（NLP）的 TOMLAB 工具表现出单个执行器构型的可比优化结果，而 NLP 方法已经被证明在多个执行器构型中更有效。

在各种单个执行器构型中，主动后轮转向（ARS）执行器表现出最好的整体性能，因为它能够直接影响后轮胎侧向力（未使用/滞后）的动态潜力。主动前轮转向（AFS）执行器可以有效地辅助 ARS 执行器，但是相关性能的提升与过多的 AFS 反转作用有很大关系，后者会对驾驶员的力矩反馈感知产生影响。在考虑主动差动器应用时，发现前后力矩矢量差动器（TVD）组合构型具有达到 ARS 控制性能的能力，AFS 和 TVRD 与 TVRD 和 TVCD 构型也提供了良好的性能。前或后 TVD 不如 ARS，但它们可能接近 AFS 的性能。主动限滑差速器（ALSD）不如 TVD，特别是在有严重转向不足的情况下更加明显。

参 考 文 献

1. Betts JT (2001) Practical methods for optimal control using nonlinear programming. SIAM, Philadelphia
2. Cipek M, Corić M, Skugor B, Kasać J, Deur J (2013) Dynamic programming-based optimization of control variables of an extended range electric vehicle. SAE paper No. 2013–01-1481
3. Deur J, Ivanović V, Hancock M, Assadian F (2010) Modeling and analysis of active differential dynamics. ASME J Dyn Syst Measur Control 132:061501/1–13
4. Deur J, Kasać J, Hancock M, Barber P (2011) A study of optimization-based assessment of global chassis control actuator configurations. In: Proceedings of IAVSD 2011
5. Falcone P, Tseng EH, Borelli F, Asgari J, Hrovat D (2008) Mpc-based yaw and lateral stabilization via active front steering and braking. Veh Syst Dyn 46:611–628
6. Guzzella L, Sciarretta A (2007) Vehicle propulsion systems. In: Introduction to modeling and optimization. Springer, Berlin
7. Hac A, Doman D, Oppenheimer M (2006) Unified control of brake- and steer-by-wire systems using optimal control allocation methods. SAE paper No. 2006–01-0924
8. Hancock M (2006) Vehicle handling control using active differentials. Ph.D. thesis, University of Loughborough, UK
9. Horiuchi S (2011) Evaluation of chassis control method through optimization based controllability region computation. In: Proceedings of IAVSD 2011
10. Hrovat D, Tseng HE, Lu J, Deur J, Assadian F, Borrelli F, Falcone P (2011) Vehicle control. In: Levine WS (ed) The control handbook: control system applications, 2nd edn. CRC Press, Boca Raton
11. Kasać J, Deur J, Novaković B, Kolmanovsky I, Assadian F (2012) A conjugate gradient-based bptt-like optimal control algorithm with vehicle dynamics control application. IEEE Trans Control Syst Technol 19:1587–1595
12. Kolmanovsky I, Stefanopoulou A (2001) Optimal control techniques for assessing feasibility and defining subsystem level requirements: an automotive case study. IEEE Trans Control Syst Technol 9(3):524–534. doi:10.1109/87.918904
13. Pilutti T, Ulsoy G, Hrovat D (2000) Vehicle steering system and method for controlling vehicle direction through differential braking of left and right road wheels. U.S. patent No. 6021367
14. PROPT-Matlab Optimal Control Software. User's guide (2010)
15. van Zanten AT (2000) Bosch ESP systems: 5 years of experience. SAE paper No. 2000-01-1633
16. Velenis E, Tsiotras P (2005) Minimum time vs maximum exit velocity path optimization during cornering. IEEE ISIE 2005:355–360

第9章 车辆速度的随机燃油效率最优控制

摘要：应用随机动态规划（SDP）生成控制策略，在不显著降低平均行驶速度的情况下，调整车速以提高平均燃油经济性。SDP 策略以及交通速度和道路地形的统计模式，以及在车辆行驶中的燃油效率和跟随前车的燃油效率的特定问题，展示了如何在 SDP 框架内处理这些问题。本章对仿真结果进行总结，以量化燃油经济性的改善，并给出跟随前车情况的燃油效率的试验结果，研究由 SDP 策略引起的车速轨迹的特性。

9.1 引言

节能驾驶已经成为提高乘用车燃油经济性的途径之一。燃油经济性可以通过高效驾驶、快速加速、平稳滑行、燃烧滑行（也称为加速滑行）来提高，见文献[22]。"加速滑行"策略特别有趣，因为它与周期最优控制有关。

文献[3, 6, 8, 10, 13, 21]描述了使用确定性动态规划和模型预测控制来提高燃油经济性。基于电子视野的车速控制系统已经应用于商用重型车辆。文献[2, 14, 18]侧重于自适应巡航控制（ACC）系统的稳定性和设计。

在本章和先前的文献中，采用的燃油效率速度控制方法基于这样的观点：由于交通的不确定性，车辆运行环境（如交通中车辆前方的车速）在本质上是随机的。即使路线已知，道路地形已知，如果行驶路线不是先验已知的，或者为了避免依赖详细的地形信息，则道路坡度也可以视为随机的。利用马尔可夫（Markov）链模型，对交通速度和道路坡度的变化进行统计建模。有了这些统计数据，如驾驶员驾驶车辆的特定地理区域的特定数据，车速和跟随距离可以应用随机动态规划（SDP）优化，以获得最优平均燃油经济性和行驶时间性能。

这样的 SDP 策略规定最优车速作为道路坡度、参考速度（"局部"交通速度、前车的车速或本车的车速）和前车距离的函数，以便在给定的地理区域内实现燃油消耗和行驶时间的最优平均性能。SDP 策略是使用值迭代或线性规划（以及适当的近似和简化）离线生成的，并存储以供在线使用。与使用电子视野的替代方案相比，这种方法为以更低的成本和复杂性实现燃油效率的车速控制提供了可能。

先前的燃油效率车速控制解决方案，除了关注随机 MPC 应用的文献[3，21]，没有将车辆运行环境视为随机的。本章总结和统一在交通驾驶中的燃油效率和以匀速跟随行驶车辆的燃油效率的结果，提供进一步的细节、讨论和分析，并且包括先前没有报告的车辆跟随情况的燃油效果的试验结果。因为本章包含先前工作的总结，所以它包含不同的仿真和车辆试验以跟踪整个研究进展的过程。在整个演变过程中，虽然一般方法保持不变，但是调整、设置和模型都发生了变化，因为这些修改是有益的，如改善了试验车辆的驾驶性能。

9.2 SDP 策略生成的建模

用于 SDP 控制策略生成的模型，包括车辆动力学描述、道路坡度和交通速度的随机模型、成本函数及其组成部分。模型和优化都是基于空间离散化的，即给定一个长度为 Δs 的距离段，当前路段开始时的道路坡度、参考车速、主车速度和相对距离的值，模型就会产生在下一个距离段开始时这些变量的值。

9.2.1 车辆纵向动力学

采用一种简化的车辆纵向动力学模型生成控制策略。受控车辆称为主车，其速度用 v 表示。参考车速 v_{ref} 表示在交通行驶场景中的局部交通速度或在车辆跟随场景中的前方车辆（前车）的速度。最后，车辆之间的相对距离用 ρ 表示。v_{ref}^+、v^+ 和 ρ^+ 表示参考车速、主车速度和前方一个距离段的相对距离值。

根据以下动力学方程更新主车速度

$$v^+ = v_{ref} + u \tag{9.1}$$

式中，u 为控制输入，对应于主车速度相对于下一个交通段开始时的交通速度的偏移量。

该模型已经用于生成 SDP 策略，并用于交通行驶和跟随前车的燃油效率仿真研究。

在车载试验中，采用另一种模型代替式 (9.1)

$$v^+ = v + u \tag{9.2}$$

式中，u 为控制输入，对应于下一个距离段相对于上一个距离段的主车速度偏移量。

式 (9.2) 模型的使用，使得试验主车的驾驶性能更好。

相对距离动力学的近似模型定义如下

$$\rho^+ = \rho + (v^+ - v)\Delta T \tag{9.3}$$

其中

$$\Delta T = \frac{2\Delta s}{v_{ref}^+ + v_{ref}} \tag{9.4}$$

其（近似）对应于行驶长度为 Δs 路段的时间。在仿真研究中，使用 $\Delta s = 30\mathrm{m}$ 生成控制策略。为了提供更快的控制更新和提高试验车辆的安全性，在生成车辆试验的控制策略时，将 Δs 缩短到 $15\mathrm{m}$。

在试验车辆测试和计算机仿真中，为现有的速度控制器提供了一个设定的速度 v^+，并且依靠这些现有的控制器来实施必要的速度变化。

9.2.2 参考车速和道路坡度的随机模型

采用 Markov 链对参考车速和道路坡度的变化进行建模。变化概率定义为在长度为 Δs 的路段上的参考车速和道路坡度的变化

$$P(v_{ref}^+ | v_{ref}), P(\theta^+ | \theta) \tag{9.5}$$

式中，v_{ref} 和 θ 量化为离散网格上的值，$v_{ref} \in \{0, 1, \cdots, 36\}$，单位为 m/s，$\theta \in \{-6, -5, \cdots, 5, 6\}$，单位为%。

在试验车辆上，通过收集的 16 个数据集，对变化概率进行识别。车辆在 M-39（公路与城市混合驾驶）的路线上向北和向南行驶，在一天的不同时间（交通的高峰时间和非高峰时间）模仿两种不同的驾驶员的驾驶风格（"平稳"和"激进"）。已经识别使用的变化概率模型为

$$P(x_j | x_i) \approx \frac{N_{x_i, x_j}}{M_{x_i}} \tag{9.6}$$

式中，$P(x_j | x_i)$ 为变量 $x \in \{v_{ref}, \theta\}$ 从离散状态 x_i 转换到状态 x_j 的近似变化概率；N_{x_i, x_j} 为从状态 x_i 到状态 x_j 观察到的转换次数；M_{x_i} 为状态 x_i 的转换总数。

图 9.1 说明了根据其中一个数据集学习的变化概率矩阵。注意模型的近对角线特征，表明继续使用相同的参考速度和坡度，即 $v_{ref}^+ = v_{ref}$ 和 $\theta^+ = \theta$ 是最有可能的。由图 9.1b 可以看出，更多的非对角线元素出现在较低的车速下，因为车辆行驶距离段所需的时间更长，所以可以有更多的时间加速到不同的速度。

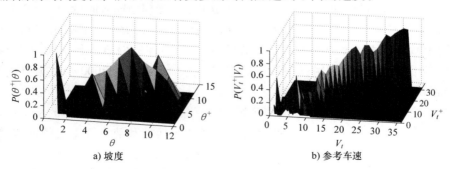

图 9.1 坡度和参考车速变化概率的曲面（见彩插）

假设 θ 和 v_{ref} 是独立的，有

$$P(\theta^+, v_{ref}^+ | \theta, v_{ref}) = P(v_{ref}^+ | v_{ref}) P(\theta^+ | \theta) \tag{9.7}$$

备注1

对于交通中的行驶，最终提出了一种多模型方法，即针对不同的交通类型（如交通的高峰时间和非高峰时间）和道路类型，开发不同的变化概率模型（TPM）和 SDP 策略。Kullback – Liebler（KL）散度可以用于建立当前观察到的变化概率和已经存储变化概率模型之间的相似性，提供相应的 SDP 策略。然后，将切换到与 TPM 最优匹配的 SDP 策略供车载使用。文献 [9, 15] 讨论了演化模型方法，其中生成多个模型以覆盖感兴趣的行驶。然而，它们没有生成 SDP 策略。

9.2.3 成本函数组成

SDP 问题使用一般形式的增量成本函数

$$R = \overline{W}_f + \lambda \overline{T}_t + \phi(\rho) \tag{9.8}$$

式中，$\overline{W}_f$ 为在 Δs 距离段上的预期燃油消耗；$\overline{T}_t$ 为预期行驶时间；$\phi(\rho)$ 为对违反距离约束的惩罚。

交通驾驶使用的 SDP 问题的后续公式使用式（9.8）和 $\phi(\rho) = 0$，现在讨论成本函数的组成部分。

9.2.3.1 燃油消耗

燃油流量的一般模型如下

$$W_f = W_f(v, v^+, \theta, \theta^+) \tag{9.9}$$

式中，v 和 θ 分别为在当前长度为 Δs 路段开始时的车速和道路坡度；v^+ 和 θ^+ 分别为下一段长度为 Δs 的路段开始时的车速和道路坡度。

对于仿真研究，模型式（9.9）是基于单隐层神经网络开发的，其形式为

$$W_f = \sigma_2[w_2 \sigma_1(w_1 u_{nn} + b_1) + b_2] \tag{9.10}$$

式中，σ_1 和 σ_2 分别为双曲和线性的激活函数；w_1 和 w_2 为相应的权值向量；b_1 和 b_2 为相应的偏差向量；$u_{nn} = (v, v^+, v^+ - v, \theta, \theta^+)^\mathrm{T}$ 为模型输入向量。

利用 MATLAB 神经网络工具箱中的 trainbr 函数，将 Bayes 正则化反向传播方法应用于 CARSIM 环境中的 16 种车辆行驶数据，对神经网络进行训练。约 14000 个数据点用于产生神经网络：7000 个数据点用于训练，另外 7000 个数据点用于测试，如图 9.2 所示。

在试验车辆测试中，使用了 2007 款 Ford（福特）Edge 试验车辆的基于物理的燃油消耗模型。需要注意的是，两种模型都考虑了换档和液力变矩器的锁定/解锁事件。

在式（9.8）的增量成本函数中，使用的燃油消耗预期值具有以下的形式

$$\overline{W}_f = E_{v^+, \theta^+}[W_f(v, v^+, \theta, \theta^+)] \tag{9.11}$$

9.2.3.2 行驶时间

长度为 Δs 路段的行驶时间可以近似为

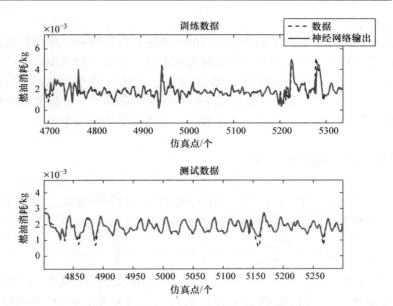

图 9.2 基于 CARSIM 数据的燃油流量神经网络模型训练数据和测试数据示例
注：为了清晰起见，在每个图中只选择了 7000 个数据点的一小部分样本。

$$T_t(v,v^+) = \frac{2\Delta s}{v+v^+} \tag{9.12}$$

在式（9.8）的增量成本函数中，使用的行驶时间的期望值具有以下形式

$$\overline{T}_t = E_{v^+}[T_t(v,v^+)] \tag{9.13}$$

9.2.3.3 距离约束惩罚

违反式（9.8）中的距离约束的惩罚函数具有以下形式之一。第一种形式用于仿真

$$\phi(\rho) = \begin{cases} \kappa & 若 \rho > \rho_{max} \\ \kappa & 若 \rho < \rho_{min} \\ 0 & 其他 \end{cases} \tag{9.14}$$

而第二种形式用于车载试验

$$\phi(\rho) = \begin{cases} \kappa e^{\rho - \rho_{max}} - \kappa & 若 \rho > \rho_{max} \\ \kappa e^{\rho_{min} - \rho} - \kappa & 若 \rho < \rho_{min} \\ 0 & 其他 \end{cases} \tag{9.15}$$

式中，$[\rho_{min},\rho_{max}]$ 为保持距离的期望区间；$\kappa>0$ 为一个参数。

在仿真和试验中，$\kappa=10$ 的值已经用于生成车辆跟随燃油效率的 SDP 策略。$\rho_{min}=3m$ 和 $\rho_{max}=10m$ 用于式（9.14）的仿真，$\rho_{min}=5m$ 和 $\rho_{max}=15m$ 用于式（9.15）的车辆试验。为了消除成本函数中的不连续性，从式（9.14）到

式（9.15）进行了一个切换。

施加最小距离约束是为了防止主车与前车相撞，而施加最大距离约束是为了提高驾驶舒适性和减少主车行为对周围交通流的影响。不要试图利用靠近后的减阻作用，即使在原理上这种可能性可以通过对 ρ_{max} 规定一个较小的值来实现。在式（9.14）或式（9.15）中，不要尝试使用非对称惩罚因子，对两个相对距离极值给予同等权重，因为两个极值对于主车和周围交通的安全都很重要。

9.3 随机动态规划

随机动态规划（SDP）用于生成最优的平均控制策略。对于增量成本式（9.8），SDP 求解的随机最优控制问题的形式为

$$J = E\left[\sum_{k=0}^{\infty} q^k R(v(k), \theta(k), \rho(k))\right] \to \min_{u \in U} \quad (9.16)$$

其受到 9.2 节模型的约束。而 $0 \leq q < 1$ 是一个引入的折扣因子，以保证成本是有限的。集合 U 表示可行控制值集合。在式（9.16）中，$q = 0.96$ 以近似平均成本。

本节使用值迭代方法求解 SDP 问题。在标准假设下，当 $n \to \infty$ 时，下列迭代收敛到值函数 $V^*(v_{ref}, v, \theta, \rho)$

$$V_{n+1}(v_{ref}, v, \theta, \rho) = \min_{u \in U} \quad Q_n(v_{ref}, v, \theta, \rho, u)$$
$$Q_n(v_{ref}, v, \theta, \rho, u) = R(v_{ref}, v, \theta) +$$
$$\sum_{\theta^+, v_{ref}^+} q V_n(v_{ref}^+, v^+, \theta^+, \rho^+) P(v_{ref}^+, \theta^+ | v_{ref}, \theta)$$
$$V_0(v_{ref}, v, \theta, \rho) = 0 \quad (9.17)$$

值迭代采用标准网格和线性插值技术。

9.4 仿真案例研究

为了量化 SDP 方法的燃油经济性效益，在基于 CARSIM 和 MATLAB/Simulink 的仿真环境下进行仿真案例研究。使用 CARSIM 仿真交通模拟车辆，用于再现试验车辆采集的行驶数据。在 CARSIM 中，还实现了主车对在 Simulink 中执行 SDP 策略生成的控制输入的响应。生成 SDP 策略，以规定式（9.1）中相对于参考速度的偏移量

$$u \in \{-3, -2, -1, 0, 1, 2, 3\}$$

用于评价结果的指标是 mpg 改善百分比和平均车速差的百分比。它们定义为

$$\% \text{mpg}_{imp} = \frac{\text{mpg}_h - \text{mpg}_t}{\text{mpg}_t} \times 100, \% v_{diff} = \frac{\bar{v}_h - \bar{v}_t}{\bar{v}_t} \times 100 \quad (9.18)$$

式中，mpg_t 和 $\bar{v}_t$ 分别为交通模拟车辆的燃油经济性和平均车速；mpg_h 和 $\bar{v}_h$ 分别为

主车的燃油经济性和平均速度。

%mpg$_{imp}$ 为正值，则表示主车的燃油经济性得到改善；%v_{diff} 为正值，则表示主车比模拟交通车辆的平均速度更快。

9.4.1 交通中的驾驶

对于交通中驾驶，$v_{ref} = v_t$。经过一些调整后，在式（9.8）中选择权重值 λ = 0.002。在生成 SDP 策略的阶段，在式（9.8）中假定 $\phi(\rho) \equiv 0$。因此，SDP 策略变成独立于相对距离 ρ，简化其离线计算和在线实现。在评估这一 SDP 策略时，考虑拥挤交通和通畅交通两种案例的研究。

9.4.1.1 拥挤交通

在拥挤交通情况下，主车不能超过交通模拟车辆，在仿真中启动制动，以保证不发生碰撞。对于 SDP 策略评估来说，拥挤交通代表最坏情况。基于 16 个行程的结果总结如图 9.3 所示。对于拥挤交通情况，mpg 的平均改善为 2.97%，平均速度平均下降 0.78%。图 9.3b 的一些行程的平均速度差的轻微正值表明，主车和交通模拟车辆在仿真结束时比仿真开始时更加接近。

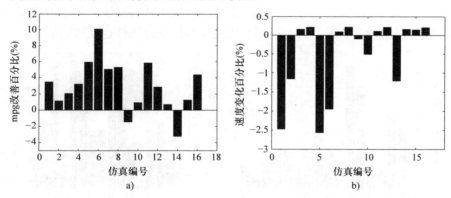

图 9.3 在拥挤交通情况下正常交通流中的驾驶研究中，燃油经济性和平均速度变化的百分比

图 9.4 比较了交通模拟车辆和主车在行程 6 下的车速时间历程，在此过程中观察到最大的燃油经济性改善。采用 SDP 策略的主车速度突变更少、突变幅度更小，总体上看具有"平滑"的特征，特别是在大的加速和减速情况下也是如此。这样的结论也通过检验其他行程的车速跟踪结果得到证实。

9.4.1.2 通畅交通

在通畅交通情况下，如果需要，则主车能够遵循 SDP 策略自由通行，或者在需要时超过交通模拟车辆。这种情况与 SDP 策略生成所使用的成本函数是一致的，代表最优情况场景。基于 16 个行程的结果如图 9.5 所示。对于通畅交通情况，SDP 策略同时实现了 mpg 的改善（平均改善为 5.67%）和平均速度的提高（平均提高为 5.38%）。

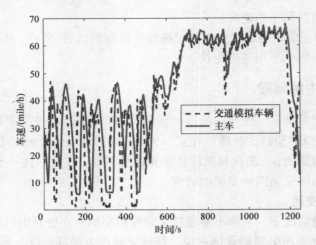

图9.4 在拥挤交通情况的行程6下，交通模拟车辆（虚线）和主车（实线）的速度时间历程

需要注意的是，在拥挤交通情况下，许多仿真的平均速度低于交通模拟。虽然可以说，燃油经济性的一些改善在原理上可以归因于这种减少，但是由通畅交通情况的结果可以清楚地看出，同时提高平均速度和燃油经济性也是可行的。

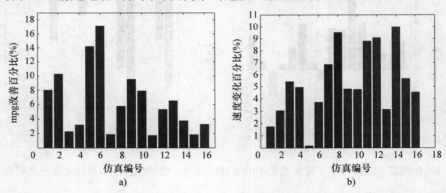

图9.5 在交通驾驶案例研究的通畅交通情况下，燃油经济性和平均速度的百分比变化

9.4.1.3 高峰期与非高峰期的交通条件

表9.1比较了高峰期的仿真（行程1、2、5、6、9、10、13、14）和非高峰交通条件（行程3、4、7、8、11、12、15、16）的平均结果。在通畅和拥挤的情况下，与前车相比，燃油节省都来自于平稳的加速和车辆制动次数的减少。这样的观察结果与以下结论是一致的：在拥挤情况下，主车在非高峰期的性能好于交通模拟车辆；而在通畅的情况下，主车在高峰时间的性能更好。

表 9.1 按交通条件和交通类型分列的燃油经济性改善

交通条件	交通类型	mpg 改善百分比（%）
高峰期	通畅	8.98
高峰期	拥挤	2.20
非高峰期	通畅	2.39
非高峰期	拥挤	3.73

9.4.2 最优车辆跟随

接下来考虑车辆跟随的场景，其中主车跟随而且不进行超车，前车以恒定速度 v_{ref} 行驶，$v_{ref} \in \{45, 50, 55, 60\}$，单位为 mile/h。在这种情况下，对于 v_{ref} 的四个值，单独生成式（9.15）中 $\phi(\rho) \neq 0$ 和式（9.8）中 $\lambda = 0.0012$ 的 SDP 策略。此外，如 9.2.2 节所讨论的，分别考虑沿着路线和均匀零坡度与非零坡度的两种情况的随机建模。SDP 策略是 ρ、v 和 θ 的函数（在非零坡度情况下），并且规定式（9.1）中的偏移量 u。注意，零坡度策略基本上是确定性策略，假设对零坡度进行仿真，而非零坡度策略则采用 9.2.2 节中相同的路线记录的坡度曲线进行仿真。

SDP 策略改善了燃油经济性，如图 9.6 所示。这种改善归因于由 SDP 策略引起主车的加速滑行（振荡），如图 9.7 和图 9.8 所示。由非零坡度（图 9.7）和零坡度（图 9.8）仿真行程都可以看出，两者具有加速滑行行为。对于急剧的加速斜率和更平缓的减速斜率（滑行），非零坡度仿真比零坡度仿真变得更加规则。急剧加速过程的燃油流量（脉冲）超过了前车的燃油流量，但在减速（滑行）阶段小于前车。这导致整体燃油消耗较低，如图 9.7b 和图 9.8b 所示。由于距离的限制，主车和前车的平均车速几乎相同。

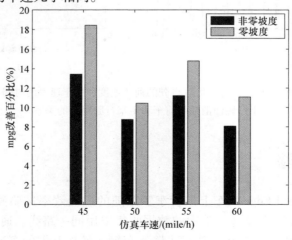

图 9.6 SDP 策略改善燃油经济性

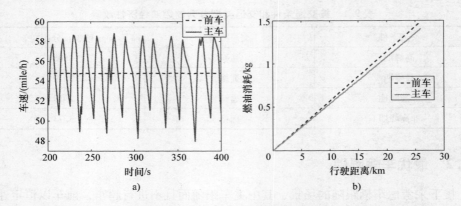

图9.7 a) 一部分非零坡度行驶的前车速度和主车速度的时间历程；
b) 燃油消耗与前车和主车行驶距离的关系

加速滑行的燃油改善机理不同于加速度平滑的机理。基于前车速度预测，加速度平滑限制了加速度的大小。这既可以防止主车制动过多，还可以避免不必要的降档和变矩器解锁。在使用加速滑行时，假设前车保持匀速和已知的速度，控制策略则利用发动机MAP图中运行点之间的效率差异和有效执行瞬态过程来减少燃油消耗。

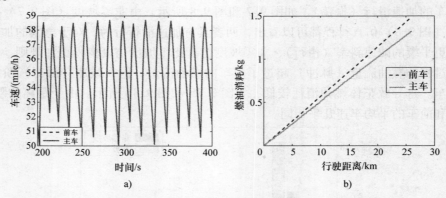

图9.8 a) 一部分零坡度行驶的前车速度和主车速度的时间历程；
b) 燃油消耗与前车和主车行驶距离的关系

9.5 车辆试验

在2007款Ford Edge汽车上进行车辆跟随的燃油效率试验测试。试验是沿着M-39公路完成的，与9.2.2节中的数据收集采用同一路线。通过在dSPACE RTI 1005板上运行SDP策略输出，绕过了输入车辆巡航控制器的车速设定点。测试限制于车速跟随场景，其中匀速行驶的前车以虚拟车辆（在软件中）实现，而主车是试验车辆,这样的实施允许采用一辆既没有雷达也没有 ACC 的可用车辆进行测试。无论何时进行测试,车辆都会在同一路线上行驶两次,一次使用常规巡航控制,一次使用 SDP 策略。这样做是为了减少因日常燃油经济性波动而产生误差。

经过初步测试后,为了提高驾驶舒适性,重新生成了 SDP 策略,以规定当前主车速度[见式(9.2)]的偏移量,而不是前车速度 v_{ref},并且将偏移量限制在 $u \in \{-2, 0, 2\}$(单位为 mile/h)的较小范围内,以防止大速度变化请求。通过给 U 加上约束条件 $50 \leq v + u \leq 60$ 进一步约束 u。在成本式(9.8)中,使用 $\lambda = 0.0012$,因为这个值提高了车辆的驾驶性能。

以 $v_{ref} = 54$mile/h 的速度在 M - 39 上行驶 12 次以上(一半为向北行驶,一半为向南行驶),平均燃油经济性提高了 4.51%,最大值为 11.58%,最小值为 -3.28%。最大值和最小值在同一天观测到,在此期间有一股强风,可能使结果产生偏差。如果不考虑这些异常值,则平均燃油经济性提高了 5.38%。

图 9.9 显示了其中一个行程的车辆试验结果。在试验车辆的速度中,明显地出现一个振荡模式,代表加速滑行。响应特性的差异归因于为了改善车辆驾驶性能而制定的 SDP 问题公式的改变和标称巡航控制器对 SDP 策略提供的设定点的缓慢和不对称(加速和减速之间)的响应。此外,由于标称巡航控制器响应(在生成 SDP 控制策略阶段未建模),主车的平均速度最终低于前车的平均速度。因此,在测试期间,由有限积分器计算的距离 ρ 达到上限,即 ρ_{max}。

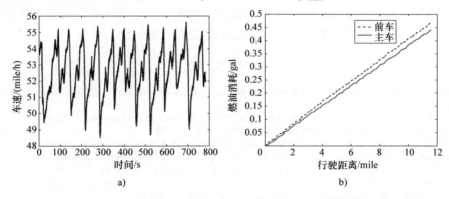

图 9.9 a)试验车辆车速的时间历程;b)主车与前车的累积燃油消耗量

所有 12 个行程的平均速度差为 -1.95mile/h。为了考虑到由于平均速度降低而带来的燃油经济性增加,测试驾驶使用标准巡航控制设置为 50mile/h、52mile/h 和 54mile/h,以建立平均速度降低和燃油经济性增加之间的关系。由此产生的关系是,平均而言,平均速度下降一个百分点,燃油消耗减少 0.49%。当考虑到所有试验时,这一修正后的燃油消耗改善了 2.74%,在不考虑异常值的情况下改善了 3.61%。

9.6 结论

通过对车速的最优控制，可以提高燃油经济性。通过交通和地形的随机建模和随机最优控制的应用，可以开发出一种不使用电子视野预瞄信息的速度控制器。本章对这种方法进行了演示，结果表明基于随机动态规划的策略可以通过在交通驾驶场景中更平稳的加速机制和在跟随以匀速（或接近）行驶的另一个车辆时通过加速滑行来提高燃油经济性。虽然这些燃油经济性改善机制已经在先前的文献中讨论过，但有趣的是，它们也出现在求解随机最优控制问题的过程中。本章的仿真和试验结果提供了该方法可以实现效益的量化。

对于交通驾驶来说，平稳加速可以看作是消除不利于燃油经济性的激进驾驶行为的一种方法。在车辆跟随的情况下，前车没有表现出任何激进行为，优化利用了加速滑行机制。因此，案例研究结果并不矛盾。

还有许多地方有待进一步研究，包括进一步的车辆试验和与现有自适应巡航控制（ACC）系统相关的效益量化。加速滑行类型策略的可接受性问题，也需要在客户和交通流影响方面进一步研究。试验车辆的经验表明，通过合理地选择成本和约束条件，驾驶舒适性可以提高到一些客户可以接受的水平，并且将对交通流的影响降至最低。

本章没有为具有距离约束的交通驾驶制定策略，因为这种策略依赖于更多的状态变量，并且因维数的困扰带来更加复杂的生成和存储问题。

参考文献

1. Altman E (1999) Constrained Markov decision processes. Chapman and Hall/CRC, London/Boca Raton
2. Bareket Z, Fancher PS, Peng H, Lee K, Assaf CA (2003) Methodology for assessing adaptive cruise control behavior. IEEE Trans Intell Transp Syst 4(3):123–131
3. Bichi M, Ripaccioli G, Di Cairano S, Bernardini D, Bemporad A, Kolmanovsky IV (2010) Stochastic model predictive control with driver behavior learning for improved powertrain control. In: Proceedings of the 49th IEEE conference on decision and control, pp 6077–6082
4. Filev DP, Kolmanovsky I (2010) Markov chain modeling approaches for on board applications. In: Proceedings of American control conference (ACC), pp 4139–4145
5. Freightliner RunSmart Predictive Cruise Control, http://www.autoblog.com/2009/03/22/freightliner-debuts-runsmart-predictive-cruise-control/
6. Gausemeir S, Jaker K, Trachtler A (2010) Multi-objective optimization of a vehicle velocity profile by means of dynamic programming. In: Proceedings of 6th IFAC symposium advances in automotive control, Munich, July 2010
7. Gilbert EG (1976) Vehicle cruise: improved fuel economy by periodic control. Automatica 12(2):159–166
8. Hellstrom E, Aslund J, Nielsen L (2010) Design of an efficient algorithm for fuel-optimal look-ahead control. IFAC J Control Eng Pract 18:1318–1327
9. Hoekstra A, McDonough K, Filev D, Szwabowski S, Kolmanovsky IV (2013) Evolving Markov

chain models of driving conditions using onboard learning. In: Proceedings of IEEE international conference on cybernetics. Lausanne, Switzerland
10. Kamal M, Mukai M, Murata J, Kawabe T (2009) Development of ecological driving system using model predictive control. In: Proceedings of ICCAS-SICE, pp 3549–3554
11. Kolmanovsky IV, Filev DP (2009) Stochastic optimal control of systems with soft constraints and opportunities for automotive applications. In: Proceedings of 2009 IEEE multi-conference on systems and control, pp 1265–1270
12. Kolmanovsky IV, Filev D (2010) Terrain and traffic optimized vehicle speed control. In: Advances in automotive control, 6th IFAC symposium, pp 378–383
13. Li S, Li K, Rajamani R, Wang J (2011) Model predictive vehicular adaptive cruise control. IEEE Trans Control Syst Technol 19:556–566
14. Liang CY, Peng H (1999) Optimal adaptive cruise control with guaranteed string stability. Veh Syst Dyn 32(4–5):313–330
15. McDonough K, Kolmanovsky IV, Filev D, Yanakiev D, Szwabowski S, Michelini J, Abou-Nasr M (2011) Modeling of vehicle driving conditions using transition probability models. In: Proceedings of IEEE multi-conference on systems and control, pp 544–549
16. McDonough K, Kolmanovsky IV, Filev D, Yanakiev D, Szwabowski S, Michelini J (2012) Stochastic dynamic programming control policies for fuel efficient in-traffic driving. In: Proceedings of American control conference, pp 3986–3991
17. McDonough K, Kolmanovsky IV, Filev D, Yanakiev D, Szwabowski S, Michelini J (2013) Stochastic dynamic programming control policies for fuel efficient vehicle following. In: Proceedings of American control conference
18. Naus G, Vugts R, Ploeg J, van de Molengraft R, Steinbuch M (2010) Cooperative adaptive cruise control, design and experiments. In: American Control Conference (ACC), IEEE, pp 6145–6150, June 2010
19. Sciarretta A, Guzzella L (2005) Fuel-optimal control of rendezvous maneuvers for passenger cars. Automatisierungstechnik 53:244–250
20. Stoicescu AP (1995) On fuel-optimal velocity control of a motor vehicle. Int J Veh Des 17(2/3):229–256
21. Stanger T, del Re L (2013) A model predictive cooperative adaptive cruise control approach. In: Proceedings of American control conference (ACC), pp 1374–1379
22. Wikipedia, Fuel economy-maximizing behaviors. http://en.wikipedia.org/wiki/Fuel_economy-maximizing_behaviors

# 第10章 预测协同自适应巡航控制：燃油消耗效益和可实施性

摘要：在过去的十年里，车辆的效率和安全性已经取得了大幅提升，但是不断增加的交通密度和驾驶员年龄强调了进一步改进的需要。本章总结的研究成果表明，在预测意义上，通过扩展引入良好的自适应巡航控制（ACC），如考虑其他交通组成的预测行为，可以获得可观的额外燃油效益。首先，本章讨论理想情况（没有限制的完整信息和计算能力）下潜在效益的结果。然后，在有限信息和计算能力的情况下，研究如果使用近似解处理现实情况，会保留多少潜在效益。本章考虑两种设置，第一种是车辆在V2V链路上交换少量简单数据；第二种是混合交通情况，其中一些车辆不提供任何信息，但是信息必须通过概率估计器获得。这些考虑的结果是，该方法在统计上能够提供客观的燃油消耗效益，而不像其他方法那样（如列队行驶）对驾驶性能或驾驶员舒适性产生负面影响。

10.1 引言

经典车辆设计旨在满足各种潜在的驾驶员在各种情况下的需求。虽然排放和燃油消耗是在非常明确的测试条件下确定的，但是实际消耗和排放是由一般驾驶员在通用条件下操纵引起的。众所周知，不同的驾驶员风格会极大影响燃油消耗。先进的驾驶辅助系统（ADAS）和自动驾驶车辆可以做的不仅是支持不同的驾驶风格，例如，在考虑到几个边界条件的情况下实时做出燃油优化决策。本章表明，这种想法可以视为正常自适应巡航控制系统（ACC）的无缝扩展，提供很高的燃油效益潜力。它可以实现不同程度的复杂性，既可以用于互连的交通，也可以用于具有高度可预测性、舒适性和一些性能降低的混合交通环境。

ADAS发展背后的驱动力显然是安全性，如防抱死制动系统（ABS）、牵引力控制系统、电子稳定系统（ESP）和制动辅助系统等，见文献［2］的综述。有些ADAS会对能量效率产生影响，特别是巡航控制（CC）和ACC，前者要求实施匀速行驶速度，后者还要求实施安全车距。

最近，研究重点已扩展到协同ACC（CACC），这是现代通信带来的可能性。尽管如此，重点仍然主要是在单车层次上的安全性或交通层次上的燃油消耗，通过防止拥堵和换档来实现。一些工作还涉及燃油效率,如文献[7]中的模型预测控制(MPC)解或文献[3]中用于连续变量传输的加速滑行(PnG)算法。随机交通模型已经在文献[11]中得到检验,并且应用于随机 DP。

本章重点是在中等和非拥挤的交通类型的通勤出行中最小化燃油消耗,计算和测量是在可用的试验车辆和发动机(BMW 320d 和 N47)的基础上完成的。

10.2 问题描述

考虑多车辆场景中具有目标速度 v_{ref} 的车辆的速度控制。在这种情况下,它必须应对具有自身速度曲线的其他车辆,特别是前一个具有干扰作用的车辆,如图 10.1 所示。假设受控车辆配备有一些距离测量装置,如雷达。为了简化起见,不考虑车道变化或换档。在这种情况下,相关问题可以直观表示为

$$\min_{a(t)} Q_{f,T} = \min_{a(t)} \frac{1}{T}\int_0^T q_f(v(t),a(t))\,dt \tag{10.1}$$

式中,q_f 为当前的燃油消耗量,取决于车速 $v(t)$ 和加速度 $a(t)$;T 为观察时间;假设所有其他条件都是相等(路径、温度、压力、湿度等)。

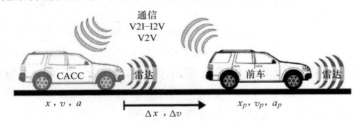

图 10.1 考虑的场景,V2V 通信是有利的,但非必要

将问题转化为数学形式

在一个车列运动的两个车辆的基本动力学方程,以最简单的形式给出

$$\begin{aligned} \dot{\Delta x} &= v_p - v \\ \dot{v} &= a \end{aligned} \tag{10.2}$$

式中,v_p 为扰动的前车速度;a 为加速度;$\Delta x > 0$ 为车辆间距离。

柴油发动机的燃油消耗可以通过静态 map 近似,静态 map 取决于发动机转矩和发动机转速,或者相应地取决于车辆加速度和车速,如图 10.2 所示。静态 map 没有包含瞬时燃油消耗,通常增加约 4%。边界条件可以由附加要求导出。

为了防止追尾事故,需要确定最小距离。在文献[15]中,给出了汽车跟随模型及其基本间距策略的历史回顾;在文献[16]中,讨论了间距策略的避撞能力。最常用的间距策略与车速 v 呈线性关系

$$\Delta x \geqslant \Delta x_{\min,0} + h_{\min} v \tag{10.3}$$

式中，$\Delta x_{\min,0}$ 表示静止时的最小车辆间距；$h_{\min}$ 表示时间间隔。

最大距离不是典型的边界条件，因为如果距离足够大，那么 ACC 和 CACC 都可以作为标准 CC 使用。然而，在拥挤的交通中，限制最大距离似乎是明智的，以防止损失道路通行能力，同时减少第三辆车进入实际车辆和前车之间空间的频率。车辆最大间距由以下约束强制执行

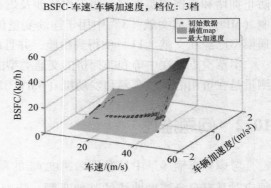

图 10.2　固定档位静态燃油消耗插值 map
注：BSFC 表示制动专用燃油消耗 q_f。

$$\Delta x \leqslant \Delta x_{\max,0} + h_{\max} v, v_p < v_{ref} \quad (10.4\text{a})$$

$$v = v_{ref}, v_P \geqslant v_{ref} \quad (10.4\text{b})$$

考虑到前车速度超过参考速度的情况，$\Delta x_{\max,0}$ 是静止时的最大距离，$h_{\max}$ 是与最大车辆间距相对应的时间间隔。

附加的边界条件必须考虑到系统的固有限制，如最大加速或减速能力以及车辆的最大和最小速度

$$a_{\min}(v) \leqslant a \leqslant a_{\max}(v) \quad (10.5\text{a})$$

$$v_{\min} \leqslant v \leqslant v_{\max} \quad (10.5\text{b})$$

式中，$a_{\max}$ 和 $a_{\min}$ 为与速度相关的最大和最小的加速度；$v_{\max}$ 和 $v_{\min}$ 为车辆的速度限制。

将所有这些结合起来，就产生非线性优化问题

$$\min_{a(t)} \int_0^T (q_f(v(t),a(t))) \mathrm{d}t \quad (10.6\text{a})$$

$$\text{s. t.} \quad \dot{\Delta x}(t) = v_p(t) - v(t)$$

$$\dot{v}(t) = a(t)$$

$$\Delta x_{\min,0} + h_{\min} v(t) \leqslant \Delta x(t) \leqslant \Delta x_{\max,0} + h_{\max} v(t)$$

$$a_{\min}(v(t)) \leqslant a(t) \leqslant a_{\max}(v(t))$$

$$v_{\min} \leqslant v(t) \leqslant v_{\max} \quad (10.6\text{b})$$

为了确保乘坐舒适性和驾驶员的接受度，可以引入一些其他的约束，如加速度或冲击度的限制。

10.3　潜力评估

这种非线性优化问题不能实时求解，但只要问题通过时间离散化简化，就可以

进行近似的离线数值计算,以确定方法的潜力,详见文献[22]。对于这种评估,假设前面的车辆遵循 FTP-75(640~1140s 之间)以 24km/h 的速度行驶,以更好地接近通勤交通情况(假设没有拥堵)。受控车辆 1 的行为,如图 10.3 所示。其中,图 10.3b 描述了前一个车辆的速度曲线以及燃油最优速度曲线,而图 10.3a 说明了相应的车间距离。最优行为符合预期,被控车辆利用前面车辆的未来速度曲线信息,通过在最小和最大限制之间浮动平滑自身的速度曲线。与前面车辆相比,20m 的浮动裕度导致燃油消耗减少约 14.7%。表 10.1 显示了对允许浮动裕度(最大-最小允许距离)的强烈依赖。该设置可以扩展到一系列车辆。

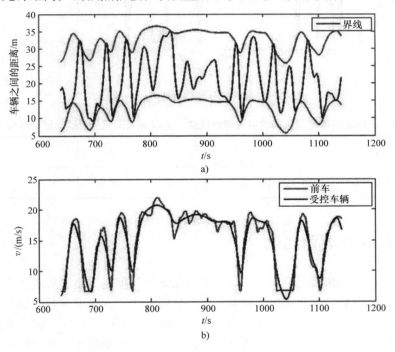

图 10.3 优化的跟随车辆的典型行为(见彩插)

表 10.1 相对于前车的潜在燃油效益(假设对未来充分了解)

浮动裕度/m	10	20	30	40	50	60	70	80
潜在燃油效益(%)	9.2	14.7	18.3	20.2	22.1	23.9	24.4	25.7

图 10.4 描绘了由一列车辆组成队列的速度曲线。正如预期的那样,可以清楚地看出车辆队列后部的加速和减速操作的进一步减少。对燃油经济性的影响,详见表 10.2。

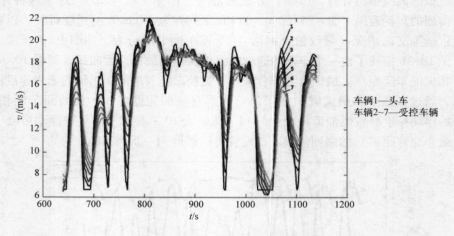

图 10.4　车辆队列的速度曲线（见彩插）

表 10.2　车辆队列相比于头车的潜在燃油效益（假设对未来充分了解，浮动裕度 = 20m）

对列中车辆位置	2	3	4	5	6	7
潜在燃油效益（%）	14.7	23.4	28	31.3	32.9	33.4

10.4　非线性滚动优化

前一节显示的结果暗示了一个很大的可用潜力，但是完全了解前车未来速度曲线的隐含假设当然是不现实的。同时，在一段时间内，在线求解具有非常多控制变量（500）的问题似乎是不可能的。然而，表 10.1 显示对于增加的浮动裕度，潜在的燃油效益接近饱和。因此，就优化时间而言，可以期望出现类似的情况。

于是，考虑通过滚动优化来解决这个问题，如在模型预测控制（MPC）中所做的那样，见文献 [18，19]。实际上，在 MPC 中，只考虑相对较短的范围。因此，只计算控制变量的一小段值，但是实际上只使用第一个值。在下一次时间步骤中，重复优化。虽然该策略不一定会得出最优解，但它通常被认为是一个合理的近似。图 10.5 显示了使用原问题的滚动时间版本非线性求解器实现燃油消耗效益对不同裕度的有限预测范围长度的依赖性。正如预期的那样，同样的饱和不仅发生在浮动裕度上，而且也发生在预测时间上，尽管具有一些交叉依赖性。表 10.3 将一些所得结果与表 10.1 中描述的最优解进行了比较。随着预测范围延长，潜在效益也收敛于最优值。

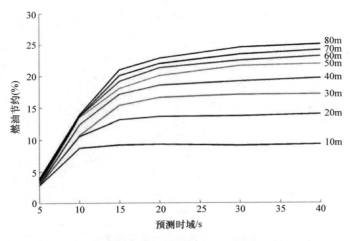

图 10.5　不同裕度下所得的燃油消耗效益对有限预测范围的依赖性（见彩插）

表 10.3　潜在燃油效益比较（浮动裕度 =40m）

预测时域/s	5	10	15	20	30	40	无限
潜在燃油效益（%）	2.8	12.3	17.1	18.6	19.2	19.7	20.2

在平均车辆长度为 4m 时，浮动裕度对交通能力的影响如图 10.6 所示。正如预期的那样，交通能力随着浮动裕度的增加而减少，如图 10.7 所示。

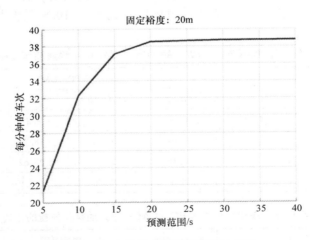

图 10.6　交通能力与预测范围的关系

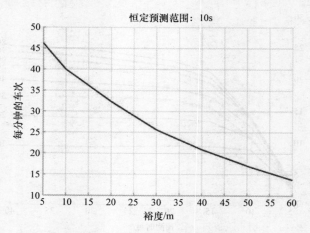

图 10.7 交通能力与裕度的关系

10.5 线性 MPC 架构内的近似控制律

虽然 10.4 节的解比第一个更容易实现,但是通过使用线性 MPC 架构以及文献 [20] 中提出的局部线性化,可以获得进一步的计算简化。图 10.8 显示了 MPC - CACC 相对于前车的行为,将速度和加速度与 20s 预测范围和 10s 控制范围进行了比较。所有 MPC - CACC 的行为都类似于表 10.3 给出的行为和发现。相应的燃油效益值和不同预测范围的影响,详见表 10.4。正如预期的那样,燃油效益在队列中增长,但也收敛于一些车辆之后的极限,详见表 10.5。浮动裕度的影响与图 10.5 非常相似。

表 10.4 不同预测范围(PH)的 MPC - CACC 平均油耗和效益比较

	前车	MPC - CACC			
		$PH = 5$	$PH = 10$	$PH = 15$	$PH = 20$
L/100km	4.71	4.19	3.95	3.85	3.85
相对燃油效益(%)	—	11.04	16.14	18.28	18.27
平均车流量/min	—	20.16	20.8	25.62	26.16
平均容量(%)	—	92.7	105.0	117.9	120.3

表 10.5 车辆队列中 MPC - CACC 平均油耗和效益的比较

车辆	前车	跟随车辆				
		1	2	3	4	5
L/100km	4.71	3.85	3.61	3.49	3.45	3.42
在线收益(%)	—	18.27	6.18	3.28	1.16	0.95

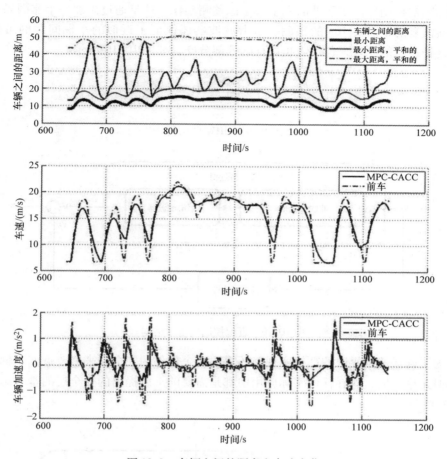

图 10.8　车辆之间的距离和车速变化

10.6　利用辨识的 Hammerstein – Wiener 模型的近似控制律

人们对将 MPC 应用于更多的汽车问题越来越感兴趣，算法和计算能力的进步使得这种选择的时间越长越现实。然而，对于实际应用，基于固定网络的设计，进一步的近似水平可能是令人感兴趣的，其输出模拟最优控制行为而没有相应的计算负担。

实际上，最优控制器使用前车速度 v_p 作为输入，并且将最优速度作为输出。如果用这个量计算与前车的最优距离 $\Delta x(t)$，使用 v_p 作为输入，使用 $\Delta x(t)$ 作为输出，则可以证明，调谐非线性 Hammerstein – Wiener（nlHW，见图 10.9）模型可以产生一个良好的与循环无关的近似。

辨识模型的非线性，可以解释为对相应优化问题施加距离约束的近似。当然，这样的固定控制器需要额外的元素来考虑预测动作。这是通过添加一个非因果平滑滤波器恢复的，需要 10s 的预测。平滑滤波器还保证了近似的车辆间距的可驾驶性。这种近似的原理，包括防止偏移的外部分支，如图 10.10 所示。

图 10.9　nlHW 的结构

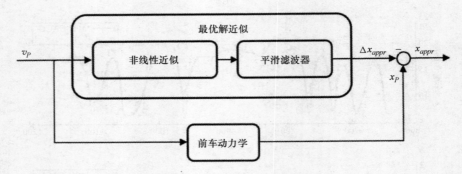

图 10.10　近似控制的基本结构

为了确保范围界限的严格实现，还需要一个额外的安全层来修改近似车辆加速度，但无论如何，这在任何实际应用中都是需要的。所提出的安全层的基本结构如图 10.11 所示。

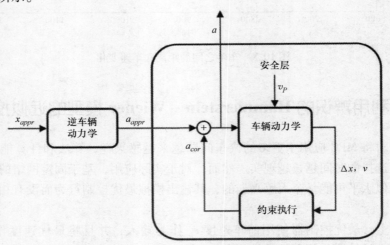

图 10.11　带有约束执行控制器安全层的基本结构

车辆之间近似距离的示例，如图 10.12 所示。由此产生的潜在燃油效益，详见表 10.6。近似解产生的效益接近于 15s 滚动优化可实现的效益，更详细的讨论和进一步的结果可在文献［22］中找到。

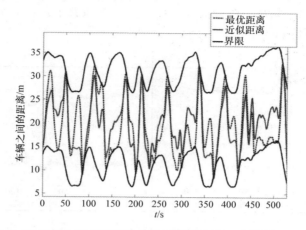

图 10.12 最优车辆之间的距离及其近似（见彩插）

表 10.6 潜在降耗比较

预测范围/s	不同裕度的收益（%）			
	10m	20m	30m	40m
10	9.9	11.4	11.9	12.3
15	10.8	14.4	16.3	17.1
20	11.2	15.1	17.5	18.6
30	11.3	15.3	18.4	19.2
40	11.3	15.3	18.5	20.2
近似值	10.3	13.4	15.7	17

10.7 基于数据的交通预测模型

到目前为止，所有提出的方法都假定对前车驾驶员的未来行为有一定的了解。然而，这些信息通常是得不到的。本节介绍使用一组非线性自回归（NARX）模型的可能预测方法的一些结果，在网联车辆和非网联车辆的情况下，这两种模型都使用在奥地利林茨附近郊区道路交通中收集的数据。这些模型是

$$y(t+i) = f_i(u(t), u(t-i)) \tag{10.7}$$

其中，$y(t) = v(t)$ 表示车速。由于交通可以包括网联车辆和独立车辆，因此需要同时考虑两种情况，一种情况是前车实时传输一组数据（它的位置、速度、加速度以及加速踏板、制动踏板和离合器踏板位置），另一种情况是只有前车的位置、速度和加速度信息可以通过测量或通过受控车辆上传感器重建才能使用。两种

方法的 1~5s 预测器性能示例如图 10.13 所示。结果与直觉一致，即随着时间距离的增加，估计变得不精确。除此之外，还可以清楚地看出，V2V 方法会产生更精确的结果，如图 10.14 所示。

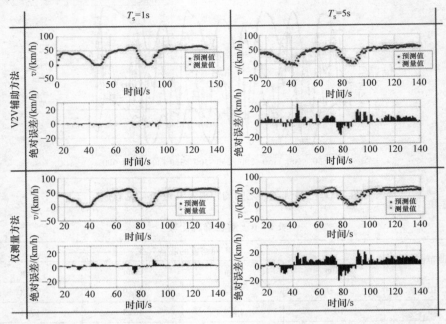

图 10.13　采用"V2V 辅助方法"和"仅测量方法"预测结果（见彩插）

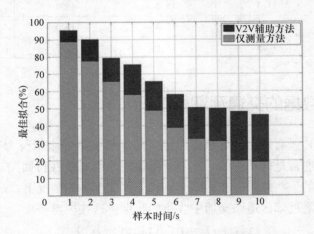

图 10.14　两种方法之间预测质量的比较

图 10.15a 显示了使用硬约束和基于 V2V 的交通估计的 10s 预测范围的结果，由于预测不完美，燃油效益降低了 2.3%。然而，燃油效益大幅减少也是由于硬约束以及不完善的预测导致突然的修正，如图 10.15b 所示。如果放松硬约束上限，

则需要更加适度的加速度,并且可以使大部分燃油得以节省(9.4%)。

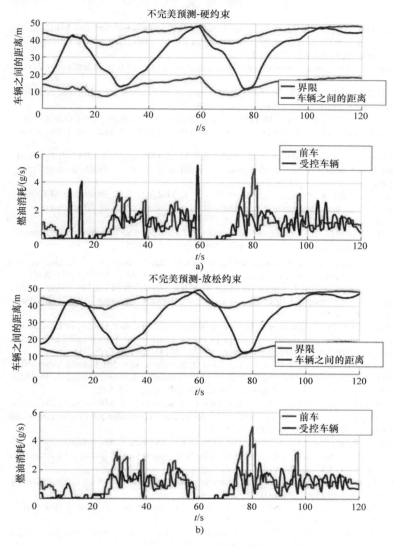

图 10.15　不完美预测对燃油效益的影响

10.8　结论

由于具有成本效益的通信和计算系统提供了新的可能性,协同控制受到了广泛的关注。有很多方法可以利用这种新机会,并且正在安全或基础设施层面上开展大量工作。然而,正如本章想要解释的那样,在局部层面上也有很多机会,以单一车辆为中心,也应该加以利用。

参 考 文 献

1. Vagg C, Brace CJ, Hari D, Akehurst S, Poxon J, Ash L (2013) Development and field trial of a driver assistance system to encourage eco-driving in light commercial vehicle fleets. IEEE Trans Intel Transport Syst 14(2):796–805
2. Rupp J, King A (2010) Autonomous driving: a practical roadmap. SAE technical paper 2010-01-2435
3. Li S, Li K, Rajamani R, Wang J (2011) Model predictive multi-objective vehicular adaptive cruise control. IEEE Trans Control Syst Technol 19(3):556–566
4. Lou L, Liu H, Li P, Wang H (2010) Model predictive control for adaptive cruise control with multi-objectives: comfort, fuel-economy, safety and car-following. J Zhejiang Univ Sci A 11(3):191–201
5. Naus G, Ploeg J, van de Molengraft R, Steinbuch M (2008) Explicit MPC design and performance-based tuning of an adaptive cruise control stop-&-go. In: IEEE on intelligent vehicles symposium 2008, pp 434–439
6. Naus G, van den Bleek R, Ploeg J, Scheepers B, van de Molengraft R, Steinbuch M (2008) Explicit MPC design and performance evaluation of an ACC stop-&-go. In: American control conference 2008, pp 224–229
7. Bu F, Tan HS, Jihua H (2010) Design and field testing of a cooperative adaptive cruise control system. In: American control conference (ACC 2010), pp 4616–4621
8. Naus G, Vugts R, Ploeg J, van de Molengraft R, Steinbuch M (2010) Cooperative adaptive cruise control, design and experiments. In: American control conference (ACC 2010), pp 6145–6150
9. Naus GJL, Vugts RPA, Ploeg J, van de Molengraft MJG, Steinbuch M (2010) String-stable CACC design and experimental validation: a frequency-domain approach. IEEE Trans Veh Technol 59(9):4268–4279
10. Ploeg J, Scheepers BTM, van Nunen E, van de Wouw N, Nijmeijer H (2011) Design and experimental evaluation of cooperative adaptive cruise control. In: 14th international IEEE conference on intelligent transportation systems (ITSC 2011), pp 260–265
11. McDonough K, Kolmanovsky I, Filev D, Yanakiev D, Szwabowski S, Michelini J, Abou-Nasr M (2011) Modeling of vehicle driving conditions using transition probability models. In: IEEE international conference on control applications (CCA 2011), pp 544–549
12. McDonough K, Kolmanovsky I, Filev D, Yanakiev D, Szwabowski S, Michelini J (2012) Stochastic dynamic programming control policies for fuel efficient in-traffic driving. In: American control conference 2012, pp 3986–3991
13. McDonough K, Kolmanovsky I, Filev D, Yanakiev D, Szwabowski S, Michelini J (2013) Stochastic dynamic programming control policies for fuel efficient vehicle following. In: American control conference (ACC 2013)
14. Ericson C, Westerberg B, Egnell R (2005) Transient emission predictions with quasi stationary models. SAE technical paper 2005-01-3852
15. Brackstone M, McDonald M (1999) Car-following: a historical review. Transp Res Part F: Traffic Psychol Behav 2(4):181–196
16. Marzbanrad J, Karimian N (2011) Space control law design in adaptive cruise control vehicles using model predictive control. J Automobile Eng 225:870–884
17. Lang D, Stanger T, del Re L (2013) Opportunities on fuel economy utilizing v2v based drive systems. SAE technical paper 2013-01-0985
18. Camacho EF, Bordons C (2004) Model predictive control. Springer, London
19. Maciejowski JM (2002) Predictive control: with constraints. Prentice Hall, Upper Saddle River
20. Stanger T, del Re L (2013) A model predictive cooperative adaptive cruise control approach. In: American control conference (ACC 2013)
21. del Re L, Allgöwer F, Glielmo L, Guardiola C, Kolmanovsky I (eds) (2010) Automotive model predictive control. Springer, London
22. Lang D, Stanger T, del Re L (2013) Fuel efficient quasi optimal adaptive cruise control by control identification. In: Control Applications (CCA), 2013 IEEE international conference, pp 229, 234. doi:10.1109/CCA.2013.6662763

第三部分　动力传动优化

第二部分　商品とその価値

第 11 章　混合动力传动系统的拓扑优化

摘要：连续体系统（结构拓扑、形状、材料）的拓扑优化方法已经十分成熟。然而，这些方法不适用于非连续或具有独特特性的离散部件的动态系统，如混合动力车辆。本章在车辆系统级研究动力传动拓扑结构和控制设计优化问题。随着动力传动、辅助技术、系统架构（拓扑）和信息物理系统的新发展，与动力传动和控制系统优化水平相关的设计空间正在迅速增加。在问题的两个耦合层次上，多目标、混合或杂交（连续/离散时间）特性要求相对长的计算时间。因此，它需要一种双层（嵌套）或同步的系统设计方法，因为顺序或迭代设计过程无法证明系统级的最优性。本章讨论与嵌套控制和连续/步进变速器换档、功率分流控制和/或与拓扑优化结合相关的优化设计中的一些说明性示例。

11.1　引言

混合动力车辆驱动系统的设计是一项复杂的任务。该问题通常是多目标的，例如最小化排放、最大化加速性能同时最小化系统和部件成本，需要求解具有连续和离散动力学的控制和设计问题。在文献中，经常选择案例研究。其中，技术或拓扑选择是基于工程知识（或启发式）确定的部件的规格（kW，kW·h）被选择作为主要设计变量。这简化了手头的问题，但是仍然可能带来与控制设计相关的困难和挑战。

基于最优控制理论的分析方法（Pontryagin 最小原理）对于求解一类混合动力车辆系统的控制问题是非常有效的。然而，当离散状态变量包含在设计问题时，如发动机开/关或带有舒适性约束的步进变速器的齿轮位置，就会出现困难。在实际应用中，这些问题可以通过计算与每个离散控制状态独立相关的单独哈密顿函数（或值）来避免，并相应地针对容许的控制输入来求解，从而使这组哈密顿函数最小化。从本质上讲，使用这种方法可能会出现最优控制的奇异解，在选择导致次优解的特定模式时需要启发式。

控制问题是非凸的，通常是先验优化的或使用简化（启发式）的规则，如发动机开/关和齿轮的位置状态。剩余的控制问题和约束有时被凸化以加快设计过程。

11.1.1 协同设计方法

在文献中,一些作者提出组合控制和驱动系统设计。通常,与技术选择或拓扑变化相关的设计空间被限制在一种或两种主要可能性中,从而显著减少了设计空间。然而,为了从根本上创建新构型或拓扑,需要新的有效方法。特别是如果动态很重要,则做出正确的设计决策就变得非常具有挑战性。这种耦合系统和控制优化的过程可以使用顺序、迭代、双层或同步的策略来完成。在文献[17]中,车辆系统设计和控制以迭代方式优化:首先,采用拉丁超立方体采样(LHS)方法选择独立的系统设计参数,给出(启发式)控制器,对性能约束下燃料经济性进行优化。因此,在驱动系统设计参数的最优集下,利用确定性动态规划(DP)对系统的控制规则进行优化。在第二次迭代中,在给定更新控制器的情况下,再次找到设计参数最优集。该过程不断收敛,直到满足与相对改进相关的停止准则为止。从理论上讲,控制和系统设计问题是耦合的,顺序或迭代策略不能保证系统级的最优性。到目前为止,文献中应用于混合动力车辆系统设计的双层或同步策略是有限的。在文献[18]中,多目标设计问题是嵌套的,对于每个可行的系统设计(拓扑和技术常数),分别使用 DP 优化控制设计。在此之前,文献[19]还针对并行混合问题进行了多目标协同设计(控制和驱动系统),但是使用基于规则的控制策略(ADVISOR[20])限制了可实现的控制性能。还有文献计算了非线性 Pareto 前沿,系统地研究了主要设计参数对目标的灵敏度。粒子群优化算法、通用算法和确定性搜索方法,如 Nelder – Mead 单纯形算法,也被建议为求解最优规格问题的有效搜索方法。然而,文献[18]的作者声称,计算不同规格的单独目标值更有效,因为对于任何权重组合,可以以最小的计算量重复求解规格问题。

11.1.2 问题定义:系统设计优化

本节将引入一般的系统设计问题,表示为 P。在下一节中,这个问题将根据所考虑的分析案例或假设,分别导出不同类型的控制和系统设计问题。设

$$F_i(d_c) := \phi(x(t_f), t_f) + \int_{t_0}^{t_f} L(x(t), u(t), t) dt, f, i \in \{n+1, \cdots, N\} \quad (11.1)$$

和

$$d_c := [u^T(t) x^T(t) t_0 t_f]^T$$

(11.2)

作为控制器设计目标和控制器设计变量的向量。控制输入和状态变量分别表示为 $u(t)$ 和 $x(t)$,初始时间和最终时间分别表示为 t_0 和 t_f。整体系统设计问题 P 表示为,车辆系统 $F_i(d_p)$ 和控制器设计目标 $F_i(d_c)$ 针对系统和控制器设计变量 (d_p, d_c) 的最小化,这是所有可行的系统/控制器设计 D 的要素。对于 $i = \{c, p\}$,系统和控制器设计受到(不)等式(输入和状态)约束,分别表示为 $h_i(.)$ 和 $g_i(.)$。

$$P: = \begin{cases} \min_{\{d_p,d_c\} \in \mathscr{D}}:J = \{F_1(d_p),\cdots,F_n(d_p),F_{n+1}(d_c),\cdots,F_N(d_c)\} \\ \text{s.t.} \\ \mathscr{D}:= \begin{cases} d_p,d_c:h_p(d_p)=0, g_p(d_p) \leq 0, \dot{x}(t)=f(x(t),u(t),t,d_p), \\ h_c(x(t),u(t),t,d_p)=0, g_c(u(t),t,d_p) \leq 0, g_c(x(t),t,d_p) \leq 0 \\ \phi(x(t_f),t_f)=0, x(t_0)=x_0 \end{cases} \end{cases}$$

(11.3)

物理系统设计对控制的影响用 $h_c(\cdot)$、$g_c(\cdot)$ 和 $\dot{x}(t)$ 表示，它们也是 d_p 的函数。此外，该公式假设所有的状态变量都可以直接测量，并且物理系统和控制器优化目标是可分离的。

11.1.3 本章概述

已经证明，一个双层优化框架可以识别系统的最优解。传统上，外环通过改变被控对象设计来优化整体系统性能。对于每个通过外环测试的可行的被控对象设计，内环计算给定被控对象设计的最优控制。在这项工作中（图 11.1），讨论了一种新的嵌套求解方法：

1) 一个单独的离散控制设计问题（外环采用动态规划）和连续控制输入（内环采用 Pontryagin 最小原理），显著减少了计算时间。

2) 一个新的协同设计问题，与控制（采用动态规划）和车辆驱动设计（传动技术选择、功率转换器的规格和拓扑，采用通用求解器）相关。

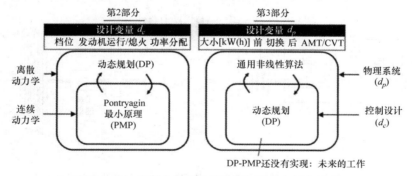

图 11.1 控制和驱动系统设计问题：双层方法

在第 2) 种情况下，一般优化问题 P 也可以表示为

$$P: = \begin{cases} \min_{d_p \in \Theta}:J = \{F_1(d_p),\cdots,F_n(d_p),F_{n+1}(d_c),\cdots,F_N(d_c)\} \\ \text{s.t.} \\ \Theta:= \begin{cases} d_p,d_c^*:h_p(d_p)=0, g_p(d_p) \leq 0, \\ d_c^* = \arg\min_{d_c:(d_p,d_c) \in \mathscr{D}} \{F_{n+1}(d_c),\cdots,F_N(d_c)\} \end{cases} \end{cases}$$

(11.4)

在存在可行组合物理系统的假设下，对每个可行的物理系统进行控制设计。忽略从控制设计到物理系统设计的反向耦合（耦合参数作为从控制设计到一般物理设计问题的输出），式（11.3）和式（11.4）的解在数学上是等价的。

控制设计优化问题，如情况1）所描述，包括换档位置（表示为状态x_1）、发动机开/关（x_2）和功率分配（x_3）已经被其他人考虑过，但是没有考虑换档命令的舒适性约束，见11.2节。

在对两个情况的研究中，分别使用与控制设计相关的单一目标，即燃料消耗或CO_2（二氧化碳）排放。在情况2）的研究中（见11.3节），还通过不等式约束对问题施加性能约束（加速性能）。此外，情况2）的研究是一种可替代的混合驱动系统模型，其中拓扑选择［到变速器的前（PRE）或后（POS）耦合电机］不仅作为单独分析的驱动设计变量，而且也作为受控的状态变量（x_4）。这称为切换拓扑（SWI），如图11.2所示。在目前作者所知的文献中，只能找到单独分析静态拓扑情况的混合设计模型。这些结果是基于作者之前发表的文章，相应的优化问题见表11.1。在不损失一般性的情况下，该工作继续使用嵌套方法表明系统级的最优性是有保证的，并且提出将这两个问题的作为未来工作的集成，如图11.1所示。最后，11.4节将陈述结论和建议。

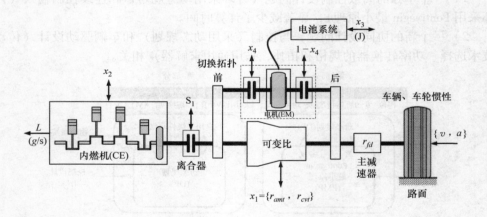

图11.2 控制切换拓扑：电机耦合是可选择的（包括输入和输出信号；控制状态变量x_i，$i \in \{1, 2, 3, 4\}$用双箭头表示）

表11.1 考虑的控制和驱动系统设计案例

节	d_c：控制				d_p：驱动系统		文献
	传动比	发动机开/关	功率分流	拓扑	技术	电机（kW）	
11.2	x_1	x_2	x_3	$x_4 = 1$	AMT	6	[7]
11.3	x_1	x_2	x_3	x_4	{AMT, CVT}	[0, 50]	[8]

11.2 控制设计优化：具有舒适性约束的混合动力车辆换档策略

类似于作者在文献［13］中提出的问题，本节也建立了控制设计问题。然而，增加一个附加的舒适约束到（离散）换档命令中会限制允许的齿轮位置。此外，本节的主要贡献在于另一种计算效率高的求解过程，将在后文进行讨论。考虑到源自于变速器、电池、发动机和电动机的物理约束，所研究的最优控制问题包括在规定的车辆循环内最小化车辆燃料消耗。齿轮位置定义为离散状态，记为 x_1。此外，设 $x_2 \in \{0, 1\}$ 表示发动机状态的离散状态：$x_2 = 0$ 表示发动机关闭，而 $x_2 = 1$ 表示发动机打开。设 x_3 为对应电池 SOC 的状态。用 $x = \{x_1, x_2, x_3\} \in \mathscr{X}$ 表示状态向量，定义控制向量 $u = \{u_1, u_2, u_3\} \in \mathscr{U}(x_1, x_2)$

$$u = \begin{cases} u_1 \text{ 换档命令} \\ u_2 \text{ 发动机开／关命令} \\ u_3 \text{ 电池功率流} \end{cases} \tag{11.5}$$

和

$$\mathscr{U}(x_1, x_2) = \{(u_1, u_2, u_3) : u_1 \in \mathscr{U}_1(x_1), u_2 \in \mathscr{U}_2(x_2), u_3 \in \mathscr{U}_3(x_2)\} \tag{11.6}$$

式中，$\mathscr{U}_1(x_1)$ 和 $\mathscr{U}(x_2)$ 为取决于 x_1 或 x_2 值的离散值 $\{1, 0, 1\}$。考虑一辆全混合动力车辆，因此当力矩只由电机提供时，发动机可以停止工作。引入发动机状态，允许考虑对应于发动机曲柄所需能量的额外燃料消耗。如果这些损失与发动机状态无关，则最优发动机状态（和相应的发动机开/关命令）可以遵循最优功率分流使成本函数最小化。这种类似的假设适用于与影响主传动离合器（S_1）或换档损失的燃料消耗的相关损失的相关状态。虽然这里忽略了换档损失，但考虑了换档状态，因为之后的齿轮位置 $x_1(t^+)$ 取决于当前齿轮位置 $x_1(t)$ 和限制允许齿轮位置状态的换档命令 $u_1(t)$。假设车轮速度和加速度是时间的函数，表示为扰动（或外部状态）向量

$$w(t) = [v(t), a(t)]^T \tag{11.7}$$

设 $L(x(t), u(t), w(t))$ 为瞬时油耗（g/s），有

$$L(x(t), u(t), w(t)) = \begin{cases} L(u_1(t), u_3(t), w(t)), & \text{若 } x_2(t) = 1 \text{（发动机运行）} \\ 0, & \text{若 } x_2(t) = 0 \text{（发动机停止）} \end{cases} \tag{11.8}$$

连续状态 $x_3(t)$ 受到以下控制

$$\dot{x}_3(t) = f_3(u_3(t)) \tag{11.9}$$

因此，动态优化问题可以表示为

$$P_1 := \begin{cases} \min\limits_{u(t)\in\mathcal{U}, x\in\mathcal{X}} : J = \int_{t_0}^{t_f} L(x(t), u(t), w(t))\mathrm{d}t \\ \text{s.t.} \begin{cases} g_1 := u_1(t) \in \mathcal{U}_1 = \{-1,0,1\} \subseteq \mathbb{Z} \\ g_2 := x_1(t) \in \mathcal{X}_1 = \{1,\cdots,5\} \subseteq \mathbb{N}^+ \\ g_3 := u_2(t) \in \mathcal{U}_2(x_2) = \begin{cases} \{-1,0\}, \text{若 } x_2 = 1 \\ \{0,1\}, \text{若 } x_2 = 0 \end{cases} \subseteq \mathbb{Z} \\ g_4 := x_2(t) \in \mathcal{X}_2 = \{0,1\} \subseteq \mathbb{Z}_n \\ g_5 := u_3(t) \in \mathcal{U}_3(x_2) = \{\underline{u}_3(x_2), \bar{u}_3(x_2)\} \subseteq \mathbb{R} \\ g_6 := x_3(t) \in \mathcal{X}_3 = \{\underline{x}_3, \bar{x}_3\} \subseteq \mathbb{R} \\ g_7 := x_1(t^+) - x_1(t) - u_1(t) = 0 \\ g_8 := x_2(t^+) - x_2(t) - u_2(t) = 0 \\ g_9 := \dot{x}_3(t) - f_3(u_3(t)) = \dot{x}_3(t) - u_3(t) = 0 \\ g_{10} := x_1(t_0) - x_{10} = 0; g_{11} := x_1(t_f) - x_{1f} = 0 \\ g_{12} := x_2(t_0) - x_{20} = 0; g_{13} := x_2(t_f) - x_{2f} = 0 \\ g_{14} := x_3(t_0) - x_{30} = 0; g_{15} := x_3(t_f) - x_{3f} = 0 \\ g_{16} := x_{1f} - x_{10} = 0; g_{17} := x_{2f} - x_{20} = 0 \\ g_{18} := x_{3f} - x_{30} = 0; \end{cases} \end{cases}$$

(11.10)

优化层的长度为 t_f,最终的状态惩罚项是 $\phi(x(t_f), t_f) = 0$,见式(11.1)。

11.2.1 双层优化:控制问题

上述问题式(11.10)包含连续和离散的动态特性。为了加快计算速度,本节提出了一种双层优化算法。将原问题层叠成两个问题层次,其中上层问题 P'_{1U} 的解要求对下层问题 P'_{1L} 进行优化。假设这两个层次都有一个单一的目标。优化问题具有双向耦合,如图11.3所示。从上层问题状态出发,对下层问题进行优化,得到可行的离散控制变量和状态。另一方面,上层目标函数受到下层解的影响,最优变量值用 $*$ 表示。上述问题可以表示为

$$P'_1 := \begin{bmatrix} P'_{1U} := \\ \min\limits_{(u_1,u_2,x_1,x_2)_j} \end{bmatrix} \text{s.t.} \begin{cases} P'_{1L} := \min\limits_{(u_3,x_3)} : J((u_3,x_3):(u_1,u_2,x_1,x_2)_j) \\ g_i((u_3,x_3):(u_1,u_2,x_1,x_2)_j) \leq 0 \\ (u_3,x_3) \in \mathcal{U}_3 \times \mathcal{X}_3 \\ (\cdot)_j := (u_1,u_2,x_1,x_2) \in \{\mathcal{U}_1 \times \mathcal{U}_2 \times \mathcal{X}_1 \times \mathcal{X}_2\} \cap \mathcal{V}_1 \end{cases}$$

(11.11)

下标 j 用于标注可行的 NLP 子问题。还要定义所有整数赋值（u_1，u_2，x_1，x_2）的集合 $\mathscr{V}_1$，在（u_3，x_3）变量中存在可行解为

$$\mathscr{V}_1 = \left\{ \begin{array}{l} (u_1,u_2,x_1,x_2): \exists\, (u_3,x_3) \in \mathscr{U}_3 \times \mathscr{X}_3 \text{ 和 } g_i(u,x) \leqslant 0 \\ \hspace{4cm} i \in \{1,\cdots,18\} \subseteq \mathbb{N}^+ \end{array} \right\} \quad (11.12)$$

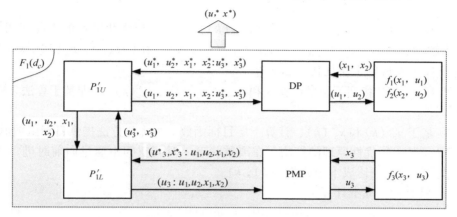

图 11.3　双层控制设计优化：优化层和算法之间的相互作用

下面给出双层问题的求解过程。如前所述，其与文献[23]提出的双层过程有相似之处。不过，该过程会根据所研究的问题进行相应的调整。

1. 算法1：双层优化

将双层优化问题定义为式（11.11）。处理混合整数非线性问题的一种合适方法是确定性动态规划（DP）。因此，使用 DP 求解上层问题。下层问题包含连续控制变量和 Pontryagin 最小原理（PMP）。然后，可以定义这种问题的如下求解过程。

1）初始化上层优化所选择的优化方法（DP）。由于 DP 是用于求解连续和离散控制问题的数值算法，因此还必须离散化连续时间模型式（11.9）。对于 $i \in \{1, 2, 3\}$，设描述系统动力学的总离散时间模型为

$$x_i(k+1) = x_i(k) + f_i(x_i(k), u_i(k), w(k), k)\Delta t, k = \{0, 1, \cdots, n-1\} \quad (11.13)$$

以离散时间格式和非递归形式表示的最小化准则为

$$\min_{u(k) \in \mathscr{U}, x(k) \in \mathscr{X}} : J \approx \left\{ \phi(x(0), 0) + \sum_{k=1}^{n-1} L'(x(k), u(k), w(k), k)\Delta t \right\} \quad (11.14)$$

将小时间步长表示为 Δt，定义为常数差：$\Delta t = t(k+1) - t(k)$。在 $t_f = t(k=N)$ 处，最终状态惩罚项 $\phi(\cdot)$ 与约束最终状态有关，在分析中对其进行忽略。因此，假设初始状态等于最终状态（$g_{16} - g_{18}$）。$t_0 = t(k=0)$ 时的初始燃料成本定义为 $\phi(x(0), 0)$。第二项与累积的等效燃料质量流量成本有关，表示为 L'，作为控

制输入和状态的函数。

2）计算最优的到达成本矩阵和轨迹到达矩阵（分别为 J 和 H）。定义目标函数后，对上层优化问题（包括上层优化变量参数化的下层优化问题）的优化变量和约束向量进行优化。对于时间索引 $k=0$ 到 $k=n-1$，在每个计算步执行如下工作：

① 让向量 $(u_1(k), u_2(k), x_1(k), x_2(k))_j$ 包含上层优化变量的当前（可行）值，求解动态过程模型 $f_{1,2}(u_{1,2}(k), x_{1,2}(k), k)$，在 $(u_1(k), u_2(k), x_1(k), x_2(k))_j$ 定义相应的下层优化问题 P'_{1L}。

② 应用 PMP 找到下层最优输入和状态 $(u_3^*(k), x_3^*(k))$，即基于算法2完成优化。

③ 基于 $u_3^*(k)$ 和 $x_3^*(k)$，计算上层目标函数，为优化方法提供目标函数值。

DP 是基于最优性原理的算法，在离散状态 – 时间空间中通过向前时进，计算每个节点的最优到达成本函数 $J(x(k), k)$：

a）具有初始成本计算步

$$J(x(0), 0) = \phi(x(0), 0) \tag{11.15}$$

b）对于时间索引 $k=0$ 到 $k=n-1$，在每个中间计算步进行时进：

$$J(x_{1,2}(k+1), k+1) = \min_{(u_1(k), u_2(k)) \in \mathcal{U}_1 \times \mathcal{U}_2} \left\{ \begin{array}{l} J(x_{1,2}(k), k) + \\ L'(x_{1,2}(k), u_{1,2}(k), w(k), k; x_3^*(k), u_3^*(k)) \Delta t \end{array} \right\} \tag{11.16}$$

对于离散化状态 – 时间空间的每个 $x_1(k)$ 和 $x_2(k)$（简化表示为符号 $x_{1,2}(k)$），最优控制 $(u_1^*(k), u_2^*(k))$ 由最小化式（11.16）右边的参数给出。时间方向也可以反向，不可行节点被赋予非常高（或无限）的成本。作为式（11.15）和式（11.16）的算法输出，在每个节点相关的最优到达轨迹可以有效地存储在一个矩阵中

$$H(k+1, x_{1,2}^*(k+1)) = x_{1,2}^*(k) \tag{11.17}$$

其包含前一个时间步的最优状态（最优控制信号 map）。该矩阵用于在后向仿真过程中找到最优控制信号，从式（11.10）的 g_{16} 和 g_{17} 给出的最终状态 $x_{1,2}^*(n) = x_{1,2}(0)$ 开始，针对 $k = \{n, n-1, \cdots, 1\}$ 产生最优状态轨迹

$$x_{1,2}^*(k-1) = H(k, x_{1,2}^*(k)) \tag{11.18}$$

应当说明的是，反向时间算法从给定的最终状态开始；当两个状态（初始状态和最终状态）都固定时，反向和前向两种算法都便于使用。前向算法更方便，因为它将优化最终状态。

3）双层优化问题的最优解是，J 在 $(u_1^*(k), x_1^*(k), x_2^*(k))$ 处相应具有在 $(u_3^*(k), x_3^*(k))$ 的最优下层优化解 L'。

2. 算法 2：下层优化

为了说明方便，将函数 $\mathcal{H}$ 称为 Hamilton 函数，定义为

$$L'(x_3(k), u_3(k), p(k), k: (u_1(k), u_2(k), x_1(k), x_2(k)))_j \equiv \mathcal{H}(x_3(k), u_3(k), p(k), k)$$
$$= L((x_3(k), u_3(k), p(k), k))x_2(k) + p(k)[f_3(x_3(k), u_3(k), k)]$$

(11.19)

求解过程如下：

1）根据算法 1 步骤 2）中的①，在给定共态值 $p(k)$、控制输入和状态 $(u_1(k), u_2(k), x_1(k), x_2(k))_j$ 的情况下，初始化优化方法（PMP）。

2）定义目标函数，针对给定参数 $(u_1(k), u_2(k), x_1(k), x_2(k))_j$ 确定在 P'_{1L} 中的优化变量和约束的向量。对于给定的计算步 k，执行如下步骤开始优化过程：

① 利用当前优化变量 $u_3(k)$ 求解动态过程模型 $f_3(u_3(k), x_3(k), k)$。

② 根据对应给定参数 $(u_1(k), u_2(k), x_1(k), x_2(k))_j$ 的状态变量 $x_3(k)$，在 $u_3(k)$ 处计算目标 L'。

3）保存优化变量 $u_3(k)$ 的最优值和相应的状态变量值 $x_3(k)$ 以及算法 1 中所需的 L'。

上述求解过程如图 11.4 所示。为了简化符号，省略了图中的控制输入变量。由于无法找到满足电池能量末端约束的常数共态值，可以找到最小化 Hamilton 函数（$\mathcal{H}_{x_2=1} = \mathcal{H}_{x_2=0}$）发动机开和关的解。为了解决这个问题，使用一个微调的积分器 I 随着时间更新共态值 p。利用非线性非凸模型计算得到的解非常有效，并且接近全局最优解（相对误差 $< 0.4\%$）。

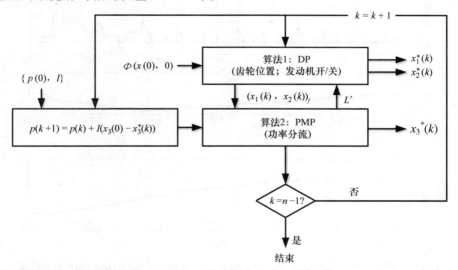

图 11.4 求解过程

在文献中，其他近似方法也可以采用凸建模来解决这一问题。例如，文献

［25］采用启发式策略顺序求解离散控制输入（齿轮位置 x_1，发动机开/关 x_2），从而得到功率分流的凸求解器 x_3；文献［26］通过将 PMP 的输出（用于发动机开/关决策，假设如果 $\mathscr{H}_{x_2=1} \leqslant \mathscr{H}_{x_2=0}$ 切换发动机）作为高层问题和将凸求解器（对于功率分流 x_3）作为低级问题来迭代更新共态 p，从而（在精度和计算速度方面）得到改进。

11.2.2 仿真结果：双层控制设计

基于文献［7］给出的车辆模型和（物理）约束，求解上述问题 P'_1 并计算最优控制信号。在图 11.5 中，输入中的受控状态表示为 NEDC 的时间函数。DP 方法与 DP-PMP 方法的差别很小（小于 0.4%），可以忽略。由状态和输入空间网格化引起的数值误差也会导致差异。然而，计算时间从大约 4000s 显著减少到 9s。表 11.2 列出了 FTP75 周期的这些结果。特别是对于大型复杂驱动系统的优化问题，该方法可以显著加快设计过程。

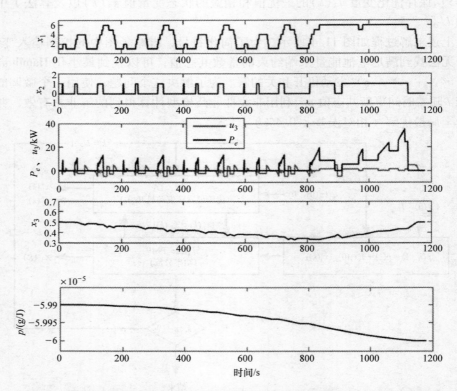

图 11.5　具有离散变速器和发动机起停的并联混合动力车辆的 DP-PMP 仿真结果
P_e—发动机功率　u_3—电池电量

表 11.2 仿真结果对比

燃料/g			时间/s			
DP	DP – PMP	相对差（%）	DP	DP – PMP	减少因子	循环
300	301	0.4	3964	9	440	NEDC
473	474	0.4	4799	12	400	FTP75

11.3 控制和驱动系统设计优化：混合动力车辆的拓扑、变速器、规格和控制优化

本节讨论混合动力车辆的组合控制和驱动系统优化问题。控制问题与前节的 P_1 不同：拓扑选择（前或后电机与变速器耦合）是附加的控制输入。此外，还优化了变速器技术、推带式无级变速器（CVT）和自动手动变速器（AMT），以及电机和发动机的最大输出功率。再次使用双层方法，在这种情况下，优化上层部件的拓扑和规格 P'_{2U}，而在下层优化控制问题 P'_{2L}。

由文献［16］可以看出，如果两层系统设计（被控对象）/控制器优化策略是收敛的，则可以保证收敛到优化组合的对象/控制器设计。其次，将标量替代目标函数定义为驱动系统目标（混合系统成本，假设其与电机和电池规格成比例）的加权和，表示为 F_1，控制器目标（燃料消耗成本）表示为 F_2；并且，通过改变权值 ω_i 来生成 Pareto 集合上的点。在这些条件下，组合驱动/控制器优化问题变成为

$$P_2 := \begin{cases} \min_{\{d_p, d_c\} \in \mathscr{D}} : J = w_p F_1(d_p) + w_c F_2(d_c) \\ \text{s.t.} \\ \mathscr{D} := \begin{cases} d_p, d_c : g_p(d_p) \leq 0, \dot{x}(t) = f(x(t), u(t), t, d_p), \\ g_c(d_c, t, d_p) \leq 0 \\ \phi(x(t_f), t_f) = 0, x(t_0) = x_0 \end{cases} \end{cases} \quad (11.20)$$

和

$$P'_2 := \begin{bmatrix} P'_{2U} := \\ \min_{(d_p)_j} \end{bmatrix} \begin{bmatrix} P'_{2L} := \min_{d_c} : J = w_p F_1((d_p)_j) + w_c F_2(d_c) \\ \text{s.t.} \begin{cases} g_p((d_p)_j) \leq 0 \\ g_c(d_c : (d_p)_j) \leq 0 \\ h_c(d_c : (d_p)_j) = 0 \\ d_c \in \mathscr{U}_c \times \mathscr{X}_c \\ (d_p)_j := d_p \in \mathscr{D} \cap \mathscr{V}_2 \end{cases} \end{bmatrix} \quad (11.21)$$

针对 d_c 变量中存在可行的情况，定义所有整数赋值 d_p 的集合 $\mathscr{V}_2$（发动机和电机功率规格）为

$$\mathscr{V}_2 = \left\{ \begin{array}{l} d_p : \exists\, d_c \in \mathscr{U}_c \times \mathscr{X}_c \text{ 和 } g_i(d_c, d_p) \leq 0 \\ \qquad\qquad\qquad i \in \{1, \cdots, 24\} \subseteq \mathbb{N}^+ \end{array} \right\} \qquad (11.22)$$

作为对之前定义的控制问题的补充，引入一个与拓扑选择相关的新离散状态，记为 x_4，如图 11.2 所示。如果 $x_4 = 1$，则电机预耦合到变速器，反之亦然（后耦合），则 $x_4 = 0$。此外，还增加了与电机功率规格有关的不等式约束。最后，对 x_4 施加初始和最终的状态约束

$$g_c \begin{cases} g_5 := u_3(t) \in \mathscr{U}_3(x_2, d_p) = \{\underline{u}_3(x_2, d_p), \overline{u}_3(x_2, d_p)\} \subseteq \mathbb{R} \\ g_{19} := u_4(t) \in \mathscr{U}_4(x_4) = \begin{cases} \{-1, 0\}, \text{若 } x_4 = 1 \\ \{0, 1\}, \text{若 } x_4 = 0 \end{cases} \subseteq \mathbb{Z} \\ g_{20} := x_4(t^+) - x_4(t) - u_4(t) = 0 \\ g_{21} := x_4(t_0) - x_{40} = 0 \\ g_{22} := x_{4f} - x_{40} = 0 \end{cases} \qquad (11.23)$$

$$g_p \begin{cases} g_{23} := \Delta t_{0-100\text{km/h}}(d_p) - 11 = 0, \text{加速时间(s)} \\ g_{24} := d_p \in \mathscr{D} \subseteq \{\mathbb{R} : d_p \geq 0 \wedge d_p - \overline{u}_3 = 0\} \end{cases}$$

假设最大电池功率等于电池绝对最小功率，即 $\overline{u}_3 = -\underline{u}_3$。

仿真结果：双层驱动系统和控制设计

通用求解器（GPS）（例如，序列二次规划）可与 DP 联合进行控制设计，用于寻找最优被控对象设计，如图 11.6 所示。其中，在两种不同的驱动循环（NEDC 和 CADC 城市工况）下，计算了三种拓扑（前、后耦合和切换拓扑）的目标函数 $F_1(d_p)$（混合系统成本）和 $F_2(d_c)$（燃料消耗成本）的响应，结果如图 11.7 所示，成本函数值按最大值进行缩放。由图 11.7 可以看出，对于任意权重因素 ω_i 的组合和 $\sum \omega_i = 1$，只能找到不同的最优电机和发动机规格（规格受到性能要求 g_p 的约束）的单个解，圆点表示 $\omega_p = \omega_c = 0.5$ 的具体选择。此外，还可以看到切换（动态）拓扑的性能优于静态拓扑。

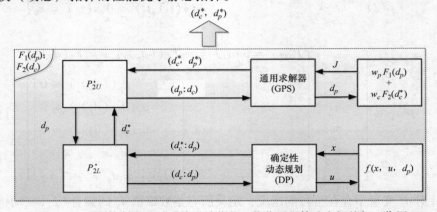

图 11.6 双层控制和驱动系统设计优化：优化层和算法之间的相互作用

第 11 章　混合动力传动系统的拓扑优化

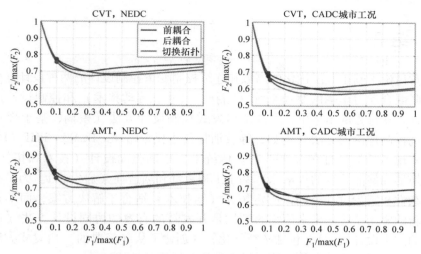

图 11.7　不同拓扑结构和两种驱动循环组合的驱动系统和控制设计响应
F_1—混合系统成本　F_2—燃料成本

对于自动手动变速器（AMT），计算了固定的前或后耦合电机的燃料效率作为恒定传动效率的函数（在两个驱动循环上），结果如图 11.8 所示。此外，由图 11.8 可以看出，最优拓扑在很大程度上取决于传动特性和驱动负载（循环）。

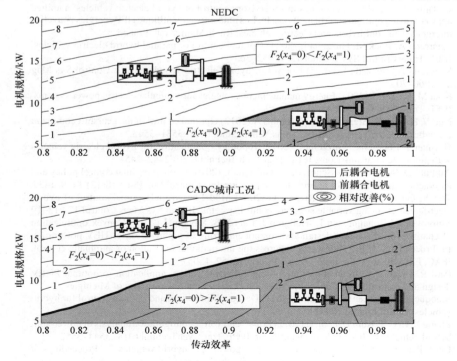

图 11.8　取决于传输效率和电机规格的最优拓扑（kW）

11.4 结论

本章讨论了基于双层优化的离散和连续控制变量控制设计的两种设计框架，同时对并联混合动力车辆的驱动系统（拓扑、尺寸、传动技术）和控制设计进行了协同设计。在过去的十年里，通过从启发式控制设计方法（模糊，基于规则）到基于最优控制理论的方法（例如，等效消耗最小化策略——ECMS、PMP、DP）的转变，实现了控制性能的显著改善。传统上，车辆驱动设计（技术和拓扑选择，功率转换器和储能系统的规格化）基于工程直觉和创造性（启发式）。为了有效地处理复杂性和减少设计空间，固定拓扑（与技术）适合于解决方案，而不是生成完整的新的驱动系统。未来面临的挑战是开发新的有效的协同设计方法（通过集成讨论的两个设计问题），包括拓扑优化，这创建了从（经典的）启发式方法到更基于优化设计的方法所需的过渡，提高整体系统设计性能。

参 考 文 献

1. Kirk D (1970) Optimal control theory: an introduction. Prentice-Hall, Englewood Cliffs
2. Delprat S, Lauber J, Guerra T, Rimaux J (2004) Control of a parallel hybrid powertrain: optimal control. IEEE Trans Veh Technol 53(3):872–881
3. Serrao L, Sciarretta A, Grondin O, Chasse A, Creff Y, di Domenico D, Pognant-Gros P, Querel C, Thibault L (2011) Open issues in supervisory control of hybrid electric vehicles: a unified approach using optimal control methods. In: Les rencontres scientifiques IFP energies nouvelles internat scient conf hybrid and electric vehicles, Rueil-Malmaison, France
4. Sciarretta A, Back M, Guzzella L (2004) Optimal control of parallel hybrid electric vehicles. IEEE Trans Control Sys Technol 12(3):352–363
5. Sciarretta A, Guzzella L (2007) Control of hybrid electric vehicles. IEEE Control Sys Mag 27(2):60–70
6. Koot M, Kessels J (2005) Energy management strategies for vehicular electric power systems. IEEE Trans Veh Technol 54:771–782
7. Ngo V, Hofman T, Steinbuch M, Serrarens A (2012) Optimal control of the gearshift command for hybrid electric vehicles. IEEE Trans Veh Technol 61(8):3531–3543
8. Hofman T, Ebbesen S, Guzzella L (2012) Topology optimization for hybrid electric vehicles with automated transmissions. IEEE Trans Veh Technol 61(6):2442–2451
9. Ambühl D, Sundström O, Sciarretta A, Guzzella L (2010) Explicit optimal control policy and its practical application for hybrid electric powertrains. Control Eng Pract 18(12):1429–1439
10. Wei X, Guzzella L, Utkin V, Rizzoni G (2007) Model-based fuel optimal control of hybrid electric vehicle using variable structure control systems. Jf Dyn Sys Meas Control 129:13–19
11. Murgovski N, Johannesson L, Hellgren J, Egardt B, Sjöberg J (2011) Convex optimization of charging infrastructure design and component sizing of a plug-in series HEV powertrain. In: Proceedings of the 18th world congress the international federation of automatic control, IFAC, Ed. Milano, Italy: IFAC, Aug 2011, pp 13052–13057
12. Patil RM (2012) Combined design and control optimization: application to optimal PHEV design and control for multiple objectives. Ph.D. dissertation, University of Michigan
13. Sinoquet D, Rousseau G, Milhau Y (2011) Design optimization and optimal control for hybrid vehicles. Optim Eng 12:199–213
14. Zhang X, Li C-T, Kum D, Peng H (2012) Prius$^+$ and volt$^-$: configuration analysis of power-split hybrid vehicles with a single planetary gear. IEEE Trans VehTechnol 61(8):3544–3552
15. Liu J, Peng H (2008) Automated modelling of power-split hybrid vehicles. In: Proceedings of

the 17th world congress, IFAC, Seoul, Korea, Jul 2008, pp 4648–4653
16. Fathy H, Reye J, Papalambros P, Ulsog A (2001) On the coupling between the plant and controller optimization problems. In: Proceedings of American control conference, ACC, Ed., Arlington, VA, USA, Jun 2001, pp 1864–1869
17. Filipi Z, Louca L, Daran B, Lin C-C, Yildir U, Wu B, Kokkolaras M, Assanis D, Peng H, Papalambros P, Stein J, Szkubiel D, Chapp R (2004) Combined optimization of design and power management of the hydraulic hybrid propulsion system for the 6—6 medium truck. Int J Heavy Veh Sys 11(3/4):372–402
18. Ebbesen S, Elbert P, Guzzella L (2013) Engine downsizing and electric hybridization under consideration of cost and drivability. Oil Gas Sci Technol—RevIFP Energies nouvelles 68(1):109–116
19. Assanis D, Delagrammatikas G, Fellini R, Filipi Z, Liedtke J, Michelena N, Papalambros P, Reyes D, Rosenbaum D, Sales A, Sasena M (1999) An optimization approach to hybrid electric propulsion system design. J Mech Struct Mach, Automot Res Cent Spec Ed 27:393–421
20. Wipke K, Cuddy M, Burch S (1999) ADVISOR 2.1: user-friendly advanced powertrain simulation using a combined backward/forward approach. IEEE Trans Veh Technol 48(6):1751–1761
21. Floudas CA (1995) Nonlinear and mixed-integer optimization: fundamentals and applications. Oxford University Press, New York
22. Fletcher R, Leyffer S (1994) Solving mixed integer non linear programs by outer approximation. Math Prog 66:327–349
23. Linnala M, Madetoja E, Ruotsalainen H, Hämäläinen J (2011) Bi-level optimization for a dynamic multiobjective problem. Eng Optim 44(2):195–207
24. Betsekas D (2000) Dynamic programming and optimal control. Athena Scientific, Belmont
25. Murgovskia N, Johannesson L, Sjöberg J, Egardt B (2012) Component sizing of a plug-in hybrid electric powertrain via convex optimization. Mechatronics 22(1):106–120
26. Elbert P (2013) Noncausal and causal optimization strategies for hybrid electric vehicles. Ph.D. dissertation, ETH, Zurich

第 12 章　基于模型的混合动力车辆最优能量管理策略

摘要：自过去十年以来，最优控制理论的方法一直用于设计基于模型的混合动力车辆（HEV）能量管理策略。通常将这些策略设计为有限时间范围内约束最优控制问题的解，以保证在完全了解驱动循环基础上的最优性。适当调整这些策略可以用于实时实现（不需要了解未来的驾驶任务），代价要么是高的（有时是禁止）计算负担，要么是高内存需求以存储高维离线生成的查找表。这些问题推动了本章的研究，提出了解决无限时间范围内的最优能量管理问题，方法是将该问题表述为非线性和非二次优化问题。本章设计了一种分析监控控制器，保证了稳定性、燃料消耗的最优性、易于实时实现、执行速度快、控制参数灵敏度低等特点。该方法产生与驱动循环无关的控制律，不需要折扣成本或先前文献引入的最短路径随机动态规划。

12.1　引言

为了应对当前和未来世界范围内的环境和能源挑战，汽车行业一直致力于提高车辆燃料效率。虽然目前还没有"银弹"技术可以取代现有技术，但至少在不久的将来，解决汽车和交通部门提出面临的挑战的一种可能方法是运载和交通系统的电气化。既适用于个人，也适用于公共交通，还适用于城市地区货物配送的高效混合动力车辆和纯电动车辆的新概念和新技术正在发展。本章将讨论混合动力车辆的能量管理。

12.2　HEV 中的优化问题

从设计的角度来看，混合动力传动要比传统的动力传动复杂得多，混合动力结构（如串联、并联、功率分流）和部件尺寸的选择并不总是一件容易的事情，因为在汽车工业中有众多设计选项和快速发展的技术。神经网络、遗传算法、粒子群优化等设计优化工具已经成功应用于动力传动优化设计，在保证车辆性能的同时，实现最大化燃料经济性和最小化排放、重量和成本，如文献 [17] 和其中的参考文献。

在给定一个预先优化的动力传动的情况下,混合动力车辆的第二个问题是车载功率分流问题,这通常称为能量管理问题或监督车辆控制。

在燃料经济性方面,混合动力车辆可实现的改善在 10% 的轻度混合动力到 30% 以上的完全混合动力范围内变化。这种潜力只能通过复杂控制系统来实现,以优化车辆内的能量流动。采用有意义的目标函数的系统模型优化方法是实现车辆能量管理系统接近最优设计的途径,本章重点研究基于模型的能量管理策略设计技术。本章结构如下:12.3 节采用一种重型前置变速器混合动力货车模型作为案例进行研究;12.4 节给出标准的最优能量管理问题的表述;12.5 节回顾求解最优控制问题的文献结果,介绍 Pontryagin 最小原理(PMP)、等效消耗最小化策略(ECMS)和自适应 PMP(A-PMP)的基本知识;12.6 节分析与 A-PMP 实时实施相关的问题,这些问题促进了新的能量管理控制框架的设计;12.7 节说明 12.8 节使用的一些数学背景;12.8 节提出一种称为非线性最优控制策略(NL-OCS)的解析控制律;12.9 节对 NL-OCS 与 PMP 和 A-PMP 进行仿真比较,从标定和实现的角度说明新控制设计的有效性。

12.3 案例研究:前置变速器并联混合动力

本节以一款重型前置变速器并联混合动力货车作为案例进行研究。车辆结构和不同部件间的功率流如图 12.1 所示(箭头表示正功率符号约定)。动力传动部件的主要技术指标详见表 12.1。当离合器关闭时,并联运行模式采用发动机(ice)和电机(mot)两个装置驱动车辆,其速度直接由车速决定。该模式可用的附加自由度用于优化车辆的能量使用。转矩/功率平衡方程为

$$\begin{cases} T_{mot}(t) + T_{ice}(t) = T_{gb}(t) + T_{accmech}(t) \\ P_{batt}(t) = P_{mot,e}(t) + P_{accelec}(t) \\ \omega_{mot}(t) = \omega_{ice}(t) = \omega_{gb}(t) \end{cases} \quad (12.1)$$

式中,T_{gb}、ω_{gb} 为变速器瞬时转矩和转速;T_{mot}、ω_{mot} 为电机瞬时转矩和转速;$P_{accelec}$ 为电气附件瞬时功率;$P_{mot,e}$ 为电机输入/输出端的瞬时电功率。

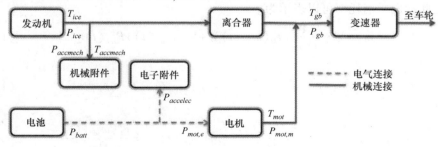

图 12.1 前置变速器并联混合动力货车的功率流

表 12.1 车辆特性

部件	参数
车辆质量	19878kg
发动机容量	6.7L 柴油
发动机功率	194kW
电机功率	200kW
电池能量容量	7.5kW·h（27MJ）
电气附件	7kW
机械附件	4kW

电池功率（P_{batt}）可以表示为发动机功率（P_{ice}）和需求功率（P_{req}）的函数

$$\begin{cases} P_{batt}(t) = -\dfrac{1}{\eta_{mot}} P_{ice}(t) + \dfrac{1}{\eta_{mot}} P_{req}(t) \\ P_{req}(t) = P_{gb}(t) + \dfrac{1}{\eta_{mot}} P_{accelec}(t) + P_{accmech}(t) \end{cases} \quad (12.2)$$

这种车辆模型已经在动力传动仿真分析工具包 PSAT 环境中实现。

采用基于 Willans 线性近似的发动机燃油消耗解析模型，将发动机化学功率（P_{chem}）表示为发动机功率（P_{ice}）和转速（ω_{ice}）的仿射函数

$$P_{chem}(t) = e_0(\omega_{ice}(t)) + e_1(\omega_{ice}(t)) P_{ice}(t) \quad (12.3)$$

式中，$P_{chem} = \dot{m}_f Q_{LHV}$ 为输入发动机的化学功率；Q_{LHV} 为柴油的较低热值（kJ/kg）；$P_{ice} = T_{ice} \omega_{ice}$ 为发动机功率输出；$e_0(\omega_{ice})$ 为发动机摩擦损失的系数；$e_1(\omega_{ice})$ 为机器转换效率的系数。

通过将 e_0 和 e_1 表示为发动机转速的二次拟合，可以很好地逼近摩擦损失系数和转换效率系数

$$\begin{cases} e_0(\omega_{ice}(t)) = e_{00} + e_{01}\omega_{ice}(t) + e_{02}\omega_{ice}^2(t) \\ e_1(\omega_{ice}(t)) = e_{10} + e_{11}\omega_{ice}(t) + e_{12}\omega_{ice}^2(t) \end{cases} \quad (12.4)$$

式中，$e_{ij} > 0$（$i, j = 0, 1, 2$）为恒定的 Willans 线性系数。

因此，燃料消耗率可以表示为

$$\dot{m}_f(t) = \dfrac{1}{Q_{LHV}}[e_0(\omega_{ice}(t)) + e_1(\omega_{ice}(t)) P_{ice}(t)] \quad (12.5)$$

或者

$$\dot{m}_f(t) = p_0(\omega_{ice}(t)) + p_1(\omega_{ice}(t)) P_{ice}(t) \quad (12.6)$$

其中

$$p_0(\omega_{ice}(t)) = \dfrac{e_0(\omega_{ice}(t))}{Q_{LHV}}, \quad p_1(\omega_{ice}(t)) = \dfrac{e_1(\omega_{ice}(t))}{Q_{LHV}}$$

注意：Willans 线性燃料消耗率模型，连同对电池模型的适当描述，在 12.8 节

中用于将能量管理控制问题重新表述为包括稳定性的无限时间范围的最优问题。

12.4 问题描述

能量管理问题的一个重要特征是，控制目标在本质上是不可分割的，如燃料消耗、每千米行程的排放量、电池寿命或上述组合，而控制行动在时间上是局部的。除此之外，控制目标还受到整体或全局约束以及局部约束，全局约束如保持电池SOC维持在规定范围内，局部约束如执行器的物理限制。这个问题的本质使得寻找近乎最优的可实现解的任务成为一个具有挑战性的目标，在过去的十年里，这个目标激发了大量的研究。

混合动力车辆的最优能量管理问题

在本章中，考虑在行驶任务中最小化燃料总质量 $m_f(g)$ 的问题。这等效于最小化如下成本 J_T

$$J_T = \int_0^T \dot{m}_f(u(t)) \mathrm{d}t \tag{12.7}$$

式中，$\dot{m}_f$ 为瞬时燃料消耗率（g/s）；$u(t)$ 为控制作用；T 为优化范围。

目标函数式（12.7）在一组局部和全局的约束下最小化，如下所述。

系统动力学

系统动力学根据 SOC 随着时间的变化给出

$$\dot{SOC}(t) = -\alpha \frac{I(t)}{Q_{nom}} \tag{12.8}$$

式中，α 表示 Coulomb 效率；$I(t)$ 为电池流入（正）和流出（负）的电流（A）；Q_{nom} 为电池额定充电容量（A·h）。

电池采用零阶等效电路模型建模，其参数为：等效电阻 R_{eq} 和开路电压 V_{oc}。对于目前的应用，即持续充电的 HEV，电池需要在一定的 SOC 范围内（通常在 0.5 ~ 0.8 SOC 之间）使用，而这些参数不依赖于 SOC。根据文献 [28] 中的结论，可以将电流 $I(t)$ 表示为 $P_{batt}(t)$ 的函数，并且将系统动力学表示为

$$\dot{SOC}(t) = -\alpha \frac{V_{oc} - \sqrt{(V_{oc})^2 - 4R_{eq}P_{batt}(t)}}{2R_{eq}Q_{nom}} \tag{12.9}$$

全局约束

对于持续充电的 HEV，在给定的行驶任务下，来自电池的净能量应当为零。这意味着在驱动循环结束时的 $SOC(T)$ 应当与驱动循环开始时的 $SOC(0)$ 相同，并且等于参考 SOC 值，即 SOC_{ref}

$$SOC(T) = SOC(0) = SOC_{ref} \tag{12.10}$$

式（12.10）主要用于比较不同解的结果，以保证它们启动和达到相同的电池能量水平。在实际车辆中，保持 SOC 在两个边界值之间是足够的。

局部约束

对状态和控制变量施加局部约束。这些约束主要涉及物理操作限制，如发动机最大转矩和转速、电机功率或电池 SOC。对于前置变速器并联 HEV 动力传动，局部约束表示为

$$P_{batt,\min} \leqslant P_{batt}(t) \leqslant P_{batt,\max},$$
$$SOC_{\min} \leqslant SOC(t) \leqslant SOC_{\max},$$
$$T_{x\min} \leqslant T_x(t) \leqslant T_{x,\max},$$
$$\omega_{x,\min} \leqslant \omega_x(t) \leqslant \omega_{x,\max}, \quad x = ice、mot$$
$$T_{mot,\min} \leqslant T_{mot}(t) \leqslant T_{mot,\max} \tag{12.11}$$

式中，最后两个不等式分别表示对发动机和电机的瞬时转矩和转速的限制；$(.)_{\min}$ 和 $(.)_{\max}$ 为每个瞬时功率/SOC/转矩/转速的最小值和最大值。

此外，监督控制器在每个瞬时要确保车轮的总功率要求得到满足。

问题 12.1

持续充电 HEV 中的能量管理问题要求，在满足动态状态约束式（12.9）、全局状态约束式（12.10）和局部状态和控制约束式（12.11）的同时，找到使目标函数式（12.7）最小的最优控制序列 u^*。

问题 12.1 本质上是一个有限时间范围[在有限时间范围 $[0, T]$ 内最小化目标函数式（12.7）]、约束（在每个时刻执行状态约束和控制约束）、非线性[系统动力学式（12.9）是非线性]、非二次（目标函数为发动机燃料消耗的映射）的最优控制问题。将问题 12.1 称为标准 HEV 能量管理问题，求解问题 12.1 所得到的典型 SOC 行为，如图 12.2 所示。

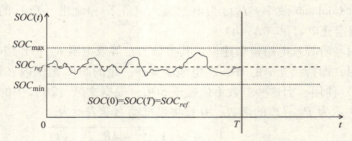

图 12.2 求解问题 12.1 所得的典型最优 SOC 行为

12.5 有限时间范围的能量管理策略

多年来，提出了几种求解问题 12.1 的方法。这些方法可以分类为：

1）非因果或不可实现的策略。它们需要对驱动循环有先验的了解，不适用于实际情况，如动态规划（DP）和 PMP。

2)因果或可实现的策略。它们不需要对驱动循环的先验知识,是以可实现性为主要目标开发的,不保证最优性,如自适应 PMP、随机 DP、基于规则的等效消耗最小化策略(ECMS)。

虽然主要目标是设计和实施最终可以在真实车辆上测试的因果策略,但是找到非因果最优解的重要性在于:①它们提供了一个基准解(全局最优),可以与任何因果策略进行比较;②适当地修改后,它们可以用于开发在线策略。在文献[16]中,第一次分析了 DP 的结果,目的是获得启发,以产生可重复的规则,从而设计出一种能够模仿 DP 行为的基于规则的策略。虽然基于规则的能量管理策略在实际车辆中相对容易开发和实现,但是需要大量的标定工作,以保证在任何驱动循环的令人满意范围内的性能。此外,规则不一定可以扩展到不同的动力传动架构和不同的部件尺寸。除了 DP 外,其还利用 Bellman 最优原理,递归地逆向寻找全局解,局部优化方法也被广泛用于寻找全局最优。这些方法可以在驱动循环已知时通过离线优化找到最优解,也可以用于在驱动循环未知时设计自适应最优策略,达到接近最优的性能。许多关于局部优化方法的文献都与 PMP 和/或 ECMS 有关。

PMP 在每个时刻都要构造和最小化 Hamilton 函数(瞬时成本和状态约束的函数)以获得最优解。PMP 条件,原则上只是问题 12.1 中最优性的必要条件,但其也变成充分条件(文献[13]和文献[14]的结果证明了最优控制问题在满足电池效率恒定的前提下在 SOC 范围内的解的唯一性)。这使得 PMP 成为寻找全局最优解的设计工具。给定问题 12.1,PMP 指出最优控制解 $u^*(t)$ 必须满足下列条件:

1)$u^*(t)$ 在每个时刻使与系统相关的 Hamilton 函数最小化

$$H(u(t),SOC(t),\lambda(t)) = \lambda(t)\dot{SOC}(t) + \dot{m}_f(u(t)) \quad (12.12)$$

即

$$u^*(t) = \min_{u \in \mathcal{U}} H(u(t),SOC(t),\lambda(t)) \quad (12.13)$$

式中,U 为可容许解的集合。

2)优化变量 $\lambda(t)$,也称为伴随状态或共态,必须满足沿最优解的动态方程

$$\dot{\lambda}(t) = -\frac{\partial H}{\partial SOC}\bigg|_{u^*,SOC^*} \quad (12.14)$$

式(12.13)产生的最优控制序列在开环中运行,如图 12.3 所示。

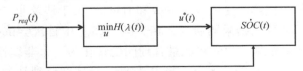

图 12.3 基于开环 PMP 的能量管理控制方案

因此,最优解 u^* 只有在功率要求先验已知的仿真中才能得到。特别是,PMP 的最优性在于对最优共态 λ^* 的完全了解,其值随着循环而变化。文献[29]在数学上证明了 Hamilton 函数 H 的最小化等价于 ECMS 中使用的等效燃料消耗函数的

最小化。ECMS 最初由 Paganelli 等提出，它基于以化学燃料使用量（g/s）为单位计算存储电能的使用，以便可以定义一个考虑到电力成本的等效成本函数

$$\dot{m}_{f,eq}(t) = s(t)\frac{E_{batt}}{Q_{lhv}}\dot{SOC}(t) + \dot{m}_f(t) \qquad (12.15)$$

式中，E_{batt} 为电池能量；$s(t)$ 为分配电力使用成本的等效因子；$\dot{m}_{f,eq}(t)$ 为等效成本函数，类似于 PMP 中的 Hamilton 函数。

一方面，如果 PMP/ECMS 是使用前瞻模拟器寻找问题 12.1 最优解的实用工具，则它们也可以用于实时实现。

事实上，PMP（或 ECMS）中唯一的控制参数是共态（或等效因子），其取决于循环。将 PMP（或 ECMS）作为因果策略的关键在于，将共态作为行驶条件的函数进行调整。由 PMP 解可以看出，随着行驶条件的变化，共态的变化与实际 SOC 与其保持电荷参考值的发散有关。这一观察结果导致基于 SOC 反馈的适应方案的开发，该方案将与最小化 H 结合使用。适应的作用是不使用过去的驾驶信息或未来驾驶行为的预测，而仅仅使用当前 SOC 的信息更新共态值。例如，可以通过类 PI 控制器或者通过自回归移动平均（ARMA）类型的机制进行适应

$$\lambda(k) = \frac{\lambda(k-1) - \lambda(k-2)}{2} + K(SOC_{ref} - SOC(k)) \qquad (12.16)$$

这允许适应定期以持续时间间隔 T_s（$t = kT_s$，$k = 1, 2, \cdots$）发生，而不是像基于类 PI 的校正的情况在每个时刻发生。

12.6　无限时间范围优化的动机

基于 A – PMP 的式（12.16）的实时控制器要求 Hamilton 函数瞬时最小化。这种操作需要车载每时每刻执行，尽管计算成本很高，但是在某些情况下可能导致不可预测的非最优结果，因为 Hamilton 函数在许多情况下都是驱动循环的，而不是控制变量的凸函数，如图 12.4 所示。不同的控制值在原理上可以同样适用于最小化过程，导致最优控制问题的非唯一解，从而在控制输出中引起不希望的抖振。这些问题表明，我们应该转向一个新的研究方向，以找到在实时环境中使用时不会出现这种有害行为的最优解。受到 Bernstein 和 Haddad 关于涉及非二次成本泛函的最优非线性调节问题的理论结果的启发，在文献［25］中首次尝试提出了一种新的能量管理问题的控制框架。作者将能量管理问题转化为一个非线性最优调节问题，其中在零扰动（$P_{rep} = 0$）的情况下，将电池 SOC 最优调节到其参考目标。初步结果表明，在车辆处于静止和串联混合架构的简单情况下，闭环控制律是可行的。计算复杂度降低，控制参数相对于行驶条件的灵敏度也降低。然而，在文献［25］中，有两个问题没有得到适当的解决：稳定性定义和有限时间成本函数扩展到无限时间泛函（需要正式使用来自文献［2, 11］的结果）。在文献［19］中，开发了

一个严格的框架,在保证最优性的同时,通过解析的、独立于循环的控制律,最终确定了能量管理状态轨迹的稳定性。12.7 节将对该新框架进行总结,12.9 节将给出新的仿真结果,比较新的解析监督控制器针对 PMP(用作基准)和 A – PMP (用于在线策略比较)的性能。

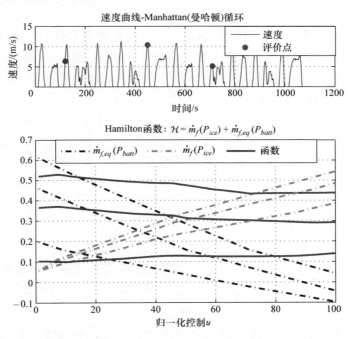

图 12.4　针对 Manhattan(曼哈顿)驱动循环的不同实例计算的 Hamilton 函数 H

12.7　从有限时间范围到无限时间范围的最优控制问题

将能量管理问题重新表示为一个非线性 – 非二次无限时间优化问题。新的控制框架将 HEV 中的标准有限时间最优控制问题(问题 12.1)重新考虑为无限时间范围问题。为了保证 $t>T$ 时车辆运行的最优性,将 $[0,T]$ 优化范围扩展到无限范围 $[0,\infty]$,从而得到一个新的成本函数 J_∞

$$J_\infty = \int_0^\infty \dot{m}_f(u(t))g(t)\mathrm{d}t \qquad (12.17)$$

通过标量正函数 $g(t)$

$$g(t) = \frac{1+\alpha\left(\dfrac{t}{T}\right)^q}{1+\left(\dfrac{t}{T}\right)^q} \quad 0<\alpha<1,\ q>0 \qquad (12.18)$$

函数 $g(t)$ 的作用是惩罚控制 $u(t)$ 对 $t > T$ 的作用,以便将式(12.7)定义的有限时间成本 J_T 近似为无限时间泛函式(12.17)。重新表示系统动力学以适应文献[11]中使用的形式(如文献[19]中所讨论的),其中要求非线性系统相对于供给率函数是耗散的。

系统动力学改造

在新的控制框架中,采用基于 Lyapunov 方法获得状态反馈控制律,从而找到最优的力矩/功率分配。其中,将所要求的功率(P_{rep})视为 $\mathscr{L}_2$ 扰动。电池能量状态(SOE)定义为当前电池储能量($E(t)$)与最大电池能量容量(E_{max})的比值,在本节讨论中作为状态变量。SOE 与 SOC 的关系为

$$SOE(t) = SOC(t) \frac{V_L(t)}{V_{oc}^{max}} = \frac{E(t)}{E_{max}} \tag{12.19}$$

式中,V_L 为电池端电压;V_{oc}^{max} 为最大开路电压。

因此,SOE 为

$$\begin{cases} S\dot{O}E = -\eta_{batt} \dfrac{P_{batt}}{E_{max}} \\ E_{max} = Q_{max} V_{oc}^{max} \end{cases} \tag{12.20}$$

定义 $k = \eta_{batt}/(E_{max}\eta_{mot})$,引入 SOE 电池误差 $\xi = SOE_{ref} - SOE$。根据式(12.2),其可以表示为控制输入(P_{ice})和扰动(P_{rep})的函数

$$\dot{\zeta} = -kP_{ice} + kP_{req} \tag{12.21}$$

需要注意的是,在并联模式下,所要求的功率是附件功率($P_{accelec} + P_{accmecc}$)和变速器功率($P_{gb}$)的总和。当车辆不移动($v = 0$)时,要求的功率 P_{req} 只考虑附件负载功率。因此,扰动功率 P_{req} 为

$$P_{req} = \begin{cases} P_{gb} + \eta_{mot} P_{accelec} + P_{accmecc} & v > 0 \quad \forall t \in [0, T] \\ \eta_{mot} P_{accelec} + P_{accmecc} & v = 0 \quad \forall t \in [T, \infty] \end{cases} \tag{12.22}$$

在 $\mathscr{L}_2$ 中,考虑一个开集 $\mathscr{Z} \subset \mathbb{R}$ 使得 $\zeta \in \mathscr{Z}$,一个开集 $\mathscr{U} \subset \mathbb{R}$ 使得 $P_{ice} \subset \mathbb{R}$,一个开集 $\mathscr{W} \subset \mathbb{R}$ 使得 $P_{req} \in \mathscr{W}$ 和 P_{req}。用于控制、状态和扰动的紧凑集为

$$\begin{cases} \mathscr{Z} = [SOE_{ref} - SOE_{max}, SOE_{ref} - SOE_{min}] \\ \mathscr{U} = [0, P_{ice}^{max}] \\ \mathscr{W} = \{P_{req} : P_{req} \in \mathscr{L}_2\} \end{cases} \tag{12.23}$$

考虑以下控制系统

$$\begin{cases} \dot{\zeta} = -kP_{ice} + kP_{req}, \zeta(0) = \zeta_0 \\ z = \zeta \end{cases} \tag{12.24}$$

其中,$\zeta = 0$ 是自治系统的平衡点,z 是性能输出变量。根据式(12.6),再考虑下列泛函成本

$$J_\infty = \int_0^\infty \dot{m}_f(P_{ice}(t))\mathrm{d}t = \int_0^\infty \frac{p_0(\omega_{ice}) + p_1(\omega_{ice})P_{ice}(t)}{Q_{LHV}}\mathrm{d}t \qquad (12.25)$$

问题 12.2

无限时间最优能量管理问题是在系统动力学式（12.24）下最小化成本函数式（12.25），其中状态和控制变量位于紧凑集 $\mathscr{Z}$ 和 $\mathscr{U}$ 中，并且 $P_{req} \in \mathscr{W}$。

定义 12.1

考虑问题 12.2，$P_{req} \equiv 0$，设 $\phi(\zeta(t))$ 为其最优解。如果 $t \to 0$ 时 $\zeta(t) \to 0$，则原点 $\zeta(t) = 0$ 的闭环系统在 $\phi(\zeta(t))$ 是渐近稳定的。

作为问题 12.2 的解，得到的典型的 SOC 行为如图 12.5 所示。可以注意到，在这种情况下，用于问题 12.1 要求 $SOC(T)$ 等于参考值 SOC_{ref} 的全局约束没有得到满足，因为只有当 $T \to \infty$ 时才能保证 SOC 对 SOC_{ref} 的收敛。

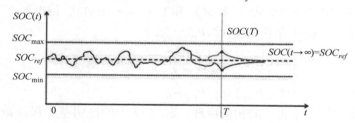

图 12.5　包含稳定性的无限时间优化问题解的典型 SOC 曲线

12.8　无限时间非线性最优控制策略

对于系统式（12.24）和无限成本函数式（12.25），定义 Hamilton 函数 H 为

$$H(\zeta, P_{ice}, \lambda) = \dot{m}_f(P_{ice}) + \Gamma(\zeta, P_{ice}) + \lambda(kP_{ice}) \qquad (12.26)$$

式中，$\Gamma(\zeta, P_{ice})$ 为（要选择的）正标量函数；λ 为共态变量。

为了使 Hamilton 函数在最小值处为零，按照文献 [11] 的要求，H 的移位操作如下

$$\overline{H}(\zeta, P_{ice}, \lambda) = H(\zeta, P_{ice}, \lambda) - p_0(\omega_{ice}) \qquad (12.27)$$

定理 12.1

考虑系统式（12.24）的泛函成本式（12.25），反馈控制律 $P_{ice}^*(\zeta)$ 定义为

$$P_{ice}^* = \phi(\zeta) = \begin{cases} \dfrac{2k^2(\mu^4\zeta^3)^2}{(k\mu^4\zeta^3 - p_1(\omega_{ice})g(g))\gamma^2} & \zeta < \overline{\zeta} \vee \zeta \leq 0 \\ \zeta^2 & 0 < \zeta \leq \overline{\zeta} \end{cases} \qquad (12.28)$$

其中

$$\overline{\zeta} = \left(\frac{p_1(\omega_{ice})}{k\mu^4}\right)^{\frac{1}{3}}$$

以便:
1) 根据定义 12.1,闭环系统的解 $\zeta(t)=0$,$t>0$ 是局部渐近稳定的。
2) 最小化伴随性能泛函功能 $\mathscr{I}(\zeta, P_{ice}(\zeta))$

$$\mathscr{I}(\zeta, P_{ice}) = \int_0^\infty [\dot{m}_f(P_{ice}) + \Gamma(\zeta, P_{ice})] dt \tag{12.29}$$

证明:
考虑候选的 Lyapunov 函数

$$V(\zeta) = \frac{1}{4}\mu^4 \zeta^4, \quad \mu > 0 \in R \tag{12.30}$$

然后,可以定义与系统式(12.24)和 Lyapunov 函数式(12.30)相关联的存储函数 $\Gamma(\zeta, P_{ice})$ 和供给率函数 $r(\zeta, P_{req})$ 如下

$$\begin{cases} \Gamma(\zeta, P_{ice}) = \frac{1}{\gamma^2}\left(\frac{\partial V}{\partial \zeta}\right)^2 k^2 (1 + \log(P_{ice}^2)) \\ r(\zeta, P_{req}) = \gamma^2 P_{req}^2 - \zeta^2 \end{cases} \tag{12.31}$$

遵循文献[11]中提供的相同推理,定理 12.1 的证明基于保证最优性和稳定性的一系列充分条件,即当使用最优反馈控制 $\phi(\zeta) = P_{ice}^*(\zeta)$ 时证明是成立的。

1) 假设 Lyapunov 函数 $V(\zeta)$ 在原点的最小值为零,即

$$V(0) = 0 \tag{12.32}$$

2) $V(\zeta)$ 是一个正定函数,因为其是一个二次标量函数,在原点处值最小。
3) 最优反馈控制律在原点为零,即

$$P_{ice}^*(0) = 0 \tag{12.33}$$

4) 最优控制律式(12.28)使原点 $\zeta(t)=0$ 在 $P_{req}=0$ 时渐近稳定,等效于

$$\frac{\partial V}{\partial \zeta} k P_{ice}^*(\zeta) < 0, \quad \zeta \neq 0 \tag{12.34}$$

为了表示式(12.34),不失一般性,考虑将 P_{batt} 作为新的控制变量,$P_{req}=0$,因此

$$P_{batt}^* = \begin{cases} -\dfrac{2k^2(\mu^4 \zeta^3)^2}{(k\mu^4 \zeta^3 - n_1(\omega_{mot})g(t))\gamma^2} & \zeta > \overline{\zeta}^* \vee \zeta \leq 0 \\ -\zeta^2 & 0 < \zeta \leq \overline{\zeta}^* \end{cases} \tag{12.35}$$

其中

$$\overline{\zeta} = \left(-\frac{p_1(\omega_{ice})}{k\mu^4}\right)^{\frac{1}{3}}$$

使得式(12.34)变为

$$\mu^4 \zeta^3 kk P_{batt}^*(\zeta) < 0, \ \zeta \neq 0 \tag{12.36}$$

在域 $0 < \zeta \leq \bar{\zeta}^*$ 中，可以得到

$$-\mu^4 \zeta^3 k \zeta^2 < 0 \tag{12.37}$$

在域 $\zeta > \bar{\zeta}^* \lor \zeta \leq 0$ 中，当 ζ 为正时，式（12.36）的分母为正，否则为负，从而导致

$$\begin{cases} -\mu^4 \zeta^3 k2k^2(\mu^4 \zeta^3)^2 < 0 & \zeta > \bar{\zeta}^* \\ \mu^4 \zeta^3 k2k^2(\mu^4 \zeta^3)^2 < 0 & \zeta \leq 0 \end{cases} \tag{12.38}$$

5）在应用最优控制律式（12.28）时，Hamilton 函数式（12.27）取最小值。移位的 Hamilton 函数 $\bar{H}$ 为

$$\bar{H}\left(\zeta, P_{ice}^*, \frac{\partial V}{\partial \zeta}\right) = \dot{m}_f + \Gamma(\zeta, P_{ice}^*) + \frac{\partial V}{\partial \zeta} k P_{ice}^*(\zeta) \tag{12.39}$$

对于系统式（12.24）和成本函数式（12.25），其变为

$$\bar{H} = p_1 P_{ice} + \frac{1}{\gamma^2} k^2 (\mu^4 \zeta^3)^2 (1 + \log(P_{ice}^2))^2 + \mu^4 \zeta^3 k P_{ice} \tag{12.40}$$

可以很容易地证明，闭环控制器式（12.28）是 $\bar{H}$ 的一个最小值（验证一阶平稳条件和二阶凸性条件）。

6）对于扰动输入 P_{req} 的无源性条件，要求满足以下不等式

$$\left(\frac{\partial V}{\partial \zeta}\right) k P_{req} \leq r(\zeta, P_{req}) + \dot{m}_f + \Gamma(\zeta, P_{ice}^*) \tag{12.41}$$

得到了 P_{req} 中的一个二阶代数不等式，当 $\gamma \leq \bar{\gamma} = 2.369$ 时对其进行了验证。证毕。

根据定理 12.1，当 $P_{req} = 0$ 时，闭环系统的原点 $\zeta = 0$ 是局部最优渐近稳定的。此外，P_{ice} 对于伴随泛函 $\mathscr{J}(\zeta, P_{ice}(\cdot))$ 是最优的，其是 J_∞ 的一个上界。

由定理 12.1 得到的最优控制律称为非线性最优控制策略（NL-OCS），其根据图 12.6 所示的闭环系统方案实现。据我们所知，这是首次提出一种分析监督控制器来解决 HEV 的能量管理问题。在最优控制律式（12.28）中，由 SOC 反馈操作，k 和 p_1 (ω_{ice}) 的值由车辆模型可知，γ 是一个常数，其上限由定理证明得到，μ 是唯一需要车载实现时选择的校准参数。

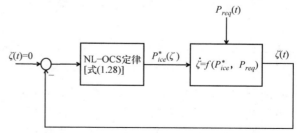

图 12.6 基于解析 NL-OCL 解的闭环能量管理控制方案

12.9 策略比较：仿真结果

本节首先针对 PMP 的基准解评估新型闭环监督控制器，然后将 NL – OCS 与实时可实现的 A – PMP 进行比较，以说明所提出的控制律车载实现的有效性。通过离线仿真测试基于模型的新策略对校定参数 μ 的灵敏度，结果如图 12.7a 所示。其中，NL – OCS 的不同 SOC 曲线显示了不同的 μ 值。在图 12.8a 中，同时绘制燃料消耗（FC）和 $\Delta SOC = SOC(T) - SOC(0)$（对于不同的驱动循环），以衡量控制律保证电荷可持续性的能力。图 12.7b 和图 12.8b 表明：①从 PMP 得到的不同共态 λ 的解；②电荷持续性对共态 λ 的高灵敏度。

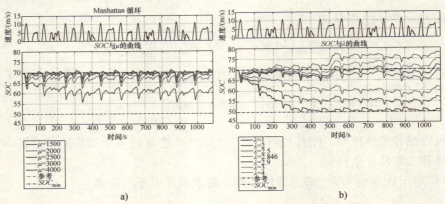

图 12.7 Manhattan 驱动循环下 SOC 的轨迹：a) NL – OCS 随着 μ 的变化；
b) PMP 随着 λ 的变化（见彩插）

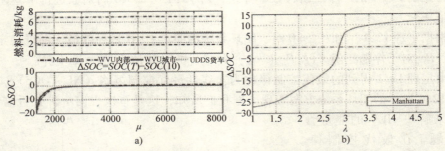

图 12.8 NL – OCS：四种不同驱动循环的 a) 燃料消耗和 $\Delta SOC = SOC(T) - SOC(0)$ 与 μ 的关系；b) PMP：Manhattan 驱动循环的 ΔSOC 作为 λ 的函数（见彩插）

众所周知，在充电可持续性和燃料消耗方面（见文献 [28]），PMP 的性能高度依赖于共态 λ。分析结果用于校准车载实现的 NL – OCS。将曼哈顿（Manhattan）、西弗吉尼亚城市（WVU）州际、重型 UDDS 和曼哈顿驱动循环组合驱动循环用于验证和比较 NL – OCS 与 PMP 解和实时控制器 A – PMP。三种 SOC 曲线如图 12.9 所示。三种控制策略的燃料经济性和发动机效率的定量分析见表 12.2。分析控制律不仅保证了控制参数 μ 的大范围的最优性（与 PMP 基准解的值相差在 1% 以内），如图 12.8 所示，而且也保证了对驾驶特性的低灵敏度，使得新策略驱动循环的性能是独立的。此外，校准的 NL-OCS 在燃料消耗方面也比实时 A-PMP 表现出更好的性能。最重要的是，拥有分析解的主要优点是控制动作的快速执行，而不是 A-PMP 瞬时最小化操作所需的计算负担。文献［19］报道，NL-OCS 解比 A-PMP 快 5 倍。通过将控制律式（12.28）发出的功率映射为 ζ 和发动机速度 ω_{ice} 的函数，NL-OCS 可以查找表的形式实现，如图 12.10 所示。

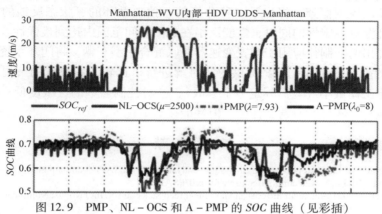

图 12.9　PMP、NL-OCS 和 A-PMP 的 SOC 曲线（见彩插）

表 12.2　PMP、A-PMP 和 NL-OCS 解之间的燃料消耗和发动机效率比较

控制器	FC m_f/kg	标准燃料消耗（%）	ICE 效率
PMP	13.11	100	0.319
A-PMP	13.36（<2%）	98.13	0.309
NL-OCS	13.24（<1%）	99.02	0.310

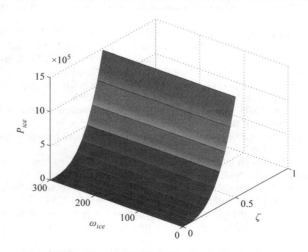

图 12.10　发动机功率图：$P_{ice} = f(\omega_{ice}, \zeta)$

12.10 结论

本章首先提出了混合动力车辆（HEV）能量管理问题的标准表示，回顾了 PMP 和 A - PMP 方法。作为一种实时可实施的策略，一方面，A - PMP 是非常有前途的，因为其结果接近全局最优；另一方面，由于瞬时最小化带来的高计算量可能使该策略在车辆运行中无法应用。本章以非线性、非二次最优控制理论为核心，提出了一种新的控制框架，提出了一种分析的、独立循环的、状态反馈的监督控制器，在保证渐近稳定性的同时，性能泛函在无限时间范围内达到最优性。此外，本章还将所提出的控制律应用于前置变速器并联混合重型车辆，将闭环系统的性能与 PMP 提供的基准解和 A - PMP 提供的实时解进行了比较。新设计的解提供的优势是：①标定工作量小（只需标定一个参数）；②对控制参数的灵敏度低；③车载应用的快速执行；④尽管有驾驶任务，但性能接近最优。

参 考 文 献

1. Argonne National Laboratory: Powertrain system analysis toolkit (PSAT) documentation. DuPage County, IL, http://web.anl.gov/techtransfer/pdf/PSAT.pdf
2. Bernstein DS (1993) Non quadratic cost and nonlinear feedback control. Int J Robust Nonlinear Control 3:211–229
3. Bertsekas DP (1995) Dynamic programming and optimal control. Athena Scientific, Belmont
4. Bianchi D, Rolando L, Serrao L, Onori S, Rizzoni G, Al-Khayat N, Hsieh TM, Kang P (2011) Layered control strategies for hybrid electric vehicles based on optimal control. Int J Electric Hybrid Veh 3:191–217
5. Biasini R, Onori S, Rizzoni G (2013) A rule-based energy management strategy for hybrid medium duty truck. Int J Powertrains 2(2/3):232–261
6. Brahma A, Guezennec Y, Rizzoni G (2000) Optimal energy management in series hybrid electric vehicles. In: Proceedings of the 2000 American control conference, vol 1, issue 6, pp 60–64
7. Chan CC (2002) The state of the art of electric and hybrid vehicles. Proc IEEE 90(2):247–275
8. Cipollone R, Sciarretta A (2006) Analysis of the potential performance of a combined hybrid vehicle with optimal supervisory control. In: Proceedings of the 2006 IEEE international conference on control applications, pp 2802–2807
9. Ebbesen S, Elbert P, Guzzella L (2012) Battery state-of-health perceptive energy management for hybrid electric vehicles. IEEE Trans Veh Technol 61(7):2893–2900
10. Guzzella L, Sciarretta A (2007) Vehicle propulsion systems: introduction to modeling and optimization, 2nd edn. Springer, Berlin
11. Haddad WM, Chellaboina V (2008) Nonlinear dynamical systems and control: a lyapunov-based approach. Princeton University Press, NJ
12. Johnson VH, Wipke KB, Rausen DJ (2000) HEV control strategy for real-time optimization of fuel economy and emissions. SAE Paper number No. 2000–01–1543
13. Kim N, Cha S, Peng H (2011) Optimal control of hybrid electric vehicles based on Pontryagin's minimum principle. IEEE Trans Control Systems Technol 19(5):1279–1287
14. Kim N, Rousseau A (2012) Sufficient conditions of optimal control based on Pontryagin's minimum principle for use in hybrid electric vehicles. Proc Inst Mech Eng, Part D: J Automobile Eng 226:1160–1170
15. Koot M, Kessels J, de Jager B, Heemels W, van den Bosh PPJ, Steinbuch M (2005) Energy management strategies for vehicular electric systems. IEEE Trans Veh Technol 54(3):771–782

16. Lin CC, Peng H, Grizzle JW, Kang JM (2003) Power management strategy for a parallel hybrid electric truck. IEEE Trans Control Syst Technol 11(6):839–849
17. Mi C, Masrur MA, Gao DW (2011) Hybrid electric vehicles: principles and applications with practical perspectives. Wiley, New York
18. Miller JM (2003) Propulsion systems for hybrid vehicles. The Institution of Electrical Engineers, London
19. Mura R, Utkin V, Onori S (2013) Ecasting the HEV energy management problem into an infinite-time optimization problem including stability. In: 52nd IEEE CDC
20. Onori S, Serrao L, Rizzoni G (2010) Adaptive equivalent consumption minimization strategy for hybrid electric vehicles. In: Proceedings of the 2010 ASME DSCC, pp 499–505
21. Paganelli G, Ercole G, Brahma A, Guezennec Y, Rizzoni G (2001) General supervisory control policy for the energy optimization of charge-sustaining hybrid electric vehicles. JSAE Rev 22:511–518
22. Pontryagin L, Boltyanskii VG, Gamkrelidze RV, Mishchenko EF (1962) The mathematical theory of optimal processes. Wiley, NJ
23. Rizzoni G, Peng H (2013) Hybrid and electric vehicles: the role of dynamics and control. In: ASME dynamic systems and control magazine, pp 10–17
24. Sampathnarayanan B (2013) Analysis and design of stable and optimal energy management strategies for hybrid electric vehicles. Ph.D. Dissertation The Ohio State University.
25. Sampathnarayanan B, Onori S, Yurkovich S (2012) An optimal regulation strategy for energy management of hybrid electric vehicles. In: 51st IEEE CDC
26. Sciarretta A, Back M, Guzzella L (2004) Optimal control of parallel hybrid electric vehicles. IEEE Trans Control Syst Technol 12:352–363
27. Sciarretta A, Guzzella L (2007) Control of hybrid electric vehicles. IEEE Control Syst Mag 27:60–70
28. Serrao L, Onori S, Rizzoni G (2011) A comparative analysis of energy management strategies for hybrid electric vehicles. ASME JDSMC 133(3):1–9
29. Serrao L, Onori S, Rizzoni G (2009) ECMS as a realization of Pontryagin's minimum principle for HEV control. In: Proceedings of the 2009 American control conference, pp 3964–3969
30. Serrao L, Onori S, Sciarretta A, Guezennec Y, Rizzoni G (2011) Optimal energy management of hybrid electric vehicles including battery aging. In: Proceedings of the 2011 American control conference, pp 2125–2130
31. Sundstrom O, Guzzella L (2009) TA generic dynamic programming Matlab function. In: Control applications (CCA) intelligent control (ISIC), 2009 IEEE, pp 1625–1630
32. Sundstrom O, Guzzella L, Soltic P (2008) Optimal hybridization in two parallel hybrid electric vehicles using dynamic programming. In: Proceedings of the 17th IFAC world congress

第13章 包含热动力学和老化的汽车电池系统最优能量管理

摘要：混合动力车辆（HEV）作为最优控制的一个应用领域，近十年来一直是研究的热点。特别是，研究人员已经证明，应用最优控制技术可以有效地设计能量管理（或监督控制）。这些方法已经应用于实现各种架构的可充电混合动力车辆，最近也应用于插电混合动力车辆。插电混合动力车辆（PHEV）的特点是电池容量和能量远高于充电混合动力车辆，因此对电池行为的正确描述在能量管理设计中起着更为基础的作用。

13.1 引言

通常，能量管理的目标是在电池充电状态（SOC）的全局约束下，最小化燃料消耗（或消耗和调节排放的加权总和）的成本函数。因此，电池动力学通常只描述作为电流函数的宏观SOC变化。然而，电池是HEV和PHEV的一个关键部件，对整个系统的成本和性能影响很大。虽然安装成本是电池设计的一个结果，但如果不匹配车辆寿命，则电池寿命结束会导致更换成本。此外，当电池功率和能量随着电池老化而退化时，其缓冲作用趋于减弱，动力传动的能量效率随着时间的推移而降低。因此，电池老化是一个关键因素，对于PHEV来说更是如此，这不仅取决于设计选择，还取决于电池的使用，即采用的能量管理策略。要最小化包含老化在内的成本函数，需要对老化因素进行适当的建模，尤其是容量损失和内阻增加。文献[4]首次尝试将老化模型集成到基于最优控制的能量管理的成本函数中。其中使用的老化模型只对电流敏感。然而，要得到一般的结论，还需要一个更精确和试验验证的模型。本章主要考虑容量损失因素，这是几个试验研究的主题，这些研究指出了电流和温度作为主要容量损失因素的重要性。温度的相关性意味着在最优控制解中要考虑除SOC之外的一个附加动力学因素。一些研究涉及电池温度变化，没有明确考虑老化。附加的温度状态意味着在最优控制解中附加共态，这在在线控制器和离线优化中都特别难以处理，正如其他热状态所显示的那样，诸如发动机或催化剂温度。例如，对于稳态动力学，共态自身的动力学是不稳定的，这一事实使得优化解对于共态值的预测（在线）或初始共态值的猜测（离线，如使用类似于打靶的方法）非常敏感。作为一个附加的复杂性，建立的容量损失模型表现出一种内部状态，即总安培小时（A·h）吞吐量，从最优控制解的角度来看，这是同样不期望的特性。

本章的贡献是对 PHEV 运行期间混合燃料消耗 – 电池老化成本函数最小化的仿真研究，尽管是基于试验测量。对验证的容量损失模型进行改进，以消除 A·h 吞吐量状态。然而，热动力学在最优控制问题中得到明确考虑，为此使用经过验证的集总参数电池热模型。根据环境温度和优化准则，对动态规划（DP）和 Pontryagin 最小原理（PMP）的最优解进行比较。针对衍生策略的在线实施，对共态变化进行具体分析。

13.2 案例研究和动机

本章的案例研究是由 IFPEN 设计的一款插电并联混合动力车辆。基本型汽车是一种汽油发动机多用途车辆（雷诺 Kangoo），通过集成现成的电子部件（电池组、DC – DC 变换器和电机）和将原来的手动变速器替换为入门级的自动手动变速器转变为一种全混合动力车辆。电机通过齿轮减速器与变速器的主轴耦合，从而保证纯电动模式下的车辆速度范围。当 NEDC 循环限制在 55km/h 时，一个大型锂离子电池在零排放模式下可以获得约 33km 的续驶里程。车辆主要部件的特性，见表 13.1。

基于等效消耗最小化策略（ECMS）的车载能量管理是一种源于最优控制理论和 PMP 的技术，其使用发动机燃料消耗作为最小化准则，见 13.4.2 节。在 5 ~ 10Hz 的低频率下，计算发动机与电机之间的最优转矩分配。根据 ECMS，在每个时间步，所需的车轮转矩的最优分配是在固定（相对较小）数量的混合动力分配值和一个纯电动模式中选择的。在假定相应的传动构型是即时可用的情况下，计算最优转矩分配。通常情况下并非如此，因为改变传动构型需要瞬变阶段，如启动发动机或执行换档。

ECMS 在车辆控制单元（VCU）中的嵌入式实现已经证明，在集成动力传动部件限制和驾驶性约束的同时，可以达到最小燃料消耗。施加驾驶员要求测量的车轮转矩、车速曲线以及初始和最终电池充电状态（SOC），比较根据城市任务曲线测量的燃料消耗和采用 DP 计算的后验优化结果，可以评估 ECMS 的合理性，见 13.4.1 节。图 13.1 显示了燃料消耗与 SOC 的这种比较，燃料消耗由发动机控制器中的喷射信号测量。在 DP 中，发动机开/关状态和齿轮强制匹配测量的值。

应当注意的是，由 VCU 发出的发动机转矩和电机转矩设定值并不总是与 ECMS 的原始输出相一致，因为动态校正是在 ECMS 的下游进行的，以管理传动的瞬变。在 DP 中，不执行这样的校正。然而，所提出的结果表明，至少对于这种特殊的应用,试验的燃料能耗和电池放电接近于 DP 找到的最优轨迹。这是 PMP/DP 假设的固有效果(准静态建模,缺乏瞬态机动)。一方面,在瞬态机动(发动机停止/起动、换档)过程中,PMP/DP 高估了燃料消耗,因为其假设动力传动瞬间处于其设定构型。另一方面,PMP/DP 准静态建模低估了瞬态过程的燃料消耗。这些对比效应是部分补偿的,说明了图 13.1 的良好一致性。

表 13.1 柔性混合部件的主要特征

部件	转速范围/(r/min)	电压范围/V	功率/kW	容量/A·h
ICE	0~6000	—	63	—
电机	0~20000	400~550	37	—
电池	—	145~216	—	39
DC/DC 变换器	—	400~600	40	—
变速器	—	AMT(5 档)	—	—
车辆	—	1700kg 整备质量	—	—

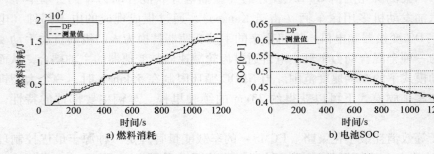

图 13.1 测量值(在线 ECMS)和 DP 轨迹之间的比较

标准的基于最优的能量管理只考虑在成本函数中的燃料消耗最小化。然而,由此产生的电池电流会表现出相当激进的行为,如图 13.4 所示。本试验中电流的方均根值(RMS)约为 40A。这一事实揭示了在整体动力传动能量管理中考虑电池老化的相关性,其中电流 RMS 是一个重要因素。

13.3 最优控制问题描述

在文献[4]中,给出耗尽的电池寿命量为

$$\frac{1}{\Gamma}\sigma(I(u(t),w(t)),\xi(t),\theta(t))|I(u(t))| \tag{13.1}$$

式中,I 为电池电流;u 为控制变量的集合;$w(t)$ 为与驱动循环相关的非受控量的集合,即车轮所需的转矩、车速等;ξ 为电池 SOC;θ 为电池温度;函数 $\sigma(\cdot)$ 为严重因子,即相对于一个标称循环的相对老化效应,其由假设的图计算;Γ 为与标称循环相对应的总 A·h 吞吐量。

在本章中,电池寿命损耗具体表示为容量损耗,由老化因子 Y 来描述,由 13.3.3 节中描述的半物理模型得出。因此,严重因子概念由容量损失率 $\dot{Y}$ 所取代。利用这样的模型,最优控制问题由最小化组合准则组成

$$J = (1-\alpha)\int_0^T \dot{m}_f(u(t))LHV\mathrm{d}t + \alpha\int_0^T \beta\dot{Y}(I(u(t),w(t)),\xi(t),\theta(t))\mathrm{d}t$$

(13.2)

式中,β 为使容量损失率在维度上与燃料消耗相容的转换系数;α 为调整两个成本贡献相对重要性的加权因子(α 是任意的,而 β 具有物理参数的意义);变量 $u(t)$ 对于本章所考虑的前置变速器并联结构为发动机转矩。

忽略电化学和机械动力学,假设电流 $I(t)$ 是 $u(t)$、$w(t)$、$\xi(t)$ 和 $\theta(t)$ 的代数函数(后两个依赖关系通过电池内部参数实现)。然而,两个变量 $\theta(t)$ 和 $\xi(t)$ 的动力学关系非常密切,不可忽视,因此作为状态变量来处理。通常,状态方程为

$$\dot{\xi} = f_\xi(I(t))$$

(13.3)

$$\dot{\theta} = f_\theta(\xi(t),\theta(t),I(t))$$

(13.4)

接下来的三个小节将描述用于计算函数 $\dot{m}_f$、I、$\dot{Y}$、f_ξ 和 f_θ 的模型。

所提出的最优控制问题的全局约束是初始状态和最终状态,即 $\xi(0) = \xi_0$、$\xi(T) = \xi_f$(SOC 目标值)、$\theta(0) = \theta_0$(环境温度),而 $\theta(T)$ 是自由的。当然,状态变量和控制变量 u 会受到基于物理和可驾驶性的局部约束。

13.3.1 动力传动建模

本章报告的计算是以离线方式执行的,其中规定了一个驱动循环,并且假定完全遵循该循环。向量 $w(t)$ 包含车轮转矩 $T_w(t)$ 和车轮转速 $\omega_w(t)$ 的值,齿轮 $n(t)$ 根据换档映射作为 $T_w(t)$ 和 $\omega_w(t)$ 的函数进行选择。因此,发动机转速为 $\omega_e(t) = R_t(n(t))\omega_w(t)$,电机转速为 $\omega_m(t) = R_m R_t(n(t))\omega_w(t)$,其中 R_m 是电机减速比,R_t 是包括变速器和主减速器的可变传动比。

发动机转矩 $T_e(t)$ 与这种结构的控制变量 $u(t)$ 一致。燃料消耗率由准静态发动机燃料图计算

$$\dot{m}_f(T_e,\omega_e) = \dot{m}_f(u,w)$$

(13.5)

其表格数据如图 13.2a 所示。发动机转矩和车轮转矩需求定义电机转矩为

$$T_m(t) = \frac{1}{R_m}\left(\frac{T_w(t)}{R_t(n(t))\eta_t^{\mathrm{sign}(T_w(t))}} - T_e(t)\right)$$

(13.6)

式中,η_t 为传动效率。

电机功率根据效率图 $P_m(T_m,\omega_m) = P_m(u,w)$ 计算,其表格数据如图 13.2b 所示。

根据 13.3.2 节所述的电池模型,由电池功率 $P_b(t) = P_m(t)$ 评估电池的 SOC

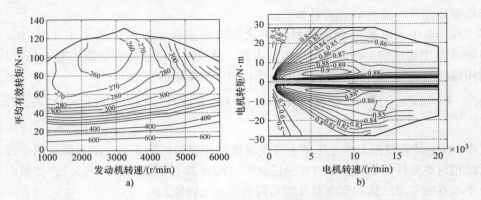

图 13.2　发动机燃料图和电机效率图

和温度以及老化因子率。需要注意的是，虽然 13.2 节中呈现的原始演示车辆配备了由 54 个串联电池组成的 SAFT 模块，但是本章所考虑的模型是针对一个 A123 系统的锂离子电池，其有足够的试验数据。为了匹配原电池组的能量和功率，将串联和并联的电池组数设为 $N_s = 58$、$N_p = 17$。

13.3.2　电池建模

用等效电路方法对电池进行建模，描述电池的状态动力学。充电状态 ξ 的计算是基于电化学和电荷之间的等效性，通过 A·h 计数

$$\dot{\xi} = f_\xi(I(t)) = -\frac{I(t)}{C_{nom}} \tag{13.7}$$

式中，C_{nom} 为电池额定容量（C）。

电池电流 $I(t)$ 由电池功率 $P_b(t) = I(t)V(t)$ 计算，电池电压模型为

$$V(t) = U_0(\xi(t)) + R(\xi(t), \theta(t))I(t) \tag{13.8}$$

式中，开路电压 U_0 是 SOC 的函数；内阻 R（捕捉欧姆、电荷转移和扩散效应）是 SOC 和温度的函数。

热动力学用一个集中参数热平衡来描述

$$\dot{\theta} = f_\theta(\xi(t), \theta(t), I(t)) = \frac{q_{gen} - q_{tra} - q_{cool}}{MC} \tag{13.9}$$

其中

$$q_{gen}(\xi(t), \theta(t), I(t)) = RI(t)^2 + \theta(t)I(t)\frac{dU}{d\theta}(\xi(t)) \tag{13.10}$$

$$q_{tra}(\theta(t)) = hA(\theta(t) - \theta_0) \tag{13.11}$$

式中，q_{gen} 为电池产生的热量和与环境交换的热量；θ_0 为环境绝对温度；q_{cool} 为冷却系统提供的热量；M 为体积质量；C 为热容量；h 为传热系数；A 为热交换表面积；$dU/d\theta$ 为熵热。

因此，这种动力学的时间常数是 MC/hA 的阶数，对于所考虑的电池来说，约等于 800s。这样的值使得热动力学与 SOC（几乎是一个纯积分器）具有可比性。

冷却系统是基于原演示车辆的电池实现建模的。当所测表面电池温度达到上限时，恒温控制器会启动液体冷却剂循环。然而，本研究忽略了水泵的耗电量。

电池组特性根据商用 2.3A·h A123 系统 LiFePO$_4$ 锂离子电池试验确定的相应电池值进行缩放。具体来说，$U_0 = N_s U_{0,cell}$，$R = R_{cell} N_s/N_p$，$M = M_{cell} N_s N_p$，$A = A_{cell} N_s N_p$，$dU/d\theta = (dU/d\theta)_{cell} N_s$。图 13.3 显示了 $U_{0,cell}$ 和 $(dU/d\theta)_{cell}$ 分别对 SOC 的依赖性。有关模型和参数识别的更多详细信息，见文献[12，13]。

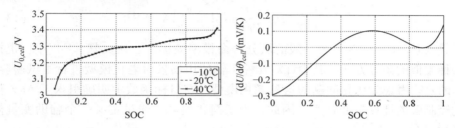

图 13.3 作为 SOC 的函数的 A123 电池的开路电压和熵热

13.3.3 电池老化建模

由于几种微观老化现象，锂离子电池的性能逐渐下降，这通常意味着电池容量损失和阻抗增加。导致容量衰减的机理包括活性材料粒子的接触损失、金属锂电镀、粒子中裂纹形成和固体电解质界面相（SEI）形成，每种机制的相对影响随着电池技术和使用而变化。在文献[6]中，说明了对 A123 系统的 LiFePO$_4$ 锂离子电池进行的大规模试验测试，包括大范围恒定的 C 速率以及温度充电和放电。结果表明，与阳极退化相关的活性锂的损失是锂离子电池技术容量衰减的主要原因。在试验数据的基础上，对一个经验循环寿命模型进行了识别和验证。假设容量损失的百分比是温度和 C 速率（或等效为电流）的函数，可以表示为

$$Q_{loss} = B_0 \exp\left(-\frac{E_a}{R\theta}\right) Ah^z \tag{13.12}$$

式中，B_0、E_a 为 C 速率的函数；$z = 0.55$ 为常数参数；Ah 为安培小时吞吐量，表示电池在循环过程中所传递的电量，即

$$Ah = \int \frac{|I|}{3600 C_{nom}} dt \tag{13.13}$$

该模型的适用范围对应于试验测试条件，即恒定 C 速率和恒定温度。针对本章的目的，有必要将寿命模型推广到时变温度和电流，关于这个问题的文献仍然较少。文献[15]中使用了循环的电流和温度的 RMS。类似地，文献[7]定义了一个有效温度和 SOC，取代了常数值。

这里提出了一种不同的方法。对于式（13.12），假设 I 和 θ 是常数，可以根据时间推导出

$$\frac{\mathrm{d}Q_{loss}}{\mathrm{d}t} = B_0 \exp\left(-\frac{E_a}{R\theta}\right)\frac{\mathrm{d}(\mathrm{Ah}^z)}{\mathrm{d}t} = zB_0\exp\left(-\frac{E_a}{R\theta}\right)\mathrm{Ah}^{(z-1)}\frac{\mathrm{d}(\mathrm{Ah})}{\mathrm{d}t} \quad (13.14)$$

因为

$$\frac{\mathrm{d}(\mathrm{Ah})}{\mathrm{d}t} = \frac{|I|}{3600} \quad (13.15)$$

所以

$$\frac{\mathrm{d}Q_{loss}}{\mathrm{d}t} = zB_0\frac{|I|}{3600}\exp\left(-\frac{E_a}{R\theta}\right)\mathrm{Ah}^{(z-1)} \quad (13.16)$$

式（13.16）作为一个一般的微分寿命模型被提出。在文献［8］中，也提出了一种类似的微分方法，其中针对几种车辆使用场景对老化模型进行了试验验证。不幸的是，考虑到优化问题的这种老化模型，在目标函数中明确引入了 Ah，使得最优控制解的计算量非常大。因此，为了简化问题，通过定义一个辅助变量修改式（13.12）

$$Y = zQ_{loss}^{\frac{1}{z}} = zB_0^{\frac{1}{z}}\exp\left(-\frac{E_a}{zR\theta}\right)\mathrm{Ah} \quad (13.17)$$

应用式（13.14）~式（13.16）的参数至新变量 Y

$$\dot{Y} = zB_0^{\frac{1}{z}}\frac{|I|}{3600}\exp\left(-\frac{E_a}{zR\theta}\right) \quad (13.18)$$

这允许将近似的容量损失定义为

$$\widetilde{Q}_{loss} = Y^z = \left(\int zB_0^{\frac{1}{z}}\frac{|I|}{3600}\exp\left(-\frac{E_a}{zR\theta}\right)\mathrm{d}t\right)^z \quad (13.19)$$

图 13.4 比较了由式（13.16）预测的 Q_{loss} 与式（13.19）预测的 $\widetilde{Q}_{loss}$，结果参考了 13.2 节中讨论的试验过程中测量的电池电流曲线。为了完整起见，图中还显示了 RMS 方法。Q_{loss} 和 $\widetilde{Q}_{loss}$ 损失之间的关系似乎是单调的。此外，由图可以看出，在参考和近似的容量损失之间存在充分的定量一致，在 1200s 后有约 6% 的相对偏差。这些考虑允许使用老化因子 Y 作为本研究其余部分的优化准则。

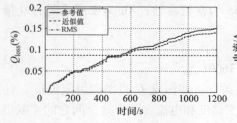
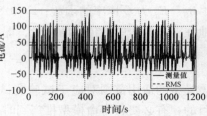

图 13.4　参考容量损失 Q_{loss} 与近似容量损失 $\widetilde{Q}_{loss}$ 之间的比较

13.4 最优控制问题求解

13.3 节提出的最优控制问题采用两种不同的数值技术离线求解：动态规划（DP）和 Pontryagin 最小原理（PMP）。虽然 DP 通常更接近于全局最优（至少对于单状态问题），但它的计算量随着状态数的增加而显著增加。另一方面，PMP 需要共态的初始值，但是可以由 DP 结果进行预调，其结构更接近于在线可实施的解。

13.4.1 动态规划

动态规划是根据 DPM 算法来实现的，时间步长是 1s。对于 SOC 状态，定义 200 个网格点，平均间隔 0~70% 之间。对最终 $SOC\xi_f$ 实施硬约束，范围为 ±1%。对于温度状态，定义 100 个网格点，在 $\theta_0 - 5$ 和 $\theta_0 + 10$ 之间等距分布，最终温度是自由的。控制变量 u 是发动机转矩，按如下 23 个值离散化：20 个值在发动机最小和最大的转矩之间等距分布，对应于当前时间步的发动机转速；另外 3 个值是对应于只有 ICE 转矩、零转矩和 ZEV 模式，后两项均为零，但在 ZEV 情况下，发动机转速也设置为零。

为了避免计算量过大，优化中不考虑离散状态，即发动机开/关状态和齿轮啮合。因此，不能调节或避免发动机频繁起动和停止。这是一个临界点，必须后期验证，并可能使用 PMP 进行处理。在假设发动机运转的情况下，传动比随着驱动循环而施加。然而，如果 DP 选择 ZEV 模式，则发动机就会脱离（转速设置为零），变速器设置为 2 档。换档规律作为车速和加速踏板位置的函数预先计算，通过计算车轮转矩需求，使用当前车速下动力传动可以提供的最大和最小转矩信息，由驱动循环重建加速踏板位置。

动态规划既可以使用两种状态（DP2）执行，也可以使用 SOC 状态（DP1）执行。在后一种情况下，首先使用温度恒定并等于 θ_0 执行 DP，然后以这种方法计算的能量管理律 $u(t)$ 运行整个变温模型，并且记录相应结果。

13.4.2 PMP

利用 Pontryagin 最小原理（PMP），寻找能量管理问题的实时可实施最优解。该原理认为，最优控制 $u(t)$ 在每一时刻使 Hamilton 函数最小化，Hamilton 函数由准则式（13.2）和状态函数式（13.3）导出

$$H(u,w,\xi,\theta,\lambda_\xi,\lambda_\theta) = (1-\alpha)\dot{m}_f(u,w)LHV + \alpha\beta\dot{Y}(u,w,\xi,\theta) + \lambda_\xi P_{ech}(u,w,\xi,\theta) + \lambda_\theta P_{th}(u,w,\xi,\theta) \quad (13.20)$$

在 Hamilton 函数的这个定义中，f_ξ 和 f_θ 分别通过乘以因子 $-C_{nom}U_0$ 和 $-MC$ 转换成功率单位，从而产生电池电化学功率 $P_{ech} = U_0 I$ 和热功率 $P_{th} = -(q_{gen} - q_{tra} - q_{cool})$，见 13.3.2 节。

因此，伴随状态动力学由下式给出

$$C_{nom}U_0\dot{\lambda}_\xi = \frac{\partial H}{\partial \xi} = \alpha\beta\frac{\partial \dot{Y}}{\partial \xi} + \lambda_\xi\frac{\partial P_{ech}}{\partial \xi} + \lambda_\theta\frac{\partial P_{th}}{\partial \xi} \quad (13.21)$$

$$MC\dot{\lambda}_\theta = \frac{\partial H}{\partial \theta} = \alpha\beta\frac{\partial \dot{Y}}{\partial \theta} + \lambda_\xi\frac{\partial P_{ech}}{\partial \theta} + \lambda_\theta\frac{\partial P_{th}}{\partial \theta} \quad (13.22)$$

PMP可以既在两种状态（PMP2）下执行，也可以只在SOC状态（PMP1）下执行。在后一种情况下，同样设置λ_θ为零。此外，为了恢复1状态PMP的实现，通常忽略λ_ξ的残差变化，其中λ_ξ为常数。这种近似相当于忽略SOC对电池动力学的影响，见式（13.21）。至于SOC对SOC动态本身的影响（$\partial P_{ech}/\partial \xi$），文献通常忽略，如文献[5]，因为存在维持电荷的HEV只使用少量电池充电的事实。然而，本章所研究的应用是一种PHEV，其本质上是设计用于在广泛的SOC范围内运行电池。因此，上述假设的有效性将通过观察DP结果进行事后检验，见13.5.1节。通过使用特定模型式（13.18），忽视$\partial \dot{Y}/\partial \xi$是合理的。而在文献[6]中显示的参数对SOC的依赖性是可以忽略的，但是其他电池化学产品却未必如此。在这些情况下，对式（13.21）必须如文献[4]中所述那样进行整合。

与DP类似，采用PMP1和PMP2计算的能量管理律针对完整的变温度模型运行，并且记录相应结果。

13.5 最优控制问题结果

接下来的两节将呈现几个关于θ_0和α仿真结果的场景。所有仿真的驱动循环都是相同的，它由意大利阿尔卑斯山记录的15km长的驱动曲线组成，并且具有海拔变化。车速和车轮转矩需求以及档位设定点，如图13.5所示。后一个量是根据换档规律计算出来的，并在能量管理策略选择起动发动机时实际实现，如13.4.1节所述。初始SOC设置为60%，而目标SOC设置为20%。

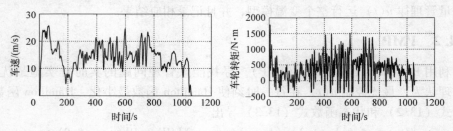

图13.5 驱动循环的车速和车轮转矩

13.5.1 动态规划结果

表13.2总结了DP1和DP2在环境温度$\theta_0 = 20℃$下得出的结果。除了定义每个

单独场景的 α 值外,该表还列出了三个指标和四个附加量。三个指标是总成本 J 及其两个组成部分,即燃料能量 E_f 和通过转换系数 $\beta = 1 \times 10^9$ 加权的老化因子 Y。由于所有试验的最终 SOC 并不完全相同(DP 编码中强制要求偏差为 $\pm 1\%$),因此,DP 输出的原始结果经过校正,以补偿 SOC 与目标值 20% 的偏差。修正规则是

$$E_f = E_{f,raw} + \lambda_\xi^{\alpha=0}(0)(0.2 - \xi(T))(C_{nom} U_0(\xi_0, \theta_0)) \qquad (13.23)$$

$$\beta Y = (\beta Y)_{raw} + \lambda_\xi^{\alpha=1}(0)(0.2 - \xi(T))(C_{nom} U_0(\xi_0, \theta_0)) \qquad (13.24)$$

式中,共态值 $\lambda_\xi^{\alpha=0}(0)$ 和 $\lambda_\xi^{\alpha=1}(0)$ 分别为场景 $\alpha=0$ 和 $\alpha=1$ 时表中所示的量。

根据定义,由 DP 算法输出的值函数计算共态轨迹

$$\lambda_\xi(t) = -\frac{\partial V(t, \xi, \theta)}{\partial \xi}\bigg|_{t, \xi^*(t), \theta^*(t)} \frac{1}{C_{nom} U_0(\xi_0, \theta_0)} \qquad (13.25)$$

$$\lambda_\theta(t) = -\frac{\partial V(t, \xi, \theta)}{\partial \theta}\bigg|_{t, \xi^*(t), \theta^*(t)} \frac{1}{MC} \qquad (13.26)$$

其中,偏导数是沿着由星号变量表示的最优状态轨迹计算的,使得共态无量纲的比例因子被添加到右侧。

表 13.2 使用 DP 获得的环境温度为 20℃ 的仿真结果

α	DP	J/MJ	E_f/MJ	βY/MJ	ΔJ (%)	q_f (L/100km)	Q_{loss} (%/100km)	$\lambda_1(0)$	$\lambda_2(0)$	max$\Delta\theta$ /℃	RMS(P_b) /kW
0	1	35.7	35.7	19.9	—	7.2	0.75	2.09	—	6.4	14.9
0	2	35.7	35.7	20.4	0.2	7.2	0.76	2.13	0.45	6.7	15.1
1/3	1	30.0	35.9	18.3	—	7.3	0.72	0.92	—	5.8	14.5
1/3	2	30.0	36.2	17.7	0.1	7.3	0.70	0.61	-2.52	5.6	14.3
2/3	1	23.6	37.0	16.9	—	7.5	0.69	-0.19	—	5.4	14.0
2/3	2	23.5	37.5	16.5	-0.3	7.6	0.68	-0.77	-5.26	5.0	13.7
1	1	16.6	41.3	16.6	—	8.4	0.67	-1.34	—	5.3	13.9
1	2	16.2	41.4	16.2	-2.2	8.4	0.67	-2.17	-8.06	4.5	13.1

除了成本 J 的绝对值外,还显示了从 DP1 到 DP2 切换时的相对变化。表 13.2 最后列出的量是试验过程中电池温度的最大上升量和电池功率的均方根值,它们都是增加容量损失的主要因素。图 13.6 显示了两个状态的时间变化、由 DP2 获得的两个共态和考虑的四个 α 值。

对这些结果的分析有几个考虑因素。首先,加权因子 α 在修正解的性质中起着基础作用。α 的增加明显导致 βY 的减少,同时增加 E_f。从更节能的策略($\alpha=0$)到更减少老化的策略($\alpha=1$)的转变伴随着温度升高的降低(最大 $\Delta\theta$),以及预期的电池功率均方根值[RMS(P_b)]的减小,如图 13.6 所示。平均发动机效率通常随 α 的增加而降低,在表中没有显示。从只对燃料消耗敏感的($\alpha=0$)基线策略开始,随着 α 的增加,老化因子可能显著降低,只会带来相对较小的燃料经济

性惩罚。例如,切换到 $\alpha=1/3$,βY 可以降低约 10%,而 E_f 只增加 1.4%。在循环过程中,SOC 的共态 λ_ξ 几乎为常数,这就证明了 13.4.2 节对 PMP 解引入的假设是正确的。接近循环结束的变化是由于数值原因(不可行状态)和再生制动的出现(SOC 不再由控制变量调节,而是由扰动调节)导致的。其初始值随着 α 的增加而降低,并且对于老化减少策略而言变为负值。事实上,虽然燃料消耗率通常与电功率消耗相对 u 的方向相反,但是老化因子率呈现相同的趋势(即其会因电池使用较少而降低)。以老化因子为主要判断准则时,找出了最优折中方案。温度共态 λ_θ 比 SOC 共态变化大,在循环结束时收敛到零,正如终端温度不受约束所预测的那样。

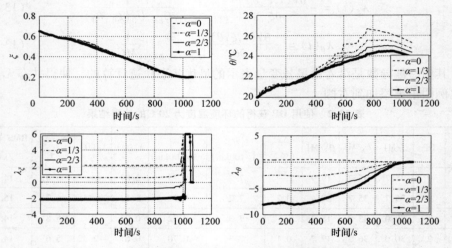

图 13.6　由 DP2 获得的 SOC、温度、SOC 共态和温度共态轨迹

α 对于两个优化准则的影响,如图 13.7 所示,分别显示了由 DP1 和 DP2 得到的曲线 $E_f - \beta Y$。需要注意的是,关于 DP1 的数据比表 13.2 所示的数据多得多。图中分别清楚地显示了 α 趋向于 1 和 0 时 E_f 和 βY 的渐近行为。与维持电荷的 HEV 相比,βY 的渐近值不接近零,因为净电池使用是由电荷消耗 PHEV 运行强加的。DP2 曲线应被视为燃料能量和老化因

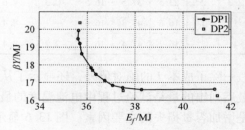

图 13.7　由 DP1 和 DP2 计算的燃料能量与老化因子的关系($\theta_0 = 20$℃)

子多目标最小化的 Pareto 前沿,即在原理上找不到曲线下的点,而 DP1 曲线是用更简单的算法得到的 DP2 曲线的近似值。应当提醒的是,这两种情况之间的区别仅仅在于 DP 如何计算能量管理策略。一旦对后者进行计算,E_f 和 βY 的最终指标将通过两种情况下系统模型的两态版本进行计算。图 13.7 和表 13.2 表明,使用

DP2 的改进非常有限，且计算工作量很大：作为参考，在 2.60GHz 个人计算机上针对驱动循环运行 DP1 大概需要 1min，而 DP2 大概需要 3h。$\alpha=1$ 的差异最大，其中成本 J 采用 DP2 得到的改善为 2%~2.5%。

这样的结果可以用以下考虑来解释。用 $J[U,\Theta]$ 表示成本函数对能量管理律和温度曲线的函数依赖性（本分析忽略了 SOC 曲线的影响）。用 $U_k,\Theta_k,k=\{1,2\}$ 表示 DP1 和 DP2 获得的曲线，而 Θ_0 是恒温曲线。考虑差值 $J[U_k,\Theta_k]-J[U_k,\Theta_0]$。当 $\alpha=0$ 时，由于 $J=J[U]$，差值为零。但这种差值在大 α 时增大，从而导致 $\dot{Y}$ 随着 θ 变化（对于给定的 C 速率和 SOC 值，

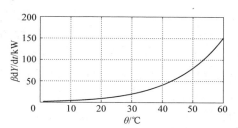

图 13.8 老化因子作为电池温度函数的变化

如图 13.8 所示），如 20℃ 可以达到 20%。为了解释差值 $J[U_2,\Theta_2]-J[U_1,\Theta_1]$ 为什么要低得多，可以分析两个效应之和 $J[U_2,\Theta_2]-J[U_2,\Theta_1]+J[U_2,\Theta_1]-J[U_1,\Theta_1]$。第一项在 $\alpha>0$ 时通常为负（受控温度曲线诱导的老化较少）。然而，第二项在 $\alpha>0$ 时通常为正。换言之，前者影响获得的收益部分由后者补偿，这可以解释使用 DP2 而不是 DP1 获得的收益相对较低。

另一方面，由于 DP2 本质上不如 DP1 稳健，并且对于网格参数和插值函数等非常敏感，可能无法达到"真正的"双态优化。这种考虑促使我们使用一种不同的技术，即 PMP 来验证双态情况。

13.5.2 PMP 结果

如 13.4.2 节所述，执行 PMP 的困难在于对每个场景的 λ_ξ（针对 PMP1 和 PMP2）和 $\lambda_\theta(0)$（针对 PMP2）的计算。在本节中，根据 DP2 结果对 $\lambda_\theta(0)$ 进行标定，而 λ_ξ 以条件 $\xi(T)=0.2$ 为目标，采用寻根算法进行计算。

图 13.9 总结了使用 PMP 获得的优化结果。图中显示了四个环境温度的 Pareto 前沿，即 5℃、20℃、35℃和 45℃，分别使用 PMP1 和 PMP2。结果在定性和定量上与 13.5.1 节所示的结果接近，例如当加权因子 α 增加时，第二状态的添加就更有利。由这些结果可以得出两个附加的结论：首先，在较冷的条件下，PMP2 相对于 PMP1 得到较大的改善。例如，在 45℃时，$\alpha=1$ 的 βY 减少仅为 1.5%，可能低于模型预测的精度，但在 5℃时增加

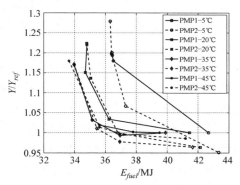

图 13.9 由 PMP1 和 PMP2 计算的老化因子与燃料能量的相对差值

到约5%。通过观察老化因子速率 $\dot{Y}$ 对温度 θ 的依赖性，即 $\propto \exp(-1/\theta)$，很容易解释这一原因。因此，相对变化 $(\partial \dot{Y}/\partial \theta)/\dot{Y} \propto \exp(-1/\theta)/\theta^2$ 是 θ 的递减函数。第二个结论是，基准策略 $\alpha = 0$ 附近的 Pareto 前沿的斜率也随着温度的升高而降低。换言之，温度越大，老化减少对消耗增加的比率越差。

图 13.10 显示了作为 θ 和 α 函数的共态 $\lambda_\xi(0)$ 和 $\lambda_\theta(0)$ 的初值对于 PMP1 和 PMP2 的变化。由图可以看出，α 的增加会导致电池使用降低。因此，使用较小的 λ_ξ 获得 SOC 目标（这本身有利于电池放电）。θ_0 的增加导致电池老化加剧，从而使 λ_ξ 减小，再次补偿电池使用不足。采用 PMP1 和 PMP2 计算得到的 λ_ξ 值之间只有细微的差别。对 $\lambda_\theta(0)$ 也有到类似的趋势，其值通常较大（绝对值）。

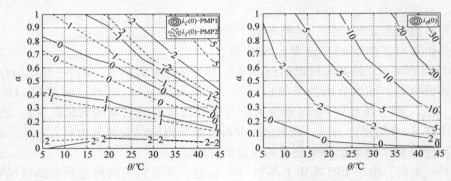

图 13.10　作为温度和 α 函数的共态（初值）

13.6　结论

本章的研究表明，HEV 和 PHEV 的能量管理对电池老化敏感。应用合理的定义，老化因子可以与燃料消耗相结合，形成一个综合成本函数，通过能源管理律使之最小化。通过改变这两个成本函数的相对权重，可以获得更省油或更少电池消耗的策略。对于 PHEV，电池老化的实质性改善预计将以燃料经济性下降几个百分点为代价。

本章还讨论了最优控制解的性质。单态（仅 SOC）和双态（SOC 和温度）解的比较表明，在大多数情况下，前者是足够的，而温度状态的计算密集性增加只有在极度老化的成本函数情况下才有附加价值。有人试图解释这一令人惊讶的证据。这一结果表明，在老化最小化相关的情况下，甚至可以使用单状态策略。研究人员对两种共态的行为也做过探索。当 SOC 共态对于最优解来说本质上是常数时，温度共态随着时间变化很大，并逐渐趋近于零。两种共态的初值都被证明是环境温度的单调函数，这一特性在基于最优控制的能源管理的实时实现中可能是有用的。

本章还对给定的电池化学过程进行了分析和计算。虽然没有定量推广到其他电池系统，但是显示的主要趋势预计仍然有效。特别是，在处理具有依赖 SOC 强烈老化的化学过程时，预计需要重新考虑引入的一些简化假设，并且结合 SOC 本身的广泛变化（如在 PHEV 中）。

参 考 文 献

1. Guzzella L, Sciarretta A (2013) Vehicle propulsion systems. Introduction to modeling and optimization, 3rd edn. Springer, Berlin (chapter 7 and references there in)
2. Stockar S, Marano V, Canova M (2011) Energy-optimal control of plug-in hybrid electric vehicles for real-world driving cycles. IEEE Trans Veh Technol 60(7):2949–2962
3. Sivertsson, M (2012) Adaptive control using map-based ECMS for a PHEV. In: Proceedings of the 2012 IFAC workshop on engine and powertrain control, simulation, and modeling
4. Serrao L, Onori S, Sciarretta A, Guezennec Y, Rizzoni G (2011) Optimal energy management of hybrid electric vehicles including battery aging. In: Proceedings of the IEEE American control conference (ACC). San Francisco, CA, Jun 29–Jul 1 2011
5. Ebbesen S, Elbert P, Guzzella L (2012) Battery state-of-health perceptive energy management for hybrid electric vehicles. IEEE Trans Veh Technol 61(7):2893–2900
6. Wang J, Liu P, Hicks-Garner J et al (2011) Cycle-life model for graphite-LiFePO$_4$ cells. J Power Sour 196:3942–3948
7. Smith K, Earleywine M, Wood E, Neubauer J, Pesaran A (2012) Comparison of plug-in hybrid electric vehicle battery life across geographies and drive cycles. SAE Paper 2012-01-0666. doi:10.4271/2012-01-0666
8. Prada E, Petit M (2013) Aging modeling for advanced Li-ion battery pack sizing and management for HEV/EV through AMESim simulation platform. To be presented at the LMS European vehicle conference, 29–30 Oct 2013
9. Pham HT, van den Bosch PPJ, Kessels JTBA, Huisman RGM (2012) Integrated energy and thermal management for hybrid electric heavy duty trucks. In: Proceedings of the IEEE vehicle power and propulsion conference. Seoul, Korea, pp 9–12, Oct 2012
10. Zheng CH, Kim NW, Park YI et al (2013) The effect of battery temperature on total fuel consumption of fuel cell hybrid vehicles. Int J Hydrogen Energy 38(13):5192–5200
11. Merz F, Sciarretta A, Dabadie JC, Serrao L (2012) On the optimal thermal management of hybrid-electric vehicles with heat recovery systems. Oil Gas Sci Technol 67(4):610–612. doi:10.2516/ogst/2012017
12. Prada E, Bernard J, Mingant R, Sauvant-Moynot V (2010) Li-ion thermal issues and modeling in nominal and extreme operating conditions for HEV / PHEV's. In: Proceedings of the IEEE vehicle power and propulsion conference (VPPC), 1–3 Sept 2010
13. Di Domenico D, Prada E, Creff Y (2011) An adaptive strategy for Li-ion battery SoC estimation. In: Proceedings of the IFAC world congress, 28 Aug–2 Sept 2011
14. Prada E, Di Domenico D, Creff Y, Bernard J, Sauvant-Moynot V, Huet F (2012) Simplified electrochemical and thermal model of LiFePO$_4$-graphite Li-ion batteries for fast charge applications. J Electrochem Soc 159(9):A1508–A1519
15. Bishop J, Axon C, Bonilla D, Tran M, Banister D, McCulloch M (2013) Evaluating the impact of V2G services on the degradation of batteries in PHEV and EV. Appl Energy 111:206–218
16. Sundström O, Guzzella L (2009) A generic dynamic programming Matlab function. In: Proceedings of the IEEE conferences on control applications (CCA) and intelligent control (ISIC), 8–10 Jul 2009
17. Sciarretta A, Serrao L, Dewangan PC, Tona P et al (2014) A control benchmark on the energy management of a plug-in hybrid electric vehicle. Accepted for publication in control engineering practice
18. Elbert P, Ebbesen S, Guzzella L (2013) Implementation of dynamic programming for ndimensional optimal control problems with final state constraints. IEEE Trans Control Syst Technol 21(3):924–931

第 14 章 具有余热回收系统的柴油发动机最优控制

摘要：本章提出一种具有余热回收（WHR）系统的欧Ⅵ柴油发动机的集成能量和排放管理策略。这种集成动力传动控制（IPC）策略通过最小化与燃料和尿素（AdBlue）消耗相关的运营成本，同时满足尾气排放限制，以优化 $CO_2 - NO_x$ 的平衡。本章的主要内容是，在给定的循环内用数值方法确定最优解，并且与实时可实施的策略进行比较。此外，在控制设计中明确包含 WHR 动力学。在仿真研究中，这种 IPC 策略的潜力在全球协调瞬态循环中得到证明。结果表明，实时策略的应用可以忽视最优性的损失，与基准策略相比，使用 IPC 在符合 NO_x 排放限制的同时，额外实现了减少 3.5% 的 CO_2 排放。

14.1 引言

随着欧Ⅵ排放目标的引入，目前的重型柴油发动机要满足超低排放水平。尽管车辆已经变得非常清洁，但是燃料消耗水平在过去的 20 年内一直保持稳定。为了降低燃料消耗和满足即将到来的 CO_2 排放目标，配备 WHR 系统的重型柴油发动机似乎很有前途，特别是长途货车的应用。这种 WHR 系统可以从热流中回收能量，并且将其转化为用于驱动的有用机械能。文献［1，2］表明，配备 WHR 系统可使燃料消耗降低 6%。

关于 WHR 控制的大多数文献集中于低水平控制，如文献［3-7］，只有很少的研究集中在整体发动机的能量管理策略上。对于具有 WHR 系统的重型柴油发动机，缺乏通过最小化总运行成本来优化整体发动机后处理 WHR 系统性能的研究，也缺乏明确处理立法规定的尾气排放限制的研究。因此，本章提出一种基于成本的优化策略，其集成了能量和排放管理，即所谓的集成动力传动控制（IPC）。与早期的 IPC 研究相反，Pontryagin 最小原理的最优解是数值计算的，并且用于作为实时可实施 IPC 策略的基准。此外，本章将 WHR 动力学明确地纳入控制模式中。

本章的组织如下：14.2 节首先引入所研究的动力传动系统和应用模型，14.3 节和 14.4 节分别讨论已制定的 IPC 策略及其标定。14.5 节将这些 IPC 策略的结果与全球协调瞬态循环基准控制策略的结果进行比较。最后，得出结论，展望未来的研究方向。

14.2 系统描述

图 14.1 显示了要检测的发动机平台的方案，其基于一个先进的 6 缸、13L、340kW 欧Ⅵ柴油发动机。该发动机配备了一个具有可变涡轮几何（VTG）的涡轮增压器和一个具有 EGR 阀和 EGR 冷却器的高压排气再循环（EGR）系统。此外，还安装了废气后处理系统。这样的系统由柴油氧化催化剂（DOC）、柴油颗粒过滤器（DPF）和基于尿素的催化还原（SCR）系统组成，DPF 系统用于过滤废气中的微粒。为了避免过滤器堵塞，定期向 DOC 上游注入燃料以燃烧捕获的微粒（DPF 再生）。DPF 系统下游剩余的 NO_x 排放通过铜分子筛 SCR 催化剂转化为无害产物。对于这样的催化过程，氨（NH_3）是必需的。这是通过在热废气中分解注入的尿素水溶液在催化剂上游形成的。为了避免不可接受的 NH_3 滑脱，安装了氨氧化（AMOX）催化剂。

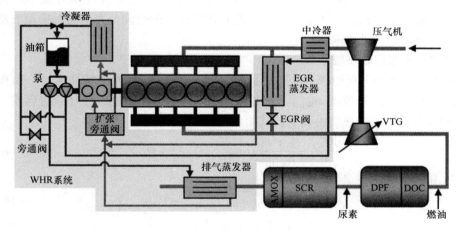

图 14.1 具有 WHR 系统的欧Ⅵ发动机

欧Ⅵ发动机平台采用 WHR 系统进行扩展。这样的系统基于 Rankine 循环，利用两个蒸发器从 EGR 和废气流中回收热能。需要注意的是，EGR 蒸发器取代了原来的 EGR 冷却器。膨胀机将回收的热能转化为机械能，它驱动两个泵，并且直接连接到曲轴上，这样回收的能量就可以传输到发动机。通过两个旁路阀，通过蒸发器的流量可以单独控制工作流体，使工作流体处于蒸发器下游的蒸气状态。此外，在不需要发动机转矩的情况下（如制动或换挡时），膨胀阀可以绕过膨胀器，以避免损坏膨胀器（当工作流体处于流体或两相状态时）。

接下来，将区分仿真模型和控制模型，仿真模型旨在描述主要的系统特性，而控制模型是仿真模型的简化版本，允许实时实施控制策略。假设所提出的控制策略对未建模的动力学具有鲁棒性，可以对控制模型进行简化。

14.2.1 仿真模型

本章用于建立动力传动的仿真模型包括发动机模型、高保真后处理系统和余热回收系统，下面将详细描述这些模型。

14.2.1.1 发动机

为了描述废气质量流量 $\dot{m}_{exh}$、废气温度 T_{exh} 和发动机排出的 NO_x 质量流量 $\dot{m}_{NO_x}$，可以使用稳态发动机图。这种四维图 $f(N_e, \tau_e, u_{EGR}, u_{VTG})$ 是使用一个经过验证的均值发动机模型构建的。对于 EGR 阀位置 u_{EGR} 和 VTG 位置 u_{VTG} 的不同组合，燃料质量 $\dot{m}_f$ 会发生变化，从而实现发动机转矩 τ_e（对于恒定发动机转速 N_e）。

14.2.1.2 后处理系统

高保真后处理模型主要用于仿真 DOC/DPF 和 SCR 系统，这种模块化模型是利用尿素分解、DOC、DPF、SCR 和 AMOX 催化剂的一维子模型建立的。所有催化剂模型均基于第一原理建模，由质量和能量平衡组成。通过将催化剂分成不同的部分，这些验证过的模型描述了压力、温度和化学成分的空间分布。有关模型方法和精度的详细信息，见文献 [12]。

14.2.1.3 余热回收系统

假设一个理想的低阶 WHR 控制系统，WHR 系统的动力学特性通过一阶模型描述，具有恒定的总效率 η_{WHR}，这是受到所研究的发动机热动力学的启发。由 EGR 和废气流回收的热能由以下公式给出

$$\frac{d\dot{Q}_{WF}}{dt} = \frac{1}{\alpha_{WHR}}(\dot{Q}_{EGR,g} + \dot{Q}_{exh,g} - \dot{Q}_{WF}) \tag{14.1}$$

EGR 和废气热流量分别定义为

$$\dot{Q}_{EGR,g} = \dot{m}_{EGR} c_{p,EGR} (T_{EGR,in} - T_{EGR,out}) \tag{14.2}$$

$$\dot{Q}_{exh,g} = \dot{m}_{exh} c_{p,exh} (T_{SCR} - T_{tp}) \tag{14.3}$$

这种热能最终在膨胀轴上转化为机械能

$$P_{WHR} = \tau_{WHR} \omega_{WHR} = \begin{cases} \eta_{WHR} \dot{Q}_{WF} & \tau_{d,req} > 0 \\ 0 & \tau_{d,req} \leq 0 \end{cases} \tag{14.4}$$

式中，$\tau_{d,req}$ 为总所需转矩；τ_{WHR} 为 WHR 输出转矩，另见式（14.7）。

在无需 WHR 系统提供功率的情况下，扩展器旁路会被激活，使 $P_{WHR}=0$。

根据发动机测功机数据，选择恒定的总效率 $\tau_{WHR}=0.10$、时间常数 $\alpha_{WHR}=60s$ 和恒定的后置 WHR 排气温度 $T_{tp}=110℃$。此外，$T_{EGR,in}$ 和 $T_{EGR,out}$ 的值来自于四维发动机图。

14.2.2 控制模型

本节给出 14.3 节最优控制策略中使用的控制模型。对于实际的实现,这个简化的模型必须表示主要的系统特性,并且必须实时进行计算。与仿真模型相比,主要区别在于对后处理系统的描述。更准确地说,控制模型使用简化的后处理模型,下面将对其进行讨论。在仿真模型中,使用相同的发动机图和 WHR 模型。

整个 DOC‐DPF‐SCR‐AMOX 系统的热行为由两个耦合微分方程描述,见式(14.6)。对于 SCR 转换效率 η_{SCR},使用三个静态图的组合,根据不同的 SCR 前浓度比 $C_{NO_2}/C_{NO_x} = [0, 0.5, 1.0]$ 和规定的氨滑移水平确定。单个 SCR 效率图取决于平均 SCR 催化剂温度 T_{SCR} 和空间速度 SV

$$SV = 3600 \frac{\dot{m}_{exh}}{\rho_{exh} V_{cat}} \tag{14.5}$$

式中,ρ_{exh} 为正常条件下的废气密度(g/m³);V_{cat} 为 SCR 催化剂体积(m³)。

利用静态 DOC 效率图预测的 C_{NO_2}/C_{NO_x} 比,通过插值计算 NO_x 的转化效率 η_{SCR}。最后,控制模型与 WHR 动力学结合,由式(14.1)~式(14.4)给出。

总之,控制模型以状态空间形式 $\dot{x} = f(x, u, t)$ 表示

$$\dot{x} = \begin{bmatrix} c_1 \dot{m}_{exh}(T_{exh} - T_{DOC}) \\ c_2 \dot{m}_{exh}(T_{DOC} - T_{SCR}) - c_3(T_{SCR} - T_{amb}) \\ \dot{m}_{NO_x}(1 - \eta_{SCR}(T_{SCR}, SV, C_{NO_2}/C_{NO_x})) \\ \frac{1}{\alpha_{WHR}}(c_4 \dot{m}_{EGR}(T_{EGR,in} - T_{EGR,out}) + c_5 \dot{m}_{exh}(T_{SCR} - T_{tp}) - P_{WHR}) \end{bmatrix} \tag{14.6}$$

状态变量为 $x = \begin{bmatrix} T_{DOC} & T_{SCR} & m_{NO_x,tp} & P_{WHR} \end{bmatrix}^T$,其中 T_{DOC} 和 T_{SCR} 分别表示 DOC/DPF 和 SCR 的温度,$m_{NO_x,tp}$ 表示累积尾气 NO_x 的质量,P_{WHR} 表示 WHR 功率。本章使用的模型参数值见表 14.1。

表 14.1 控制模型参数

常数	单位	定义	数值
c_1	kg⁻¹	$c_{p,exh}/C_{DOC}$	0.1163
c_2	kg⁻¹	$c_{p,exh}/C_{SCR}$	0.0512
c_3	s/kg	h/C_{SCR}	7.692×10⁻⁴
c_4	J/(g·K)	$\eta_{WHR} c_{p,EGR}$	100
c_5	J/(g·K)	$\eta_{WHR} c_{p,exh}$	100

14.3 控制策略

发动机控制系统方案如图 14.2 所示。该控制系统的主要目标是确定输入 $\dot{m}_f$、

$\dot{m}_a$、u_{EGR}、u_{VTG} 的设置,以便使燃料消耗在排放法规规定的限制范围内达到最小。通过假设理想的转矩管理,所需的发动机转矩由下式确定

$$\tau_{e,req} = \tau_{d,req} - \tau_{WHR} \tag{14.7}$$

在这个控制系统中,可以区分两个子系统:本节描述的监督控制器和低阶 SCR 控制器。关于这种基于模型的氨存储控制器的详细信息,见文献 [11]。

为了给上述输入选择合适的值,使用了在文献 [13] 中首次引入的集成动力传动控制(IPC)方法。这种基于模型的方法通过利用发动机、WHR 和后处理系统之间的协同作用,将能量和排放管理集成在一起。将所开发的 IPC 策略与基准发动机控制策略和控制问题的最优解进行比较,这就是对标。

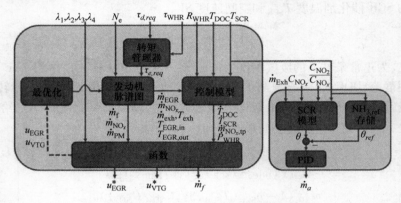

图 14.2 发动机控制系统方案

14.3.1 IPC 最优控制方法

根据 IPC 方法,在最优控制框架下表示所研究的控制问题。与燃料和 AdBlue 消耗以及主动 DPF 再生相关的总运营成本最小化,可以表示为

$$\min_{u \in \mathcal{U}} \int_0^{t_e} \pi_f \dot{m}_f + \pi_a \dot{m}_a + \pi_{PM} \dot{m}_{PM} dt \tag{14.8}$$

其受到式(14.6)和式(14.7)的约束。在式(14.8)中,$u = [u_{EGR} \, u_{VTG}]^T$ 是具有 EGR 和 VTG 阀位置的向量,$\mathcal{U}$ 是其允许值的集合。此外,对尾气 NO_x 排放施加如下的端点约束

$$\int_0^{t_e} \dot{m} NO_{x,tp} dt \leq Z_{NO_x} \int_0^{t_e} \frac{1}{3.6 \times 10^6} P_d dt \tag{14.9}$$

在这些表达式中,柴油价格 $\pi_f = 1.34 \times 10^{-3}$(欧元/g),AdBlue 价格 $\pi_a = 0.50 \times 10^{-3}$(欧元/g),每克累积烟尘中与主动 DPF 再生相关的燃料成本 $\pi_{PM} = 7.10 \times 10^{-2}$(欧元/g)。通过明确考虑运营成本,很容易处理燃料和 Adblue 的价格变化。此外,Adblue 的质量流量 $\dot{m}_a$ 通过假设所有注入的尿素都分解成氨并且可用

于 NO_x 的转化而确定的。因此，式（14.8）中所需的 Adblue 剂量 $\dot{m}_a$（g/s）由下式给出

$$\dot{m}_a = 2.0067 \eta_{SCR}(T_{SCR}, SV, C_{NO_2}/C_{NO_x})\dot{m}_{NO_x} \tag{14.10}$$

最后，通过四维稳态图确定发动机输出的 NO_x 排放量 $\dot{m}_{NO_x}$、燃料质量流量 $\dot{m}_f$ 和主动 DPF 再生 $\dot{m}_{PM}$ 的（等效）成本。

14.3.2 最优 IPC 策略

14.3.1 节提出的最优控制问题，可以应用 Pontryagin 最小原理求解，如文献 [14]。这一原理依赖于 Hamilton 函数，其包含式（14.8）的目标函数（被积函数）、增广的 Lagrange（拉格朗日）乘子 λ 和式（14.6）中的状态动态 $f(x,u,t)$

$$H(x,\lambda,u,t) = \pi_f \dot{m}_f(u,t) + \pi_a \dot{m}_a(x,u,t) + \pi_{PM} \dot{m}_{PM}(x,u,t) + \lambda^T f(x,u,t) \tag{14.11}$$

Pontryagin 最小原理给出两个必要条件（而且，在目标函数的某些假设下，也是充分条件），使 $u^\star \in \mathcal{U}$ 成为沿着最优状态轨迹 $x^\star$ 的最优控制输入。特别是，最优 $u^\star \in \mathcal{U}$ 满足

$$H(x^\star, \lambda^\star, u^\star, t) \leq H(x^\star, \lambda^\star, u, t), \quad u \in \mathcal{U} \tag{14.12}$$

式中，$\dot{\lambda} = -\partial H/\partial x$ 和 $\lambda^T(t_e)\delta x(t_e) = 0$。

需要注意的是，式（14.12）可以通过对所有 $u \in \mathcal{U}$ 最小化式（14.11）来求解。λ 的解满足

$$\dot{\lambda}_1 = c_1 \dot{m}_{exh} \lambda_1 - c_2 \dot{m}_{exh} \lambda_2 + \frac{d\eta_{SCR}}{dT_{DOC}} \dot{m}_{NO_x}(\lambda_3 - c_6 \pi_a) \tag{14.13a}$$

$$\dot{\lambda}_2 = (c_2 \dot{m}_{exh} + c_3)\lambda_2 + \frac{d\eta_{SCR}}{dT_{SCR}} \dot{m}NO_x (\lambda_3 - c_6 \pi_a) - \frac{c_5 \dot{m}_{exh}}{\alpha_{WHR}} \lambda_4 \tag{14.13b}$$

$$\dot{\lambda}_3 = 0 \tag{14.13c}$$

$$\dot{\lambda}_4 = \frac{1}{\alpha_{WHR}} \lambda_4 - \frac{d\dot{m}_f}{dP_{WHR}} \pi_f - \frac{d\dot{m}_a}{dP_{WHR}} \pi_a - \frac{d\dot{m}_{PM}}{dP_{WHR}} \pi_{PM} \tag{14.13d}$$

其受到 $\lambda_1(t_e) = \lambda_2(t_e) = \lambda_4(t_e) = 0$ 的约束。由式（14.13a）~式（14.13d）可以看出，λ_1、λ_2 和 λ_4 的动力学是不稳定的。此外，它们还有端点约束。这两个事实使得这种最优控制问题的解难以在实践中实现，因为其需要预先知道整个驱动循环。然而，本研究仍将研究式（14.12）和式（14.13a）~式（14.13d）给出的最优解，以作为后续提出的近似和实时可实施解的基准。要注意的是，λ_3 是一个未确定的常数（当 $\dot{\lambda}_3 = 0$ 时，没有给出端点约束），必须在一个驱动循环上对其进行调整，以确保满足式（14.9）。

14.3.3 实时 IPC 策略

如前所述，控制问题的最优解难以实时实施（因为必须事先知道驱动循环）。

特别是，主要难点在于求解式（14.13a）~式（14.13d），而不是求解式（14.12）。也就是说，后者是一个最小化的问题，可以使用标准的非线性规划程序来求解。因此，基于式（14.13a）~式（14.13d），提出一种实时可实施的 IPC 策略，以便可以使用实时可用信息进行计算。

在本章提出的近似解中，式（14.13c）的表示保持不变，其值根据代表性的驱动循环（冷起动和热起动）进行调节，式（14.13a）、式（14.13b）和式（14.13d）的解是近似的。特别是，式（14.13d）的表示受到 $\lambda_4(t_e)=0$ 约束的影响，通过一个适当选择的（可能为非零的）常数来近似，该常数也在代表性驱动循环中调节。式（14.13a）和式（14.13b）的表示，由文献 [15] 中提出的启发式假设规则所替换。该规则由 λ_T、ΔT_1 和 ΔT_2 参数化，如图 14.3 所示。它将在 14.5 节中显示。这些近似对于实现实时可实施的 IPC 策略至关重要，但只会造成轻微的优化损失。

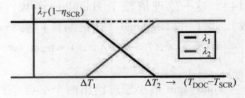

图 14.3　λ_1 和 λ_2 的启发式规则

图 14.3 参数化的基本原理是，加热后处理系统所做的努力应当与 SCR 低转换效率成正比。如果 DOC 温度不明显高于 SCR 温度，则提高发动机排气温度，而不是促进从 DOC/DPF 到 SCR 系统的热对流（对应于一个大的 λ_1）似乎是更好的计划。当 DOC/DPF 温度显著高于 SCR 温度（对应于一个大的 λ_2）时，则相反。

14.3.4　基准策略

为了比较最优控制公式得出的结果，本节提出一种基准发动机控制策略。该策略模拟标准欧Ⅵ发动机构型（无 WHR 系统）的最先进空气管理策略。如文献 [11, 15] 所述，该策略的特点是在两种控制模式之间切换：

1）热管理模式（M1），用于后处理系统的快速加热（$T_{SCR} < 200℃$）。

2）低 NO_x 模式（M2），用于正常运行（$T_{SCR} \geq 250℃$）。

与 IPC 的一个根本区别是，基准策略依赖于每个发动机工作点 (N_e, τ_e) 的固定控制设置 u。对于这两种模式，这些设置都是在离线优化过程中预先确定的，通常是基于稳态测试条件的。

由于希望在仿真中对两种策略使用相同的控制结构，因此使用两组不同的常数 λ 用于控制模式，详见表 14.2。由于发动机标定主要使用稳态测量进行优化，因此在 Hamilton 函数中使用发动机图中预期的稳态 T_{DOC} 和 T_{SCR} 值来计算 SCR 效率图。

14.4　控制设计

本节讨论最优实时 IPC 策略的标定过程，表 14.2 概述了所选控制参数。有关基准策略标定的详细信息，有兴趣的读者可参考文献［11，15］。需要注意的是，基线策略将应用于三种情况：

1) 无 WHR 系统的传统动力传动（基准）。
2) 采用相同控制策略的具有 WHR 系统的动力传动（基准 - WHR）。
3) 采用重新标定的控制策略（重新标定 - WHR）的具有 WHR 系统的动力传动。

因此，使用两组不同的标定参数。

表 14.2 选择的控制参数

控制策略	控制参数				
	$-\lambda_{1,M1}$	$-\lambda_{1,M2}$	λ_2	λ_3	λ_4
基准 - WHR	1.40×10^{-3}	0	0	0.218	0
重新标定 - WHR	1.36×10^{-3}	0	0	0.200	0
实时	ψT_1	ψT_2	$-\lambda_T$	λ_3	$-\lambda_4$
	123	142	8.07×10^{-4}	1.13×10^{-2}	2.97×10^{-6}
最优	$\lambda_{3,cold}$	$\lambda_{3,hot}$			
	2.76×10^{-2}	8.53×10^{-3}			

14.4.1 最优 IPC 策略

最佳 IPC 策略完全由式（14.12）和式（14.13a）～式（14.13d）确定。因此，由于 $\lambda_1(t_e) = \lambda_2(t_e) = \lambda_4(t_e) = 0$，只需确定 λ_3 的值，以使式（14.9）满足 Z_{NO_x} 的给定值。这可以通过执行直线搜索得到成本 - NO_x 折中曲线来实现（图 14.5a）。与实时 IPC 策略相反，最优 IPC 策略对于冷和热的 WHTC 不受相同 λ_3 的限制。调整表 14.2 中给出的 λ_3 值，使冷和热的 WHTC 均达到 $Z_{NO_x} = 0.41 \text{g/kW} \cdot \text{h}$ 的欧 Ⅵ 标准。

尽管最优解不需要太多的调整，但从数值上获得最优控制问题的解是比较困难的。这是由于 λ_1、λ_2 和 λ_4 的动力学是不稳定的，并且具有端点约束。不稳定微分方程的数值求解是一项烦琐的任务，因为不仅增加了微分方程的解，而且也增加了数值积分格式的近似误差。因此，使用迭代程序计算最优解，即所谓的前后扫掠方法。对于给定的 λ_3 值，该迭代过程包括重复执行以下两步：

1) 对于给定的 λ_1、λ_2 和 λ_4，用式（14.12）求解从 $t = 0$ 到 $t = t_e$ 的式（14.6）。

2) 对于上一步得到的 x 和 u，从 $t = t_e$ 到 $t = 0$ 求解式（14.13a）～式（14.13d）。

程序必须初始化 λ_1、λ_2 和 λ_4。在本节中，选择它们等于零。在一定条件下，算法收敛，这意味着找到了最优解。这种迭代过程的数值复杂性很大，这也是最优

IPC 策略难以实时实现的另一个原因。

14.4.2 实时 IPC 策略

实时可实施的 IPC 策略使用数值规划程序进行调优。本章使用 Nelder – Mead 单纯形算法，目的是找到控制参数 ΔT_1、ΔT_2、λ_T 和 λ_3，从而使热 WHTC 下的运营成本最小化。同时，对于加权的 WHTC，必须满足规定的 0.41g/kW·h 的 NO_x 工程目标（其中冷循环和热循环加权分别为 16% 和 84%）。

14.5 仿真结果

为了评估控制器的性能，针对全球协调瞬态循环（WHTC）进行仿真。该试验循环规定了要求的发动机转速 N_e 和转矩 $\tau_{d,req}$，如图 14.4 所示。其可以分为三个部分：城市行驶条件（0~900s）、乡村行驶条件（900~1380s）和公路行驶条件。由于我们将重点放在欧Ⅵ的立法上，因此必须在冷循环和热循环条件下产生结果。在冷循环的情况下，初始 SCR 催化剂温度设置为 20℃，而在热循环开始时使用 200℃；发动机和 WHR 系统加热尚未建模。

本研究主要关注最优与实时 IPC 策略的结果。为了提供参考，本节也给出基准策略的结果。所有情况均与无 WHR 系统的标准欧Ⅵ发动机（基准）进行比较，主要结果汇总在表 14.3 中。

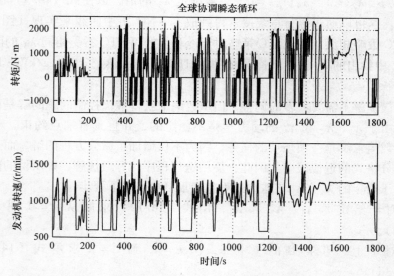

图 14.4　全球协调瞬态循环：规定转矩 $\tau_{d,req}$ 和发动机转速 N_e

表 14.3 WHTC 结果综述

参量		控制策略				
		基准	基准 WHR	重新标定 WHR	实时 WHR	最优 WHR
$NO_{x,eo}/(g/kW \cdot h)$	热	3.67	3.55	3.63	5.42	5.62
	冷	3.80	3.67	3.74	5.42	4.61
	加权	3.69	3.57	3.65	5.42	5.46
$NO_{x,tp}/(g/kW \cdot h)$	热	0.353	0.342	0.354	0.376	0.411
	冷	0.708	0.691	0.702	0.586	0.410
	加权	0.410	0.398	0.410	0.410	0.410
$NH_{3,max}(\times 10^{-6})$	热	2	2	2	2	1
	冷	2	2	2	2	2
$CO_2(\%)$	热	100	96.9	96.7	93.2	93.0
	冷	100	97.0	97.0	93.4	94.5
	加权	100	96.9	96.8	93.3	93.3
热 WHTC 成本（%）	燃料	97.1	94.1	93.9	90.5	90.3
	尿素	1.1	1.1	1.1	1.8	1.9
	PM	1.8	1.8	1.7	0.8	0.8
	合计 215	100.0	97.0	96.7	93.1	93.0

14.5.1 动力传动总体结果

按照 14.4.1 节所述的过程，确定最优 IPC 策略的总运营成本 – $NO_{x,tp}$ 平衡曲线，如图 14.5a 所示。在本节的其余部分中，仿真结果表明，冷和热 WHTC 的尾气 NO_x 排放量均为 0.41g/kW·h。图中的菱形，表示对实时 IPC 策略进行调优后的结果。

加权 WHTC 结果的 CO_2 – NO_x 平衡如图 14.5b 所示。所有结果与基准（无 WHR）进行比较，该图说明简单地在现有发动机中增加一个 WHR 系统（基准 WHR），就可以减少 3.1% 的 CO_2。然而，通过利用排气尾管中 NO_x 排放余量（重新标定 WHR），只能小幅提升性能：额外减少 0.1% 的 CO_2，这是由于在热循环过程中减少了燃料消耗，见表 14.3。实时和优化两种 IPC 策略都能将 CO_2 排放再减少 3.5%。由这些结果可以得出结论，实时策略是一种很有前途的最优策略的实际实现。总之，WHR 系统的 CO_2 减排潜力合计为 6.7%。

14.5.2 冷循环结果

为了更好地理解所研究策略之间的差异，结果的时间历程如图 14.6 所示。这里关注的是冷循环，因为这个循环更具有挑战性，其中的差异也更明显。对于基准

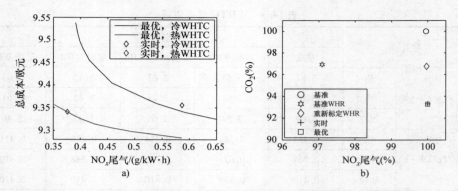

图 14.5 针对最优 IPC 策略的 a) 总运营成本 – NO_x 平衡和 b) 针对加权 WHTC 的 CO_2 – NO_x 平衡（见彩插）

策略，EGR 阀和 VTG 设置针对每个工作点（N_e，τ_e）和每个发动机模式都是固定的。由 SCR 温度图可以看出，当 $T_{SCR} \geqslant 250℃$ 时，控制器从热管理模式切换到 $t = 550s$ 左右的低 NO_x 模式（图 14.7 中的 λ_1）。这导致三种基准策略的累积发动机熄火和 NO_x 排放量相似。

根据发动机、后处理和 WHR 系统的实际状态，自适应 IPC 策略在线选择 EGR 阀和 VTG 设置，使运行成本最低。在冷 WHTC 的第一部分中，由于相对较高的 EGR 率，导致 NO_x 排放较低。在 $t = 600s$ 后，特别是在公路部分，可以实现较高的 SCR 转换效率。因此，通过减少 EGR 流量，可以缓解发动机排气的 $NO_{x,eo}$ 排放：所谓的 EGR – SCR 平衡，如图 14.6a 所示。这导致发动机排气中 $NO_{x,eo}$ 排放大幅增加，但尾气中 $NO_{x,tp}$ 的排放目标仍然得到满足。对于最优策略，这种效果更为明显。

在图 14.6g 中，绘制了发动机功率与总功率比 P_e/P_d。尽管所研究的控制策略的 EGR、排气质量流量和温度不同，但是观察到的差异很小。正如预期的那样，WHR 在公路部分的贡献最大：对于 IPC 策略，P_{WHR} 的平均功率输出为 4.9kW。根据式（14.4），在城市和乡村部分，会看到 WHR 系统被频繁关闭。

图 14.6b、d 显示了相应的燃料和 AdBlue 消耗以及随着时间产生的运营成本，这些结果是相对于基准给出的。在每一时刻 t_k，相对燃料消耗量确定为

$$\Delta Fuel(t_k) = 100 \times \frac{\int_0^{t_k} \dot{m}_f - \dot{m}_{f,Baseline} dt}{\int_0^{t_k} \dot{m}_{f,Baseline} dt} \quad (14.14)$$

以类似的方式，计算相对 AdBlue 和总运营成本。由图 14.6 可以看出，当 $T_{SCR} > 180℃$ 时，AdBlue 喷射开始时间约为 $t = 400s$。在图 14.6h 中，发动机效率和基准发动机效率之间差的移动平均值为

$$\Delta\eta_{e,avg}(t_k) = \eta_{e,avg}(t_k) - \eta_{e,avg,Baseline}(t_k) \quad (14.15)$$

第 14 章 具有余热回收系统的柴油发动机最优控制

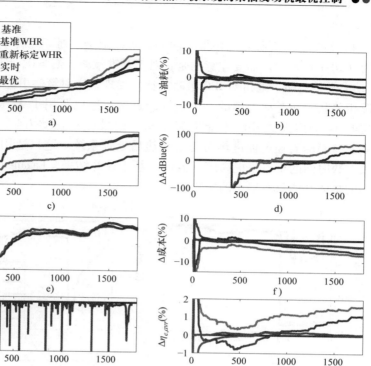

图 14.6 冷 WHTC 结果：累积的排放结果和 SCR 温度、运行成本、燃料和尿素的消耗量以及相对于基准的发动机效率（见彩插）

其中

$$\eta_{e,avg}(t_k) = \frac{\int_0^{t_k} P_e \mathrm{d}t}{\int_0^{t_k} P_{fuel} \mathrm{d}t}$$

式中，$P_{fuel} = \dot{m}_f Q_{LHV}$，$Q_{LHV}$ 为柴油的低热值。

如图 14.6b 所示，在所有研究案例中，WHR 系统的实施降低了燃料消耗。对于基准策略，这只需要对 AdBlue 消耗做很少量的改变就可以实现，而 IPC 策略可以进一步降低燃料消耗和总运营成本。通过在线调整 EGR 阀和 VTG 设置，找到成本最优平衡；虽然 AdBlue 消耗量显著增加，但是由于其相对较低的质量流量和成本，其在总运营成本中只占很小的（绝对）比例。相应的高 SCR 效率 η_{SCR} 允许较高的发动机 NO_x 排放，这与降低的燃料消耗有关。因此，减少的燃料（和 PM）成本补偿了增加的 AdBlue 成本。发动机效率的结果表明，与基准相比，IPC 策略中的自适应 EGR – VTG 设置导致发动机效率提高 1.0% ~ 1.5%。在公路部分，这种影响是最主要的。对于具有 WHR 系统的基准策略，在冷 WHTC 下的效率提高是微不足道的。

图 14.7 显示了所研究策略得到的 Lagrange 乘子。对于三种基准策略，选择这些值为（切换）常量。需要注意的是，对于基准策略，$\lambda_4 = 0$，因为在这些情况下 WHR 动力学被忽略。通过对 IPC 策略的比较发现，实时策略中选择的 λ_4 值是与最优情况相关联的共态动力学的一个很好的近似，这也适用于 λ_1 的动力学。然而，所实现的 λ_2 的启发式算法不能近似于相应的最优共态动力学。在优化策略中，$\lambda_2 > \lambda_1$，这意味着通过促进热对流来加热后处理系统。这只适用于实时策略的短期；大多数时间的重点是提高废气温度。基于这些结果，Lagange 乘子被认为对动力传动的整体性能只有很小的影响。

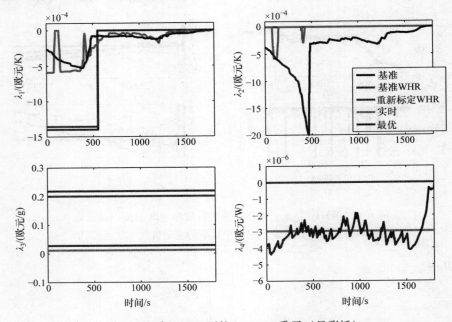

图 14.7　冷 WHTC 下的 Lagrange 乘子（见彩插）

14.6　结论

具有余热回收（WHR）系统的欧Ⅵ重型柴油发动机，由于大量的子系统、相互作用和排放法规要求，其最优控制具有挑战性。为了优化整体性能，需要一种结合能量和排放管理的集成方法。本章基于集成动力传动控制（IPC）方法，提出了一种最优控制策略，其既可以最小化总运行成本，也可以明确地处理尾气 NO_x 的排放约束。根据 Pontryagin 最小原理，采用前后扫掠方法数值求解冷和热 WHTC 的最优解。此外，本章还提出了一种实时可实施的策略。由 WHTC 的仿真结果可以得出结论，最优 IPC 策略可以由所提出的实时策略所取代，所提出的实时策略具有可忽略的最优性损失。这种 IPC 策略优于当前的基准发动机控制策略：在尾气 NO_x 限值内额外减少 3.5% 的 CO_2。

目前的研究集中于 IPC 策略在模型不确定性和变工况循环下的性能鲁棒性。试验将在发动机测功机上进行，以展示所提出控制策略的潜力。

参 考 文 献

1. Park T, Teng H, Hunter GL, van der Velde B, Klaver J (2011) A Rankine cycle system for recovering waste heat from HD diesel engines-experimental results. In SAE World Congres, 2011
2. Bredel E, Nickl J, Bartosch S (2011)Waste heat recovery in drive systems of today and tomorrow, MTZ Worldwide Edition
3. Horst T, Rottengruber H, Seifert M, Ringler J (2013) Dynamic heat exchanger model for performance prediction and control system design of automotive waste heat recovery systems. Appl Energy 105:293–303
4. Hou G, Sun R Hu G, Zhang J (2011) Supervisory predictive control of evaporator in Organic Rankine Cycle (ORC) system for waste heat recovery. In International Conference on Advanced Mechatronic Systems, pp 306–311
5. Quoilin S, Aumann R, Grill A, Schuster A, Lemort V, Spliethoff H (2011) Dynamic modeling and optimal control strategy of waste heat recovery organic Rankine cycles. J Appl Energy 88(6):2183–2190
6. Howell T, Gibble J, Tun C (2011) Development of an ORC system to improve HD truck fuel efficiency. In: Directions in energy-efficiency and emission research DEER Conference
7. Tona P, Peralez J, Sciarretta A (2012) Supervision and control prototyping for an engine exhaust gas heat recovery system based on a steam Rankine cycle. In: IEEE/ASME international conference on advanced intelligent mechatronicsMechatronics, pp 695–701
8. Hounsham S, Stobart R, Cooke A, Childs P (2008) Energy recovery systems for engines. In: SAE World Congress
9. Merz F, Sciarretta A, Dabadie J-C (2012) On the optimal thermal management of hybrid-electric vehicles with heat recovery systems. Oil Gas Sci Technol Rev IFP Energies Nouvelles 67(4):601–612
10. Willems F, Kupper F, Cloudt R (2012) Integrated powertrain control for optimal CO_2–NOx trade-off in an Euro-VI diesel engine with waste heat recovery system. In: Proceeding of American control conference, Montreal, pp 1296–1301
11. Willems F, Kupper F, Cloudt R (2012) Integrated energy and emission management for heavy-duty diesel engines with waste heat recovery system. In: Proceedings of the IFAC workshop on engine and powertrain control, simulation and modeling (ECOSM'12) Rueil-Malmaison, pp 203–210
12. Cloudt R, Saenen J, van den Eijnden E, Rojer C (2010) Virtual exhaust line for model-based diesel aftertreatment development. SAE paper 2010-01-0888
13. Willems F, Foster D (2009) Integrated powertrain control to meet future CO_2 and Euro-6 emission targets for a diesel hybrid with SCR-deNOx system. In: Proceeding of American Control Conference, pp 3944–3949
14. Bertsekas D (2007) Dynamic programming and optimal control. Athena Scientific, Belmont
15. Cloudt R, Willems F (2011) Integrated emission management strategy for cost-optimal engine-aftertreatment operation. SAE Int J Engines 4(1):1784–1797
16. McAsey M, Mou L, Han W (2012) Convergence of the forward-backward sweep method in optimal control. Computational Optimization and Applications 53(1):207–226

第四部分　发动机运行优化

第15章 基于学习的发动机映射和标定优化方法

摘要：本章考虑汽车发动机映射和标定过程中出现的一类优化问题，适用于高保真仿真模型或试验发动机的快速优化算法可以减少标定所需的时间、工作量和成本。本章解决这些问题的方法是，基于局部模型识别和基于学习代理模型的标定参数改进（设定点和执行器设置）之间的迭代，考虑了算法实施的几种方法。在第一种方法中，代理模型定义为线性增量形式，其识别简化为 Jacobi 矩阵学习；然后，采用二次规划对标定参数进行调整。在第二种方法中，考虑一种预测 – 校正算法，在校正前根据运行条件的变化估计最小值的变化。通过实例研究描述说明了算法的应用。

15.1 引言

本章涉及采用实时优化技术实现内燃机映射和标定过程自动化的内容。为了满足更严格的燃料经济性和排放法规以及客户对提高驾驶性能的要求，发动机的复杂度不断提高，因此人们对减少发动机标定时间和工作量的兴趣迅速增加。

发动机映射过程涉及识别部件静态响应的发动机特性和标定优化，标定优化是指在给定当前发动机运行条件下确定最优设定点和执行器设置。设定点存储在策略的查找表中，或者合并到回归模型中。

已经提出了几种解决发动机标定优化的方法。在更传统的方法中，首先从发动机中收集数据，然后进行回归和对由此产生的回归模型进行优化，以找到最优的设定点和执行器设置。基于各种类型优化算法的极值搜索在发动机上实时运行，已经在文献 [11, 13, 20, 21, 25] 中得到利用。最后，最近开发了快速收集瞬态数据以识别动态模型，并将该动态模型用于静态标定优化。除汽车发动机外，研究人员还考虑了飞机燃气涡轮发动机的标定优化。

本章讨论了另一种基于局部识别和局部优化步骤迭代结合的发动机标定方法。具体来说，使用代理模型的实时学习以局部表征当前工作点周围的发动机响应，然后对已识别的代理模型进行优化更新，以改进参数和执行器设置，如图 15.1 所示。

如果代理模型定义为线性增量形式,则代理模型识别简化为对 Jacobi 矩阵的估计,采用文献 [7] 中提出的 Jacobi 矩阵学习（JL）技术,相关方法可以参考文献 [8]。

文献 [7] 的方法尚未应用于发动机标定和优化问题。

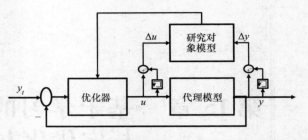

图 15.1 基于代理模型的学习和优化算法

在本章中,提出将其扩展到存在约束的情况,并且演示其基于高保真 GT – Power 发动机模型快速找到最小值的能力。

进一步对该算法进行扩展,以在工作条件（缓慢）变化的情况下实现对标定表的高精度填充。这种扩展基于将标定优化作为一种与参数相关的优化问题进行处理,并且应用预测 – 校正方法。算法前馈的预测部分补偿发动机工况变化引起的最小值的变化,而校正部分对预测的最小值进行改进。作为实例,在一个串联 HEV 模型中考虑了预测 – 校正算法的应用。

本章组织如下：在 15.2 节中,突出数学问题的表示。在 15.3 节中,描述基于文献 [7] 的 JL 优化算法。在 15.4 节中,采用联合仿真方法,将该方法的结果应用于 GT – Power 高保真发动机模型中。在 15.5 节中,考虑另一个案例研究,在学习和优化阶段,当发电机功率保持不变时,在模拟的串联混合动力车辆上实现发动机燃料消耗的最小化。在 15.6 节中,提出预测 – 校正算法。在 15.7 节中,当发电机功率缓慢变化时,演示其在模拟串联混合动力车辆发动机燃料消耗最小化中的应用。在 15.8 节中,给出了相应的结论。

15.2 数学问题表示

从标定的角度来看,可以认为一台典型的发动机是一个多输入多输出（MIMO）非线性系统,将可调节的执行器设置和/或运行模式作为输入,将性能特征作为输出。不同稳态运行条件下的稳态输入输出关系可以描述为

$$y = F(u, p) \tag{15.1}$$

式中,输入向量 u 包括可调节的执行器设置——点火延迟、VCT 执行器的进气阀开/关（IVO/IVC）和排气门开/关（EVO/EVC）设置、节气门和废气门设置、排气再循环阀开启（EGR）、空燃比等；输出向量 y 包括发动机性能特征——制动转矩（相当于发动机负荷）、制动燃料消耗率（BSFC）、曲柄角 50（CA50）等；p 为运行条件的向量,如发动机转速和目标发动机制动转矩（相当于目标发动机负载）。

许多与发动机相关的标定问题可以简化为最小化与一部分变量相关的某个函数

求 $Q(u,p)$ 关于 u 的最小值 (15.2)

函数 $Q(u,p)$ 通常可以表示为

$$Q(u,p) = \|F(u,p) - y_t\|_\Omega^2 = (F(u,p) - y_t)^T \Omega (F(u,p) - y_t) \quad (15.3)$$

式中，y_t 为输出向量 y 目标值的向量；$\Omega = \Omega^T \geq 0$ 为加权矩阵；z 为向量，$\|z\|_\Omega^2 = z^T \Omega z$。

在填写标定表时，式（15.2）中要求的最小值是以依赖于 p 的形式寻求的，即形式为

$$u = u^*(p) \quad (15.4)$$

例如，Q 可以表示 BSFC 平方的加权和（对应的 BSFC 目标为零），以及输出向量 y 的某些分量与发动机负荷相应的一组目标值之间的偏差平方，如发动机负荷及其目标值、CA50 及其目标值等。需要注意的是，我们并不假设这些目标是可以实现的。

对于静态发动机标定，优化问题式（15.2）有几个明显的特点。首先，如果直接在试验发动机上进行优化，由于传感器测量噪声和发动机运行偏离稳态，函数 Q 的测量是不确定的。如果希望在不等待发动机完全达到稳态的情况下，快速通过运行条件 p，则后一种噪声源会加剧。如果对发动机模型进行优化，如高保真GT-Power 的发动机模型，则后一种噪声源也会出现。其中，由于模型仿真缓慢，对函数 Q 的计算可能会很昂贵。因此，在将优化算法和技术应用于与发动机相关的优化问题式（15.2）时，需要特别小心。

15.3 基于 Jacobi 矩阵学习的优化算法

本节将重点讨论在给定工作条件下发动机稳态映射问题，即在式（15.1）中假设 p 为常数。在这种情况下，假设 F 是非线性平滑的，输出向量 y 表示一组性能变量，如制动燃料消耗率（BSFC）、发动机负荷、曲柄角50（CA50）等。发动机映射问题分解为在特定运行条件 p 下获得的一组局部映射

$$y = \widetilde{F}(u) = F(u,p) \quad (15.5)$$

式中，u 为 r 维向量；y 为 q 维向量。

求解问题式（15.2）的一种方法具有快速收敛性，因此可以针对不同的 p 重复应用。

在式（15.5）中，考虑基于非线性输入-输出映射 $\widetilde{F}$ 的线性化时变（Jacobi 矩阵）近似的局部代理模型

$$\Delta y(k) = J(k) \Delta u(k) \quad (15.6)$$

其中

$$\Delta u(k) = u(k) - u(k-1), \quad \Delta y(k) = y(k) - y(k-1)$$

$J(k)$ 是 $q \times r$ 的 Jacobi 矩阵，定义为

$$J_{s,j}(k) = \frac{\partial y_s}{\partial u_j}(k), \quad 1 \leq j \leq r, 1 \leq s \leq q$$

代理模型的形式为

$$\hat{y}(k) = y(k-1) + \hat{J}(k-1)(u(k) - u(k-1)) \tag{15.7}$$

式中，$\hat{J}(k)$ 为时刻 $(k-1)$ 的 $\widetilde{F}$ 的 Jacobi 矩阵估计。

优化算法求解如下二次规划（QP）问题

$$u(k) = \operatorname{argmin}(\|y_t - \hat{y}(k)\|_\Omega^2 + \|u(k) - u(k-1)\|_\Gamma^2) \tag{15.8}$$

受到式（15.7）和执行器设置范围的约束

$$u_{\min} \leq u(k) \leq u_{\max} \tag{15.9}$$

需要注意的是，式（15.8）包括对 u 增量的惩罚，以防止优化算法采取过大的步长，使 Jacobi 矩阵近似 $\hat{J}(k-1)$ 不准确。在数值试验中，通常使用 $\Omega = I$ 和 $\Gamma = \gamma I$，其中 γ 是式（15.8）中的可调参数。

还要注意的是，具有简单界限约束式（15.9）的问题式（15.8）是一个低维的二次规划问题，可以使用任何二次规划求解器轻松求解。在本章数值试验中，使用了 Matlab 的函数 quadprog.m 和 lsqlin.m。如果式（15.8）没有式（15.9）的范围约束，则很容易求解，并且导致更新形式

$$u(k) = u(k-1) + (\hat{J}^T(k-1)\Omega\hat{J}(k-1) + \Gamma)^{-1}\hat{J}^T(k-1)\Omega(y_t - y)(k-1)$$
$$= u(k-1) + K(k-1)(y_t - y(k-1))$$
$$\tag{15.10}$$

因为

$$\hat{J}^T(\hat{J}\hat{J}^T + \rho I_{q\times q})^{-1} = (\hat{J}^T\hat{J} + \rho I_{r\times r})^{-1}\hat{J}^T$$

所以，式（15.10）的更新类似于文献［7］中研究的 $r \geq q$ 的更新，其形式如下

$$u(k) = u(k-1) + \hat{J}^T(k-1)H(\hat{J}(k-1)\hat{J}^T(k-1) + \rho I_{q\times q})^{-1}(y_t - y(k-1))$$
$$= u(k-1) + \widetilde{K}(k-1)(y_t - y(k-1))$$
$$\tag{15.11}$$

式中，$\rho > 0$ 和 H 为对角 $q \times q$ 增益矩阵。

式（15.10）和式（15.11）都是 Levenberg – Marquardt 优化算法的变体。在式（15.10）中，对角线矩阵 $\Gamma > 0$，通常选择为 $\Gamma = \rho I_{r\times r}$，其中 $I_{r\times r}$ 是 $r \times r$ 单位矩阵；或者式（15.11）中的项 $\rho I_{q\times q}$，其中 $I_{q\times q}$ 是 $q \times q$ 单位矩阵，起到 Tikhonov 正则化矩阵的作用。它们的使用改善了潜在逆问题的数值条件。

使用 Kalman 滤波来递归学习 $\hat{J}$。具体来说，让 J_s 表示 Jacobi 矩阵 J 的第 s 行，$1 \leq s \leq q$。假设以下模型作为估算 $\hat{J}_s$ 的基础

$$J_s(k+1) = J_s(k) + w_s(k)$$

$$\Delta y_s(k) = J_s(k)\Delta u(k) + v_s(k) \qquad (15.12)$$

式中，$\omega_s(k)$为表示线性化模型不精确性的过程噪声，具有零均值和协方差矩阵$Q_s \geqslant 0$；$v_s(k)$为测量噪声，具有均值为零和协方差矩阵$R_s > 0$。

Kalman 滤波器的更新形式如下

$$\hat{J}_s(k) = \hat{J}_s(k-1) + L_s(k)(\Delta y_s(k) - \hat{J}_s(k-1)\Delta u(k))$$
$$L_s(k) = P_s(k-1)\Delta u(k)(R_s + \Delta u^{\mathrm{T}}(k)P_s(k-1)\Delta u(k))^{-1}$$
$$P_s(k) = P_s(k-1) - L_s(k)\Delta u^{\mathrm{T}}(k)P_s(k-1) + Q_s \qquad (15.13)$$

矩阵Q_s是一个漂移因子，类似于递归最小二乘法（RLS）中常用的遗忘因子，可以由 Jacobi 矩阵的预期变化来估计。相对于指数遗忘因子，使用漂移因子的优势是系统没有被激发的情况。其迫使协方差矩阵P_s（本质上控制 Kalman 滤波器的可变学习速率）线性增长，而不是指数增长。

式（15.13）相对于估计 Jacobi 矩阵其他技术（如基于中心差）的优势在于，它可用于一般输入激励序列；在许多实际情况下，Jacobi 矩阵可以通过优化算法迭代估算。使用非线性代理模型而不是式（15.6），在具体问题上是有利的；然而，式（15.6）通常代表一个有效的选择。关于利用非线性代理模型的进一步评论，见 15.6 节。

15.4　案例研究1：发动机映射的应用

为了减少开发时间和成本，在不构建实际硬件的情况下，越来越多地使用发动机模型来评估发动机设计。两步过程通常用于比较不同的发动机设计：①在不同发动机条件（转速/负载）下确定所有执行器的最优设置，从而在每个条件下产生最优性能（如最小燃料消耗）；②通过不同发动机条件下的性能加权和，对发动机整体性能进行量化比较，其中加权系数可能反映在一个驱动循环的特定运行条件下所花费的时间。对于步骤①，基于试验设计（DoE）扫描执行器设置，然后通过离线数据处理找到每个发动机条件下的最优执行器设置。这种方法不是非常有效，特别是当新的发动机技术正在引入大量的新执行器时。与此同时，更为详细和更为准确预测新发动机响应的发动机模型变得越来越复杂，仿真时间也越来越长。尽管计算硬件和并行计算的改进在一定程度上缓解了这一问题，但是非常需要适用于仿真模型的快速和智能的搜索/优化方法加速这一过程。

在本案例研究中，15.3 节描述的基于 JL 的算法已经用于快速确定最优的执行器设置，即基于 GT - Power 实现的发动机模型快速确定每种稳态运行条件下最优的执行器配置。GT - Power 是由 Gamma 技术（公司）提供的一个成熟的发动机 CAE 工具，是发动机设计人员和系统开发人员广泛使用的一个建模软件包。本节的算法已经在 Simulink 中实现，并且与 GT - Power 中运行的发动机模型进行了联合仿真。建立联合仿真环境，以使发动机模型连续运行，并且将模型稳态输出数据发送给优化算法,然后更新Jacobi矩阵估计(即代理模型),从而更新15.3节中讨论的执行器设置。

在本案例研究中,式(15.1)中的非线性向量函数F表示制动燃料消耗率(BSFC)、发动机负荷和CA50(定义为燃料燃烧50%的在上止点后的曲柄角);输入向量u表示节气门位置、点火正时、进气凸轮正时和排气凸轮正时;y的目标向量y_t规定了BSFC的目标为0、发动机应当运行的目标负荷和基于CA50位置与最优燃料效率之间的标准相关性的CA50的目标值;参数向量p包括发动机转速和目标发动机负荷。

表15.1总结了示例算法应用的结果。发动机模型以3000r/min的固定转速运行,该发动机转速下的CA50目标为5.54°,发动机负荷值目标是0.2、0.5和0.8,其随着算法的收敛而变化。表15.1给出了三个负载目标的目标、找到的最优执行器设置、发动机负载实现值、CA50实现值、BSFC的实现值和优化迭代次数。

表15.1　3000r/min 与 0.2、0.5 和 0.8 的目标发动机负载的标定发动机变量

转速	负载目标	CA50目标	节气门开度	点火	进气凸轮	排气凸轮	负载	CA50	BSFC	迭代数
	0.2		7.15°	-75.00°	27.00°	34.88°	0.20°	5.66°	1106.74/g/(kW·h)	16
3000r/min	0.5	5.54°	15.62°	-39.91°	9.00°	39.00°	0.50°	5.63°	285.62/g/(kW·h)	4
	0.8		90.00°	-26.95°	-32.30°	39.00°	0.80°	5.51°	253.77/g/(kW·h)	10

需要注意的是,凸轮正时优化具有挑战性,因为凸轮正时对BSFC的影响不是单调的,而是依赖于发动机转矩输出,如文献[14]所述。因此,在凸轮正时的不同初始条件下应用算法将产生局部最小值(不一定是全局最小值)。传统方法是对进气/排气凸轮正时进行扫描,以找到最优的BSFC,这是非常耗时的。在这项工作中,应用了基于JL的算法,但以几个不同的值初始化凸轮正时;然后,选择了在这些运行中提供最优BSFC的执行器设置。当以四个不同的初始值初始化时,图15.2显示了在3000r/min的不同负载下的最优IVO和EVC。

结合所有结果,表15.2总结了每个负载下最优的进气凸轮正时和排气凸轮正时。

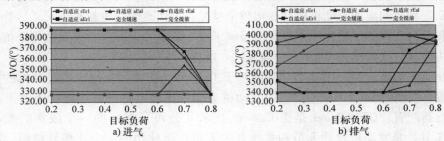

图15.2　在四种不同组合(均缓速、均提前和一缓速/一提前)下初始化时,不同负载下最优的进气凸轮正时和排气凸轮正时(见彩插)

表 15.2 不同负荷下提供最佳 BSFC 的进气和排气的凸轮正时

负荷	0.2	0.3	0.4	0.5	0.6	0.7	0.8
进气/(°)	387	387	327	327	327	366.8997	327
排气/(°)	391.9614	399	399	399	399	383.7112	391.9786

结果表明，在所有情况下，最优排气凸轮应当完全缓速或接近完全缓速；最优进气凸轮在低负荷时缓速，在高负荷时提前。这些结果与文献 [14] 一致。

该算法接着应用于相同的发动机模型，以完成一个完整的映射，找到最优的节气门/点火/进气凸轮正时/排气凸轮正时设置。除了不是这种发动机可行工作点的高速低负荷目标外，该算法运行速度快，在任何情况下都收敛，每个点平均需要迭代 12 次。

图 15.3 总结了所有速度/负载点的最优凸轮设置结果。通过对凸轮设置进行聚类，可以得到生产策略中可以实施的凸轮轨迹，从而使实际凸轮位置在正常运行时不会发生明显的变化。

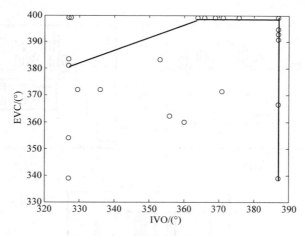

图 15.3 通过聚类优化的凸轮设置来识别平滑的凸轮轨迹

15.5 案例研究 2：串联 HEV 的车载燃料消耗优化

作为另一个案例研究，考虑在串联 HEV 中寻找在线发动机工作点，在指定恒定发动机/发电机功率要求 P_{eng}^{req} 下最小化燃料消耗。需要注意的是，在混合动力电动车辆中，电池功率可以在这样的一个学习阶段补充发动机功率，以确保车轮上所需的时变电机功率；从而在不干扰驾驶员的情况下可以车载进行最优工作点的学习。如文献 [10] 所述，可以使用发动机功率估计，其是由输入观测器根据发动机转速和发电机功率的测量产生的，其中后者根据发电机中电流的测量进行估计。

通过补充估计的发电机功率控制电池功率输出,以确保车轮功率与驾驶员的需求相匹配。学习完成后,最优工作点可以用于文献[5,15]中提出的功率平滑策略。

当发动机必须满足固定发动机功率 P_{eng}^{req} 的目标时,考虑同时最小化 BSFC 的情况。向量 u 由节气门角度、点火正时、发动机转速、进气门开启和排气门关闭正时组成。需要注意的是,发动机转速是由优化算法改变的,因此实际转矩目标也会随之变化,如图 15.5 所示。假设 P_{eng}^{req} 是常数,应用基于 Jacobi 矩阵学习的优化算法得到的响应,如图 15.4 ~ 图 15.7 所示。这些图显示了跟踪功率目标和 BSFC 最小化,同时所有执行器都收敛到最优值。

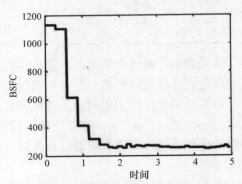

图 15.4 串联 HEV 中 BSFC 改进的时间历程

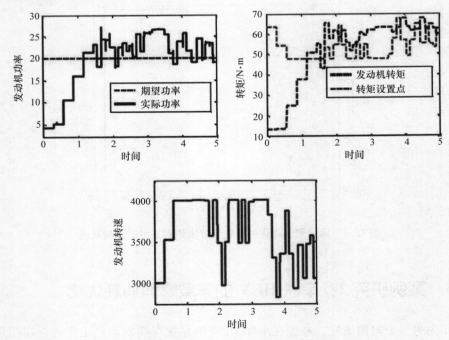

图 15.5 发动机功率、转矩和转速的时间历程

为了减少车载学习过程中电池 SOC 波动和缩短学习时间,在慢瞬变时,即当 P_{eng}^{req} 缓慢变化时,希望跟踪燃料消耗最小值。为了实现这一功能,下面将考虑预测 - 校正算法。

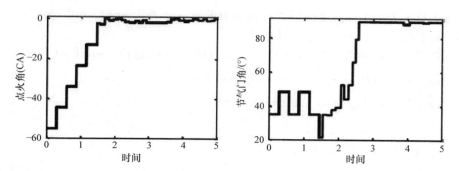

图 15.6　点花正时和节气门位置的时间历程

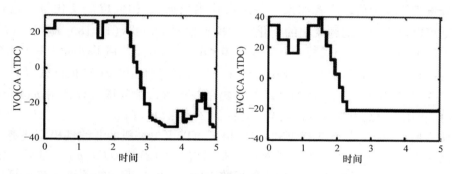

图 15.7　进气门开启和排气门关闭的时间历程

15.6　预测-校正算法

当参数缓慢变化时，15.3 节中的更新可以推广到参数相关优化式（15.2）、式（15.3）的情况。对于基于估计 Jacobi 矩阵的代理模型，假设

$$\Delta y = \hat{J}_u \Delta u + \hat{J}_p \Delta p \tag{15.14}$$

在没有控制边界的情况下，这将导致以下更新

$$u(k) = u(k-1) + (\hat{J}_u^T(k-1)\Omega\hat{J}_u(k-1) + \Gamma)^{-1}\hat{J}_u^T\Omega \times$$
$$(-\hat{J}_p(k-1)(p(k)-p(k-1)) + y_t - y(k-1)) \tag{15.15}$$

式（15.15）的更新包含由于参数变化导致的解变化的预测，这是由项 $\hat{J}(k-1)(p(k)-p(k-1))$ 造成的。Jacobi 矩阵 $\hat{J}$ 采用 Kalman 滤波器估计，使用与 15.3 节中 $\hat{J}_p$ 的相同方法。

在约束的情况下，有

$$y_c = g(u, p) \leq 0 \tag{15.16}$$

Jacobi 矩阵学习也可以应用于基于代理约束模型的约束学习

$$\Delta y_c = \hat{g}_u \Delta u + \hat{g}_p \Delta p \tag{15.17}$$

由上标 a 表示主动约束向量，更新基于求解一个关于 $u(k)$ 和主动约束的 Lagrange 乘子向量 $\lambda^a(k)$ 的线性代数方程组

$$\hat{J}_u^T(k-1)\Omega(y(k-1)-y_t) + \hat{J}_u^T(k-1)\Omega\hat{J}_p(k-1)(p(k)-p(k-1)) +$$
$$(J_u^T(k-1)\Omega J_u(k-1)+\Gamma)(u(k)-u(k-1)) +$$
$$(\hat{g}_u^a(k-1))^T(\lambda^a(k)-\lambda^a(k-1)) = 0$$
$$\hat{g}^a(u(k-1),p(k-1)) + \hat{g}_u^a(k-1)(u(k)-u(k-1)) +$$
$$\hat{g}_p^a(k-1)(p(k)-p(k-1)) = 0$$

(15.18)

需要注意处理主动约束集的更改。如果更新式（15.18）导致向量 $\lambda_a(k)$ 的某些分量为零或为负，或者如果一些约束输出根据式（15.17）变化符号进行预测，则可以检测到主动约束集的变化。在这种情况下，式（15.18）应用 $\tilde{p}(k) = \alpha p(k) + (1-\alpha)p(k-1)$ 代替 $p(k)$，其中 $0 < \alpha < 1$ 对应于任何 Lagrange 乘子或约束输出式（15.16）符号的第一个预测变化；相应的 $\tilde{\lambda}^a(k)$ 和 $\tilde{u}(k)$ 根据式（15.18）确定；式（15.18）对于不同的主动约束集重新配置；重复该过程，用 $\tilde{p}(k)$ 代替 $p(k-1)$，用 $\tilde{\lambda}^a(k)$ 代替 $\lambda^a(k-1)$，用 $\tilde{u}(k)$ 代替 $u(k-1)$。

作为另一种扩展，代理模型式（15.14）可以由更一般的非线性模型代替，最小化问题式（15.2）可以涉及任意的、足够光滑的函数 $Q(u,p)$，即不一定是式（15.3）。在无约束情况下，最小化函数 $Q(u,p)$ 相对于 u 的预测-校正算法的更一般形式可以基于 Newton 方法得出

$$u(k) = u(k-1) + \hat{Q}_{uu}^{-1}(k-1)(-\hat{Q}_u(k-1) - \hat{Q}_{up}(k-1)(p(k)-p(k-1)))$$

(15.19)

其中，偏导数在 $u(k-1)$ 和 $p(k-1)$ 处进行计算。更新式（15.19）要求在线估计 Q 的 Hessian 矩阵。在适当的假设下，如果 Q 的梯度和 Hessian 矩阵是精确已知的，则可以找到常数 $\alpha > 0$ 和 $\beta > 0$，从而使最小值的跟踪误差满足以下形式的关系

$$\|u(k+1) - u^*(p(k+1))\| \leq \alpha\|u(k) - u^*(p(k))\|^2 + \beta\|p(k+1) - p(k)\|$$

(15.20)

这种关系表明，如果 $p(k)$ 保持不变，则最小值具有强的二次收敛性；如果参数缓慢变化，则最小值具有强跟踪性。在约束的情况下，Newton 方法可以应用于 KKT 条件加上一个额外的等式约束的求根问题。下一节将讨论一个案例研究，其中采用了这种方法，并且将其留给以后的工作来进一步探讨其细节和特性。

15.7 案例研究 2（续）：串联 HEV 的车载燃料消耗优化

应用式（15.19）识别最优工作点（OOP）线，即在给定的 P_{eng}^{req} 下，使 BSFC

最小的发动机转速值和发动机转矩值,如图 15.8 和图 15.9 所示。其中,u 是发动机转速,$p = P_{eng}^{req}$ 缓慢变化,如图 15.8 所示。在学习过程中处理缓慢变化的 P_{eng}^{req} 的优点是,可以减少电池的 SOC 波动。函数 Q 是 BSFC,假设其代理模型是二阶的两个变量(发动机转速 u 和 $p = P_{eng}^{req}$)。在 $u(k)$ 和 $p(k)$ 中加入小振幅随机激励,以便于识别代理模型参数。

该算法能够快速收敛到 OOL,并且在发电机功率变化时跟踪 OOL,详情见文献 [10]。应当注意的是,在 Simulink 中使用的 HEV 模型版本用于试验的式 (15.19),与 15.5 节中用于结果的 GT - Power 模型不同。实施功率平滑策略需要 OOL,这里的结果表明,它可以在不产生驾驶员干扰的情况下车载学习。

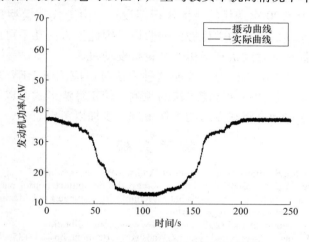

图 15.8 发动机/发电机功率的时间历程

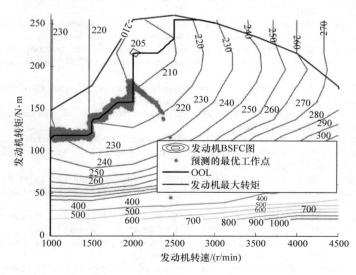

图 15.9 叠加发动机转速和转矩的发动机图(见彩插)

15.8 结论

本章考虑了一种迭代优化方法，该方法结合了代理模型的实时学习步骤，然后针对所识别的模型进行优化。在这种情况下，当代理模型以线性增量形式给出时，称之为基于 Jacobi 矩阵的学习（JL）方法。

本章给出了该算法的推导过程，演示了将其应用于详细的 GT – Power 仿真模型所表示的发动机映射实例研究。结果表明，该算法可以作为一种高效、通用和具有鲁棒性的工具，用于在固定工作条件下进行快速的发动机标定优化，为所考虑的发动机模型提供少于 20 次迭代的最优执行器设置。由于代理模型是从数据中学习的，并且没有对发动机模型的类型做任何假设，因此该方法几乎可以应用于任何类型的发动机，包括柴油发动机和飞机燃气轮机发动机。

本章还提供了一个案例研究，表明这种方法可以应用于 HEV 车载，考虑了这种方法的各种扩展，包括一种可能更快的预测 – 校正算法形式，以及处理更一般类型的代理模型。这些问题将在今后的工作中进一步加以考虑。

参 考 文 献

1. Astrom K, Wittenmark B (1989) Adaptive control. Addison-Wesley, Reading
2. Buskens C, Maurer H (2001) Sensitivity analysis and real-time optimization of parametric nonlinear programming problems. In: Grotschel M, Krumke M, Rambau J (eds) Online optimization of large scale systems. Springer, Berlin
3. Cameo Powertrain Calibration Tool (2013). https://www.avl.com/calibration
4. Chen W-K (1993) Linear networks and systems. Wadsworth, Belmont, pp 123–135
5. Di Cairano S, Liang W, Kolmanovsky IV, Kuang ML, Phillips AM (2013) Power smoothing energy management with applications to a series hybrid powertrain. IEEE Trans Control Syst Technol 21(6):2091–2103
6. Fiacco AV (1983) Introduction to sensitivity and stability analysis in nonlinear programming. Mathematics in science and engineering, vol 165. Academic Press, New York
7. Filev D, Larsson T, Ma L (2000) Intelligent control for automotive manufacturing—Rule based guided adaptation. In: Proceedings of IEEE conference on IECON'00, Nagoya, Japan, pp 283–288
8. Gorinevsky D (1997) An approach to parametric nonlinear least square optimization and application to task-level control. IEEE Trans Autom Control 42(7):912–927
9. Guddat J, Vasquez FG, Jongen HT (eds) (1990) Parametric optimization: singularities, path following and jumps. Wiley, New York
10. Gupta R, Kolmanovsky IV, Wang Y, Filev DP (2012) On-board learning-based fuel consumption optimization in series hybrid electric vehicles. In: Proceedings of 2012 American control conference, Montreal, Canada, pp 1308–1313
11. Haskara I, Ozguner U, Winkelman J (2000) Extremum control for optimal operating point determination and set-point optimization via sliding modes. ASME J Dyn Syst, Meas Control 122:719–724
12. Hrovat D, Jankovic M, Kolmanovsky I, Magner S, Yanakiev D (2010) Powertain control. In: Levine W (ed.) IEEE Controls Handbook, 2nd edn. CRC Press, Boca Raton
13. Jankovic M, Magner S (2004) Optimization and scheduling for automotive powertrains. In: Proceedings of the 2004 American control conference, pp 4054–4059
14. Jankovic M, Magner S (2006) Fuel economy optimization in automotive engines. In: Proceed-

ings of the 2006 American control conference, Minneapolis, MN, pp 1191–1196
15. Konev A, Lezhnev L, Kolmanovsky IV (2006) Control strategy optimization for a series hybrid vehicle. SAE, World Congress, Detroit, MI
16. Liung L (1987) System identification—Theory for user. Prentice Hall, Englewood Cliffs
17. Lyantsev OD, Breikin TV, Kulikov GG, Arkov VY (1993) On-line optimization of aero engine control system. Automatica 39:2115–2121
18. Malikopoulos A, Papalambros PY, Assanis DN (2007) A learning algorithm for optimal internal combustion engine calibration in real-time. In: Proceedings of the ASME 2007 international design engineering technical conference and computers and information in engineering conference, IDETC/CIE, Las Vegas, Nevada
19. Malikopoulos A, Papalambros PY, Assanis DN (2007) Real-time, self-learning optimization of diesel engine calibration. In: Proceedings of 2007 fall technical conference of the ASME internal combustion engine division, ICEF2007-1603, Charleston, South Carolina, USA, 14–17 Oct 2007
20. Pan Y, Ozguner U (2004) Extremum seeking control of a variable valve timing engine. In: IFAC symposium on advances in automotive control, Salerno, Italy, pp 173–178
21. Popovic D, Jankovic M, Magner S, Teel A (2006) Extremum seeking methods for optimization of variable cam timing engine operation. IEEE Trans Control Syst Technol 14(3):398–407
22. Quoc TD, Savorgnan C, Diehl M (2012) Adjoint-based predictor-corrector sequential convex programming for parametric nonlinear optimization. SIAM J Optim 22(4):1258–1284
23. Ryan J, Speyer J (2010) Peak-seeking control using gradient and hessian estimates. In: Proceedings of American control conference, pp 611–616
24. Tychonoff AN, Arsenin VY (1977) Solution of Ill-posed problems. Winston and Sons, Washington
25. Zhang C, Ordonez R (2006) Non-gradient extremum seeking control of feedback linearizable systems with application to ABS design. In: Proceedings of the 45th IEEE conference on decision and control, San Diego, CA, pp 6666–6671

第 16 章 相关输出范围的在线试验设计

摘要：非线性系统辨识需要从试验中获得信息数据，以便对基础过程的模型进行参数化。以汽车工业为例，需要具有良好的 NO_x 和烟尘排放模型，以便有效地标定现代内燃机。随着发动机中可变通道数量的不断增加，试验工作为有效标定提供了越来越大的挑战。试验设计（DoE）是指系统的最优激励，目的是从有限的测量中最大限度地获得所研究过程的知识。本章引入一种方法，通过对输入和输出预先指定约束，忽略与标定无关的测量。通过在工作流过程中建立的在线监督模型，获得某一目标区域的输出约束。由该方法得到的输入样本分布，在目标区域的预图像上是不均匀的。在柴油机 NO_x 和烟尘排放的建模中，这种概念的有效性得到验证。

16.1 引言

内燃机的稳态优化是一项重要的任务，特别是在标定项目开始的阶段。对于重型发动机来说，它同时也为立法的稳态试验提供了基础，如欧洲稳态循环（ESC）。对于瞬态排放循环，具有代表性的稳态工作点构成了动态建模过程的基础。

越来越多的控制参数给数据采集过程带来新的挑战。系统激励参数的测试计划需要最小化测量，同时最大化试验信息价值。这些试验的目的通常是获取如 NO_x 和烟尘的排放或如燃料消耗的其他变量。然而，法规约束通常将排放限制在一定范围以下，使得大量的控制变量组合对于试验是多余的。在此背景下，在线 DoE 被认为是一种加快发动机标定工作流程的非常有效的方法。术语在线（Online）是指一种自适应过程，其中根据测量获得的当前知识在工作流过程中计划试验。更具体地说，该过程采用了文献 [1] 中提出的在线演化模型。其中，工作流伴随着有效方法的在线培训，以便估计输入-输出关系，如图 16.1 所示。这使得能够将许多输出约束在预定义的自定义输出范围（COR）。在每个迭代步骤中，反演当前训练的模型，以找到 COR 区域的预图像。然后，未来的试验设计在这种预图像上选择了一些分布。最大的欧几里得距离设计将收敛于均匀分布。根据输入-输出距离进行设计，就会导致密度较小的平坦输出行为分布。模型在每次测量后都进行再训练，从而提高了与标定最相关领域的模型质量，见文献［3］。

在 NO_x 和烟尘排放以及燃料消耗的验证结果中，该过程得到演示。16.2 节将介绍应用先进的 DoE 方法所面临的问题。16.3 节和 16.4 节将给出本章方法的精确描述。16.5 节和 16.6 节将演示应用所谓的 COR DoE 过程后的模型改进。

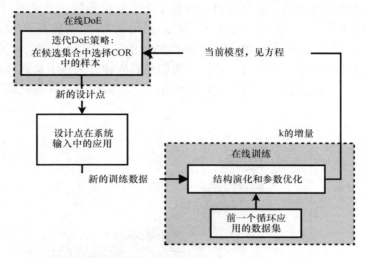

图 16.1　在线 DoE 与在线培训 COR 之间的相互作用

16.2　先进的开发方法

为了评估后续章节描述的新方法的好处，考虑如下的一个例子，即一个现代乘用车柴油发动机在一个单工作点的测试计划评估。这种共轨发动机的一个标准优化任务是优化燃料消耗，同时将 NO_x 和烟尘排放的法规限制保持在规定的驱动循环内。

在发动机控制单元（ECU）内，对 5 个变化的控制参数（以后称为变化参数）进行优化：①轨压；②主喷油正时；③升压；④排气再循环（EGR）；⑤涡流位置。

为了考虑对驾驶性能的约束，如部件温度、气缸峰值压力、燃烧稳定性等，采用 DoE 筛选技术。其中，发动机从一个稳定的中心点起动，在星形方向上逐步改变 ECU 设置，直到达到系统限制或发生违反限制的一种情况。如果发生限制，则策略提供不同的反应，并尽可能地测量接近这个限制的变化点，如图 16.2 所示。在可驱动点凸起内以及可能在某些外部输入限制内的 ECU 变量构成候选输入集。

DoE 策略的任务是在这个集合中找到具有最大信息价值的 ECU 变量。这里的测试是通过重复测量进行双重检查的，这保证了测量设备的质量和发动机的稳定工作流程。

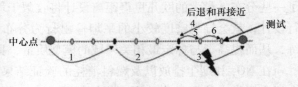

图 16.2　AVL CAMEO™ DoE 筛选过程

作为先进的 DoE 方法，D 最优设计计算了 5 个变化参数（见文献 [5]），并且用 AVL CAMEO™ 进行了测试，见文献 [6]。利用这 59 个变化点（加上 8 个重复点）建立输出模型，计算 NO_x 和烟尘的输出估计值，如图 16.3 所示。图中显示了输入变化随机抽样时输出的行为，显然，我们最感兴趣的是左下角区域的 Pareto 最优值。因此，为了标定目的，大量的输入变化是可以避免的，并且在测试过程中应当避免。

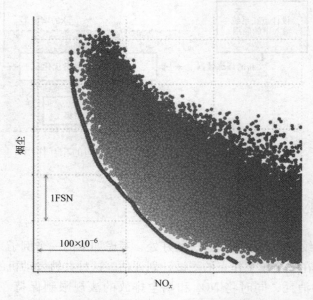

图 16.3　随机和 Pareto 最优输入的 NO_x 和烟尘输出估计

为了验证最优输入变化的模型质量，需要进行额外的测试。由图 16.4 和图 16.5 可以看出，验证变化的燃料消耗（BSFC）和 NO_x 排放（实心、灰点）可以用相同质量的训练数据（圆圈）来预测。得到的残差同时与测量重复点（实心、黑点）的方差具有可比性，表明模型误差主要是测量误差。然而，在评估烟尘排放时，由图 16.6 可以看出，对于一些优化点，模型明显低估了烟尘值。由于这些区域与标定高度相关，因此需要特别改进模型质量。这推动了战略 DoE 的发展，旨在提高相关输出领域的模型质量。

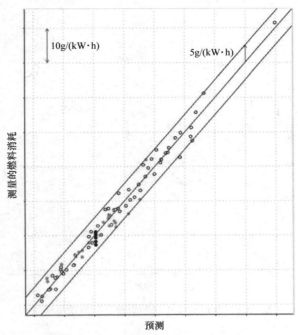

图 16.4 D 最优设计后制动燃料消耗率（BSFC）的测量与预测

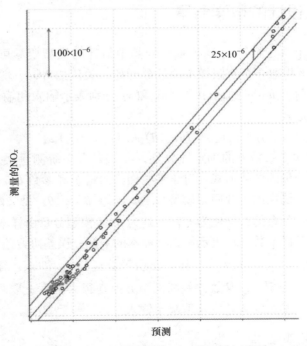

图 16.5 D 最优设计后 NO_x 的测量与预测

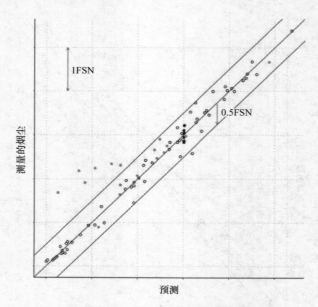

图 16.6　D 最优设计后烟尘排放的测量与预测

16.3　COR 设计的数学背景

现在提出一个基于模型的 DoE 框架，其中估计的模型要尽可能保持一般性。首先从输入空间 $\mathscr{U}$ 提取一个有限样本的任务开始，关注如 NO_x、烟尘或 BSFC 的一些一维输出的映射 $f: u \mapsto y$ 的估计。让 u_k 和 y_k 分别表示输入和输出的测量值，假设输出具有以下形式

$$y_k = y(u_k) = f(u_k, \theta) + \varepsilon(u_k) = f_k + \varepsilon_k$$

让 f_k 表示取决于参数 θ 的确定性分量，ε_k 表示非系统测量误差。必须为数据选择适当的模型分量的参数形式。对于某些回归向量 φ 和参数 θ、神经网络或局部线性模型，示例为线性内参数回归模型 $f_k = \varphi(u_k)^T \theta = \varphi_k^T \theta$，见文献 [7]。假设噪声是独立的、均匀分布的，均值为零，方差为 σ^2。模型分量由样本 $S = [s_1, \cdots, s_n]$ 估计，其中 n 表示样本数，s_k 表示第 k 个样本的下标。误差协方差在很大程度上取决于输入设计 $U_S = [u_{s_1}, \cdots, u_{s_n}]$，其中使用等效符号 y_S 和 ε_S。输出估计量 $\hat{y}_k = f(u_k, \hat{\theta})$ 取决于参数估计 $\hat{\theta}$，参数方差和模型方差在很大程度上取决于输入 u_{s_k}。在 OLS/GLS 模型中，参数协方差完全取决于输入。

16.3.1　局部模型架构

本书简要介绍局部模型架构。在应用实例中使用其估计映射，如文献 [8] 的

Takagi – Sugeno 模糊模型架构。局部上，在以 j 为索引的区域内，将输出 u_k 建模为输入的完整二次函数，局部估计将表示为 $\hat{y}_{j,k} = \hat{y}_j(u_k)$。有效性函数表示局部模型估计相对于整体估计的比例，后者构成 I 个局部输出的加权和

$$\hat{y}_k = \sum_{j=1}^{I} \eta_{j,k} \hat{y}_{j,k}$$

根据第 j 个局部模型的回归量，可以将系数 θ_j 估计为 WLS 估计的权重 η_j。权重对应于输入空间的分区，每个区域由一个局部模型主导。随着观测数据的增加，模型的参数也会进行更新，如果有必要，那么局部模型的数量会逐渐增加，详见文献［8］。不过，这里提出的概念并不局限于这种特定类型的模型。

16.3.2 先进设计

输入激励信号的理想设计是使试验的信息内容最大化。然而，什么应当被视为信息内容并不是显而易见的。基于模型的 DoE 相对于某些模型结构的估计参数的精度最大化信息增益，详见文献［9］和文献［10］。基于模型的 DoE 与 Fisher 的信息概念基本相关，Fisher 信息矩阵的一般形式定义为

$$I_F(\theta, S) = \mathcal{E}\left\{ \left(\frac{\partial \log p(Y_S | U_S, \theta)}{\partial \theta} \right)^{\mathrm{T}} \left(\frac{\partial \log p(Y_S | U_S, \theta)}{\partial \theta} \right) \right\}$$

其中 $Y_S = [y_{s_1}, \cdots, y_{s_n}]$ 表示样本输出。与其相反，Cramer – Rao – Bound 是任何无偏参数估计量协方差的上界。最优设计是基于 Fisher 矩阵的某个泛函 $S_F = \mathrm{argmax} J(I_F(\theta, S))$ 的优化，如行列式（D 最优性）、迹（A 最优性）或对角项的最大值（G 最优性）。文献［11］指出，D 最优设计倾向于位于有害的边界上，因为输入边界往往变得不可驱动。相比较而言，所谓的最大化设计采用设计空间的距离度量作为信息价值或试验，例如欧几里得距离

$$d_2(u_k, u_j) = \sqrt{(u_k - u_j)^{\mathrm{T}}(u_k - u_j)}$$

然后，实现最大最小设计

$$S_{\max \min} = \arg \max_{S} \min_{u_k \neq u_l \in U_S} d_2(u_k, u_l)$$

关于最大化设计的一般介绍，见文献［11］。特别应当注意的是，欧几里得最大距离设计收敛于输入空间上的均匀分布。在文献［12］中，在选择适当的距离度量时，证明了 D 最优性与最大值设计的等价性。

16.3.3 在线过程

本节方法与那些先进的 DoE 过程有很大的不同，不关注对训练模型或输入空间的统一覆盖性。本节的目标是收集与应用相关的试验台数据，因此需要一个过程，整合诸如 NO_x 排放或排气温度等输出信息，这些输出比输入更可能限制在某

个关注的区域。在文献［13-16］中，给出了 DoE 方法的相关输出水平。其中，关注某个（单一）输出水平集，如发生某个系统故障的地方。针对这个临界值，改进模型的准确性。本节没有将目标输出限制在一个特定的值上，而是限制在一组适用的值上。此外，设计点在输入空间中的分布不是渐近均匀的，而是依赖于输出。通过采用这种方法，可以在输出较不平坦的地方得到更密集的测量值。

采用标准初始设计的测试来训练模型，如中央复合设计（CCF）和 DoE 筛选过程。这些方法对于确定作为发动机可驱动区域的输入空间是有用的。在初始设计之后，运行一个在线设计过程，其中测量会影响后续设计点的位置。在每个时间步中，通过一些观察增加样本 S_t，以便使 $S_t \subset S_{t+1}$ 和 $U_{S_t} \subset U_{S_{t+1}}$。16.3.2 节提出的设计没有考虑测量值 Y_S，因为距离标准一般只取决于输入。对于本章的设计，可以发现忽略那些没有特别关注的区域是很重要的。以烟尘颗粒建模为例，不太重要的是排放速率较低的区域，而高排放区域的模型精度变得至关重要。

16.4 设计策略

虽然输入空间中的最大最小设计容易计算，但它们存在完全忽略模型结构的缺点。本章的工作涉及对内燃机各种输出部件的估计，可以发现这种策略效率低下，因为存在不需要彻底探索的输出区域。为了尽量减少观察次数，应该拒绝产生很少信息的试验，着重对先进方法进行两个扩展。首先，在输出变得微不足道的区域省略设计点，以避免不必要的成本。当输出相对平坦时，需要的观测比映射更复杂时要少。其次，考虑到法规上的约束，限制试验在相关区域产生测量值。以下将详细讨论这两个扩展。

16.4.1 乘积空间的距离准则

根据文献［17］修改距离准则，对输入和输出都采用距离设计。结果表明，与其他概念相比，该方法能更有效地测量输出动态。设 X 表示输入和估计输出的乘积空间 $U \times \hat{y}$，其中元素 $x_k = (u_k, \hat{y}_k) \in X$ 和 X_s 表示第一个分量为样本输入的集合。定义输入-输出距离为

$$d_{IO}(x_k, x_j) = \sqrt{(x_k - x_j)^T (x_k - x_j)}$$

输入输出最大最小设计为

$$S_{IO-\max\min} = \arg \max_{S} \min_{x_k \neq x_l \in X_S} d_{IO}(x_k, x_l)$$

这种简单的扩展有助于将设计集中于输出不太平坦的区域。例如，输入区域的输出相对于输入的增长速度较快，则距离就会变得相当大。因此，最大最小距离将

集中于输出上升较快的区域,即输出增加或减少相对较快的区域。通过减少在微不足道区域所做的观测次数,可以提高相对于测量次数的相关模型性能。

16.4.2 自定义输出区域

其次,试图限定输出测量位于一个给定的关注区域。内燃机标定需要满足法规约束,因此在相关排放率的可驱动区域需要较高的估计精度。同样,设计过程取决于估计的输出,因为需要知道相关的排放位于哪里。运行一个在线策略,使用最新的训练模型来识别感兴趣的输出区域的逆图像。在下一个设计步中,强制将设计放置在这个区域中。从 $u_k \in U_{cand}$ 集合中的候选开始,如从前面所述的筛选过程、模型估计 $\hat{y}_k$ 以及自定义输出区域开始,例如区间 COR $= [y_{min}, y_{max}]$。接下来,计算预期位于 COR 中的候选集,得到最终的候选集 $U_{cand,COR} = \{u_k | u_k \in U_{cand}, \hat{y}_k \in COR\}$。最后,在这个集合上计算输入-输出-最大设计策略。

16.4.3 iDoE 策略

该方法在图 16.7 中的一个简单的学术例子中进行了说明。输入空间的大部分映射到一个常量输出,根据假设,这个常量输出是没有意义的。相比之下,输出波动较大的相对较小的区域被认为是高度相关的。在十个设计点的在线应用后,将一个标准的最大最小 DoE 过程与输入输出(IO)最大最小 DoE 过程进行了比较。标准的空间填充方法无法测量输出显示其特征行为的区域。相反,如果应用 COR DoE 和定义在 0.2~1 之间的 COR 区域,则点将更多地分布在重要区域,前提是该模型足够好地估计 COR 的准确预图像。

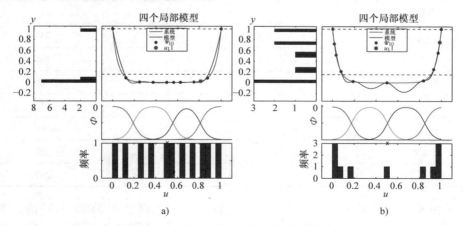

图 16.7 不同 DoE 在线应用设计点后模型和过程的比较(见彩插)

还可以观察到,在输入空间中,应用点的分布是不均匀的。正是由于修正了距离准则,使得设计点均匀地应用在输出图上。

将这两个扩展的组合称为迭代 DoE（iDoE）策略，见文献 [18]。术语迭代强调这样一个事实，即通过对输出 $\hat{y}$ 的估计更新，设计序列在每次测量之后都会更新。虽然这两个扩展——增加距离准则和 COR 过程——都是独立工作的，但结合这些工具会生成一种强大的策略，即：

1）避免不必要的重复点。
2）倾向于具有较不平坦输出行为的区域。
3）在期望的输出范围内生成输出。

16.5 应用 COR 设计的改进开发方法

本节将使用 16.2 节所述的相同柴油发动机来证明方法的有效性。由于建模和在线过程需要数据，因此该方法需要一个初始设计。选择由 42 个变化点（加 7 个重复点）组成中心复合面（CCF）设计，这个初始设计采用筛选策略进行测量，在变化点或接近驾驶极限的地方进行一次测量，在返回中心点的路上进行第二次测量。基于这 91 个测量值，计算一个模型，并且在 iDoE 测试过程中进行在线迭代。与先进过程相比，自动测试所需的测量时间大约高出 10%，见表 16.1。但是经过 10 个迭代设计点的应用后，所有相关输出区域都可以达到可接受的模型质量。

表 16.1 D 最优设计和 COR DoE 的测量时间比较（用于在线过程的额外时间可以忽略不计）

	# 变化点	时间/测量值/min	总测量时间/min
D 最优设计	59	4	236
重复点	8	1	8
			244
初始设计	42	4	168
第二测量	42	1	42
重复点	7	1	7
iDoE	10	4	40
第二测量	10	1	10
			267

采用先进的 D 最优设计，优化点的验证测量导致高达 1.5FSN 的残值，如图 16.6 所示。采用 iDoE 和 COR 设计，相同验证测量的最高残差可降低 66%，最大达 0.5FSN，如图 16.8 所示，而（较稳定的）中心点的重复测量显示出 ±0.2FSN 的测量偏差。

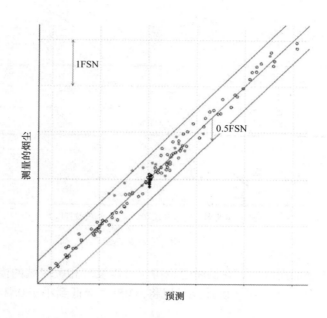

图 16.8　COR 设计后烟尘排放的测量与预测

16.6　进一步改进

当选择 D 最优初始设计时，可以进一步提高所有模型的精度。在本示例中，执行了 47 次测量，这是期望具有三阶多项式行为的 5 个变化参数的建议点数。

如果不直接将 ECU 变化参数作为模型估计的输入通道，则可以提高模型精度。相反，本节使用的通道，从物理上理解燃烧过程，更有可能解释响应变量。例如，通过测量的进气歧管压力、通过指示装置（AVL Indicom™）测量的 MFB 50%（质量分数燃烧 50%）和应用排放台架测量的 EGR 率，可以交换用于增压、喷射定时和 EGR 估计的 ECU 通道。在为相应的 ECU 通道计算优化模型之后，相应 ECU 通道的必要值仍然可用。这意味着，这些原始 ECU 变化参数不再被视为变化信道，而是作为优化过程的响应通道。通常，简单的二阶多项式模型方法可以很好地拟合它们的行为，如图 16.9 所示。

最后，如 16.5 节所述，当增加更多的迭代设计点时，可以持续提高模型质量。作为模型拟合的一种度量，我们计算了一个遗漏估计量，表示为 R^2 预测。在测试运行过程中，R^2 预测没有明显变化，这表明模型结构足够灵活，可以拟合测量数据，如图 16.10 所示。第二种测量是验证点上的均方根误差，表示为 RMSE*，随

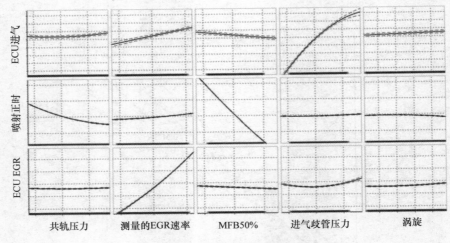

图 16.9　ECU 变化参数建模

着测量迭代点的增加而减小。在试验过程中，可以发现相关区域的模型质量变得更加精确。在本例中，30 个迭代设计点足以将 RMSE* 降低到小于 0.2FSN。

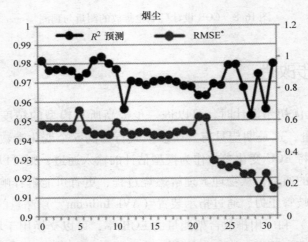

图 16.10　针对不同 iDoE 点数计算的模拟烟尘的 R^2 和 RMSE*

测量与预测如图 16.11 所示。在这种情况下，最坏验证点的残差为 0.3FSN，这意味着与目前的先进过程相比，改进了 80%。必要的测量时间增加约 60%，见表 16.2。这仍然是合理的，因此 9 个平稳的工作点（有 5 个变化参数）可以在一个周末期间完全自动测量。

同时，通过增加迭代变化点，对其他模型在相关区域进行了改进。燃料消耗和 NO_x 排放的结果如图 16.12 和图 16.13 所示。

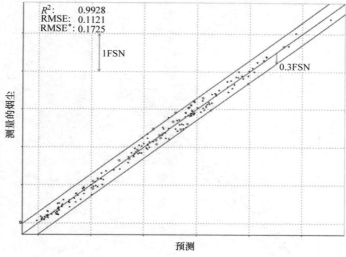

图 16.11 使用物理变化参数和 30 个迭代设计点的烟尘模型质量

表 16.2 D 最优设计与有 30 个 iDoE 点的 COR DoE 的测量时间比较

	#变化点	时间/测量值/min	总测量时间/min
D 最优设计	59	4	236
重复点	8	1	8
			244
初始设计	47	4	188
第二测量	47	1	47
重复点	7	1	7
iDoE	30	4	120
第二测量	30	1	30
			392

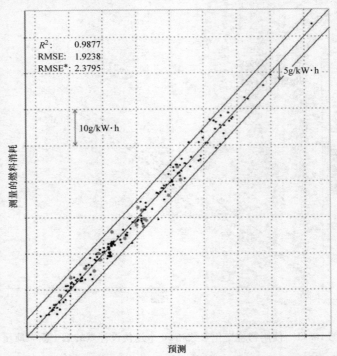

图 16.12　使用物理变化参数和 30 个迭代设计点的 BSFC 模型质量

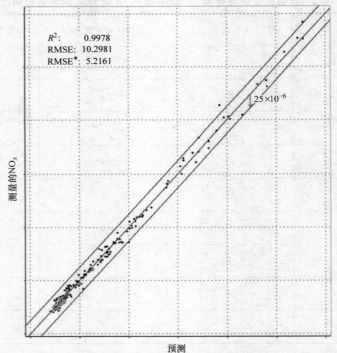

图 16.13　使用物理变化参数和 30 个迭代设计点的 NO_x 模型质量

16.7 结论

本章提出了一个在工作流过程中在线计算试验最优设计的过程。结果表明，它对内燃机的标定特别有用，其中法规约束要求对一些输出值有一定的限定。对这些输出的在线估计的训练，能够提高后续相关区域的模型质量。在试验设计的早期阶段，可以输入标定工程师的预先知识，以便在关键区域获得足够的测量点分布，这是获得反映真实发动机行为的真实模型的先决条件。

另一种提高模型质量的技术是使用物理变化参数，它能够以更高的精度进行建模。同时，所有如燃料消耗、排放、压力、温度等的模型都得到改善。因此，非常准确的估计可以预期作为优化的结果。原始的 ECU 变化参数被视为响应信通，因此它们也是优化的输出，可以直接应用，如用于 ECU 映射的标定。

参 考 文 献

1. Hametner C, Stadlbauer M, Deregnaucourt M, Jakubek S (2013) Incremental optimal process excitation for online system identification based on evolving local model networks. Mathematical and computer modelling of dynamical systems. Taylor & Francis, UK
2. Hametner C, Stadlbauer M, Deregnaucourt M, Jakubek S (2013) Methode zur ermittlung eines modells einer ausgangsgröße eines technischen systems NULL
3. Hametner C, Jakubek S (2013) Local model network identification for online engine modelling. Info Sci. 220:210–225. http://dx.doi.org/10.1016/j.ins.2011.12.034. Accessed from 20 January, 2013
4. Pfluegl H, Riel A, Gschweitl K (2006), Model-based on-line optimization, European Patent EP1150186, 30 Aug 2006, year filed 2003
5. Atkinson A, Donev AN, Tobias RD (2007) Optimum experimental designs, with SAS. Oxford University Press, Oxford
6. AVL CAMEO^{TM} (2013). http://www.avl.com/cameo
7. Nelles O (2002) Nonlinear system identification. Springer, Heidelberg
8. Hametner C, Jakubek S (2011) Combustion engine modeling using an evolving local model network. In: Proceedings of the 2011 international conference on fuzzy systems
9. Pronzato L (2008) Optimal experimantal design and some related control problems. Automatica 44:303–325
10. Franceschini G, Macchietto S (2008) Model-based design of experiments for parameter precision: state of the art. Chem Eng Sci 63:4846–4872
11. Johnson ME, Moore LM, Ylvisaker D (1990) Minimax and maximin distance designs. J Stat Planning Infer 26:131–148
12. Kiefer J, Wolfowitz J (1960) The equivalence of two extremum problems. Can J Math 12:363–366
13. Ranjan P, Bingham D, Michailidis G (2008) Sequential experiment design for contour estimation from complex computer codes. Technometrics 50:527–541
14. Vazquez E, Bect J (2009) A sequential bayesian algorithm to estimate a probability of failure. In: Proceedings of the 15th IFAC symposium on system identification
15. Arenbeck H, Missoum S, Basudhar A, Nikravesh P (2010) Reliability-based optimal design and tolerancing for multibody systems using explicit design space decomposition. J Mech Des 132(2):021010
16. Picheny V, Ginsbourger G, Roustant O, Haftka RT, Kim NH (2010) Adaptive designs of experiments for accurate approximation of a target region. J Mech Des 132(7):071008
17. Stadlbauer M, Jakubek S (2013) Publication forthcoming
18. Hametner C, Stadlbauer M, Deregnaucourt M, Jakubek S, Winsel T (2013) Optimal experiment design based on local model networks and multilayer perceptron networks. Eng Appl Artif Intel 26:251–261

第 17 章　HCCI 的最优控制

摘要：均质充量压缩点火（HCCI）是一种非常可控的燃烧概念，由于其高效率和低排放的良好组合，已经被研究了十多年。各种最优控制方法已经应用于HCCI，本章将对其进行概述。HCCI 的最优控制可以分为基于模型的控制和基于非模型的控制，其中 MPC 是基于模型控制的一个例子，极值搜索控制是基于非模型控制的一个例子。基于模型的方法可以根据其是使用物理模型还是使用黑箱模型进行划分。最后，可以根据是以最优设定点跟踪还是以试图优化整体设计准则为控制目标进行划分，前者如燃烧正时，后者如燃料消耗。本章将呈现一些已发表的 HCCI 最优控制方法的特性，并且根据上述准则对它们进行描述。

17.1　引言

HCCI 燃烧已经被深入研究了十多年，因为其既能高效燃烧，又能降低 NO_x 和烟尘的排放。然而，HCCI 的一个很大的难题是缺乏对点火的直接控制。与通过火花点火的燃烧和通过燃料喷射触发的柴油燃烧不同，HCCI 燃烧具有均匀充量的自发点火，这意味着必须非常精确地控制充气条件以确保在正确的时间点火。

许多研究人员已经认识到控制 HCCI 燃烧正时的问题，设计了许多不同的控制方法。大多数已发表的解决方案都应用线性控制，如 PID 或线性状态反馈，具有简单和低级的控制目标，如跟踪期望的燃烧正时轨迹。这些线性控制方法的主要优点是复杂度低，具有鲁棒性和可调性。

然而，对燃烧正时的完全跟踪本身并不有趣，而是将其作为一种实现其他目标的工具。这些目标可以是低燃料消耗和/或低排放。这是公认的一些最优控制方法，其中最优性准则是直接指定的，如燃料消耗。线性控制方法的另一个缺点是约束处理。约束是非线性的，因此不能由真正的线性控制器来处理。由于这个原因，增加了特殊的约束处理，如积分器饱和保护，但是结果通常不太令人满意。

因此，约束处理是应用最优控制方法的另一个原因，如模型预测控制（MPC），本质上是在线约束优化。使用 MPC，可以在优化中明确考虑约束，因此不需要添加单独的约束处理。本章通过极值搜索控制和 MPC 的实例来说明上述问题。

17.2 HCCI 的最优控制设计

17.2.1 HCCI 的多输出 MPC

在文献 [4] 中，Bengtsson 等给出了 MPC 在 HCCI 燃烧控制中应用的第一个实例。该建模方法是利用子空间辨识方法对气缸单个 MIMO 模型进行系统辨识。每个输入端由各自设计的伪随机二进制序列（PRBS）信号激励。

测试发动机具有一个双燃料端口喷射系统，能够向每个气缸喷射单独数量的乙醇和正庚烷。它还有一个各气缸独立的可变气门正时（VVT）系统，能够改变从一个循环到另一个循环的进气门关闭（IVC）角度，但这在本控制实施中没有采用。

HCCI 气缸模型的输入/输出选择如图 17.1 所示。为气缸模型选择的输入是每个循环的燃料质量（W_{in}）、乙醇含量（R_f）、进气温度（T_{in}）和发动机转速（n）。输出是燃烧正时（α_{50}）、负荷（$IMEP_n$）和最大压力导数（$dp/d\theta$）。$dp/d\theta$ 表示燃烧噪声，研究中对重型试验发动机的合理限值为 15bar/(℃A)（1bar = 10^5Pa）。

图 17.1 用于多输出 MPC 控制设计的多输入/多输出 HCCI 发动机气缸模型

MPC 设计采用了一种相当简单的方法，其中尽可能地将 α_{50} 保持接近上止点（TDC），以最小化 HC 和 CO 的排放。在成本函数中，也包含 $IMEP_n$ 的跟踪误差。对输入应用硬约束，对输出应用软约束，对最重要的 $dp/d\theta$ 给出 15bar/(℃A) 的软约束。

图 17.2 显示了逐步施加多个负载变化的试验。可以看出，在需要满足约束时，α_{50} 是延迟的。当无法进一步延迟 α_{50} 时，通过减少燃料质量来牺牲 $IMEP_n$ 跟踪。

这种方法的优势在于，它可以最小化受到多个约束的成本函数，这些约束可以是简单的输入饱和约束和输出约束。在这个例子中，成本函数非常简单。一个更复杂的成本函数会使优化问题更加复杂，计算时间也会大大增加。

17.2.2 基于物理的 HCCI 燃烧定时 MPC

在文献 [6] 中，Widd 等采用基于物理方法进行 HCCI 燃烧 MPC。中心部分是描述气缸气体、气缸壁和发动机冷却液之间的传热子模型。将连续传热建模为发生在每个循环中的三个特定时间实例：进气/混合后、燃烧后和排气行程后。传热模型如图 17.3 所示，传热过程的各个持续时间是调整参数。

点火采用简化的 Arrhenius 速率阈值模型建立，温度通过 TDC 温度近似。将压缩和膨胀过程模拟为等熵过程，$IMEP_n$ 通过理想循环分析由循环温度导出。

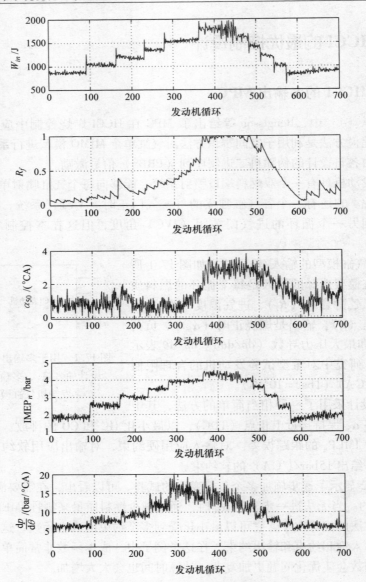

图 17.2 多个负载阶跃变化下的多输出 MPC 控制器特性

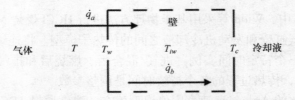

图 17.3 基于物理的 HCCI 燃烧 MPC 控制的传热模型

模型的输入是进口门关闭角（θ_{IVT}）和 T_i，输出是 $IMEP_n$ 和燃烧正时（θ_{50}）。所得模型为二阶模型，对于 MPC 设计采用线性化方法。控制目标是 θ_{50} 跟踪，但是对 $\theta'_{IVC} - \theta_{IVC}$ 引入小权重。其中 θ'_{IVC} 是在进口门关闭角可控范围中间的参考曲柄转角，以实现中距效应，因为 T_i 和 θ_{IVC} 在某种程度上是多余的。中距是一种启发式控制设计方法，在两个控制输入影响相同输出时可以使用。如果一个控制输入具有高带宽，另一个具有宽范围，则慢速控制输入可以用于将快速输入推向其范围的中间，从而确保始终可以进行高带宽控制。

由于模型阶数较低，可以采用较短的预测和控制范围，使计算负荷保持在合理的水平。图 17.4 显示了基于物理的 MPC 控制器的抑制试验，该控制器能够抑制发动机转速、燃油质量和 EGR 水平的扰动。

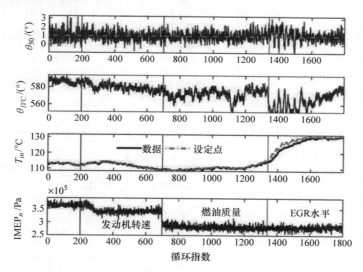

图 17.4　基于物理的 MPC 控制器对发动机转速、燃油发动机 EGR 水平扰动的抑制特性（见彩插）

基于物理的 MPC 方法很有吸引力，因为它提供了模块化和基于部件的结构。例如，如果本例改变气缸套材料，则只影响整个模型的传热部分，其他都保持不变。对于已识别的黑箱模型，则必须对新硬件重复整个识别。

在这个例子中，进气门关闭正时和入口温度在控制燃烧阶段是多余的。然后，通过对进气门关闭正时与中间范围参考值的偏差增加一个弱惩罚，可以获得一个中距功能，从而确保在任何时候都具有可操作性。

17.2.3　排气再压缩 HCCI 的混合 MPC

在文献［8］中，Widd 等采用了类似的基于物理的建模方法，但是在文献［6］中却没有传热模型。忽略传热的原因是，在这种情况下使用的发动机通过排气再压缩运行，在从一个循环到下一个循环的过程中会保留相当数量的燃烧气体。

传热对着火温度的影响很小，取而代之的是负的气门叠开（NVO）的影响。NVO 是排气门和进气门围绕气体交换 TDC 关闭时的曲柄角间隔。通过改变 NVO，可以控制保留燃烧气体的数量，从而控制着火温度。与文献 [6] 一样，该模型是二阶的。在文献 [8] 中，早期和晚期燃烧正时的燃烧正时行为有很大的不同，如图 17.5 所示。在晚期燃烧的情况下，有更多的循环-循环变化，阻尼更小。为此，分别对早期、中期和晚期燃烧正时进行了不同的线性化处理，以提高控制性能。

采用切换 LQ 设计和混合 MPC 实现了 θ_{50} 的跟踪控制，大设定点变化的比较如图 17.6 所示。可以看出，混合 MPC 控制器显然更好地处理了设定点变化，这是因为在早期、中期和晚期燃烧正时之间跳跃时，混合 MPC 控制器通过使用正确的线性化可以预测系统行为。然而，LQ 控制器只能根据当前的燃烧正时使用一次线性化。

混合 MPC 适用于可以将操作范围划分为少数几个区域，并且在每个区域内具有类似系统行为的情况。然后，MPC 可以在整个操作范围内，甚至在区域之间的过渡期间，执行几乎最优的操作。它仍然可以用于所需区域数量较大的系统，但内存需求以及识别工作将随着区域数量的增加而增加。

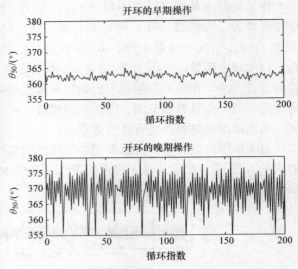

图 17.5 早期和晚期燃烧正时的燃烧正时行为

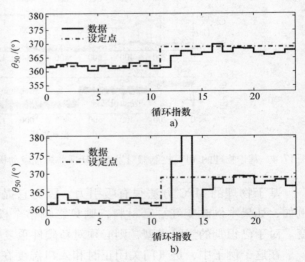

图 17.6 MPC 和 LQ 控制器大设定点变化的比较

17.2.4 应用极值搜索的 HCCI 的优化增益和燃料消耗

在文献 [9] 中，采用了一种完全非模型的方法。其中，极值搜索控制用于调节燃烧正时控制的控制器增益,其后通过优化燃烧正时来最小化燃料消耗。极值搜索控制定义在图 17.7 中,并且使成本函数 $J(\theta)$ 相对于参数 θ 最小。

通过将成本函数定义为跟踪误差,并且对燃烧正时(CA50)设定点进行重复的正阶跃和负阶跃变化,从而实现控制参数的极值搜索标定。图 17.8 说明了如何在 1600s 处使用这种方法优化 PI 参数和前馈增益。

随后,使用校定的 CA50 控制器对 CA50 进行极值搜索控制,以最小化燃料消耗。图 17.9 显示了如何在约 2000s 内找到燃料最优的 CA50。

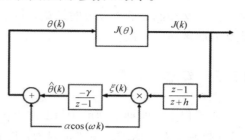

图 17.7　正弦激励下离散极值搜索控制和成本函数 $J(\theta)$ 的优化

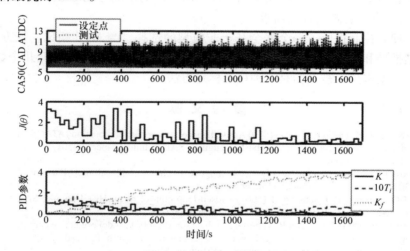

图 17.8　PI 的极值搜索标定和前馈增益

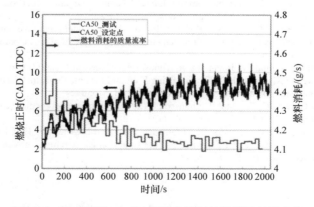

图 17.9　应用燃烧正时极值搜索控制的燃料消耗最小化

极值搜索是有吸引力的，因为它不需要系统模型。它还可以处理任何类型的成本函数，而不需要局部最优。极值搜索的缺点是，它通常需要人工激励，并且激励频率通常必须明显低于系统的带宽。每个要优化的附加参数都需要其激励频率，这意味着收敛速度较慢。

17.5 结论

本章提出了四种不同的 HCCI 最优控制方法，其中三种基于 MPC。MPC 对于 HCCI 控制是有价值的，主要是因为它能够显式处理约束。MPC 既可以应用于基于系统识别的黑箱模型，也可以应用于基于物理的线性化模型。当使用分段线性模型时，MPC 可以预测模型切换，这可以极大地改善动态行为，如大设定点变化。二阶模型和相对短的预测以及控制范围，对于所提出的情况已经足够了。因此，得到的 MPC 设计具有合理的计算需求。

极值搜索控制提供了一个完全基于非模型的选择。与 MPC 相比，该方法的优点是无须推导和标定模型，但是由于闭环带宽比提出的 MPC 方法低几个数量级，因此极值搜索本质上被认为是一种稳态标定方法。

参 考 文 献

1. Hong Jo S, Shoda K, Do Jo P, Kato S (1979) Active thermo-atmosphere combustion (ATAC)—a new combustion process for internal combustion engines. SAE technical paper 790501, Society of Automotive Engineers
2. Najt P, Foster DE (1983) Compression-ignited homogeneous charge combustion. SAE technical paper 830264, Society of Automotive Engineers
3. Olsson J-O, Tunestål P, Johansson B (2001) Closed-loop control of an HCCI engine. SAE technical paper 2001–01-1031, Society of Automotive Engineers
4. Bengtsson J, Strandh P, Johansson R, Tunestål P, Johansson B (2006) Model predictive control of homogeneous charge compression ignition (HCCI) engine dynamics. In: Proceedings of the 2006 IEEE international conference on control applications, Munich
5. Pfeiffer R, Haraldsson G, Olsson J-O, Tunestål P, Johansson R, Johansson B (2004) System identification and LQG control of variable compression HCCI engine dynamics. In: Proceedings of the 2004 IEEE conference on control applications, Taipei, Taiwan
6. Widd A, Ekholm K, Tunestål P, Johansson R (2012) Physics-based model predictive control of HCCI combustion phasing using fast thermal management and VVA. IEEE Trans Control Syst Technol 20(3):688–699
7. Karlsson M, Ekholm K, Strandh P, Johansson R, Tunestål P, Johansson B (2007) Closed-loop control of combustion phasing in an HCCI engine using VVA and variable EGR. In: Proceedings of the 5th IFAC symposium on advances in automotive control, Monterey
8. Widd A, Liao H-H, Gerdes JC, Tunestål P, Johansson R (2014) Hybrid model predictive control of exhaust recompression HCCI. Asian J Control 16(2):1–12
9. Killingsworth NJ, Aceves SM, Flowers DL, Francisco E-L, Krstic M (2009) HCCI engine combustion-timing control: optimizing gains and fuel consumption via extremum seeking. IEEE Trans Control Syst Technol 17(6):1350–1361

第 18 章 考虑发动机和涡轮限制的轮式装载机最优举升和路径

摘要：本章研究了铰接式轮式装载机在短负载循环过程举升和运输部分的时间和燃料最优控制，建立了一种轮式装载机模型，包括发动机（带涡轮动力学）、液力变矩器、变速器和车辆运动学、举升液压和铰接式转向。建模的目的是为了利用模型制定和求解最优控制问题。考虑的问题是轮式装载机在短负载循环过程运行的举升和运输部分，存在几个不同的负载接收位置，而考虑的准则是最短时间和最少燃料。该问题分为四个阶段，以避免求解由换档不连续引起的混合整数问题。此外，本章还研究了两种不同的举升模式，一种是自由举升，另一种是只在最后 30% 的运输中进行举升。结果表明，在最短时间和最少燃料循环情况下，两种举升模式到达负载接收位置的最优路径是一致的，并且当负载举升模式改变时，路径不会变。针对轮式装载机工作过程，提出了针对正常举升和延迟举升的循环的选择动力中断的问题。结果表明，举升延迟时，循环时间几乎保持不变，而燃料消耗在最短时间瞬态中略有下降。

18.1 引言

轮式装载机（WL）消耗大量燃料，通常在重复执行相同任务的负载循环中运行。在这样的运行中，优化运行和减少每一个循环中的燃料消耗可以显著降低总生产成本。因此，这是一个有趣的应用。其中，最优控制可以指导工程师开发高效率的车辆，并且指导用户如何有效地利用它。

WL 是一个复杂的系统，由多个子系统组成，具有一个产生功率的发动机和几个竞争功率的消耗单元。例如，消耗单元包括举升系统、用于驱动的具有液力变矩器和变速器的动力传动以及与动力传动相互作用的转向系统，以完成高效的运输任务。这种系统的最优控制为系统动力学的优化利用提供了有价值的知识。例如，最少燃料（Min M_f）和最短时间（Min T）的运行解提供了有价值的信息，使制造商能够指出瓶颈以及系统设计的改进潜力。此外，自主 WL 控制系统的控制算法和策略还可以通过最优控制结果得到发展和改进，见文献 [7, 8, 11]。

在本章中，将 WL 建模为一个具有 9 个状态和 4 个控制输入的非线性动态系统。建模的意义在于，开发一个在短负载循环内适合于计算 WL 最优控制的模型。短负载循环是 WL 的一个常见应用，如图 18.1 所示。其中，车辆运行的最优控制分析对降低燃料成本和循环运行时间提供了许多见解。为了在负载循环内计算最优 WL 工作路径（轨迹），研究人员进行了不同的研究。在文献 [13，14] 中，采用了另一种路径。其中，最优控制用于固定长度的短负载循环，研究在短负载循环内 WL 运行的主要动力学行为（发动机、举升、动力传动和纵向运动）。其结果扩展了文献 [13，14] 中的结果，也涵盖和求解了从负载点到负载接收位置的最优 WL 路径。建模部分的重点是对 WL 运行过程功耗最大的部件进行建模，同时仍然使用足够紧凑的模型，以便用于最优控制问题的描述。

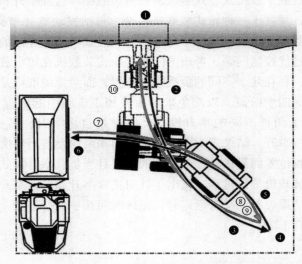

图 18.1　在负载点和负载接收位置之间的短负载循环中编号的操作序列（点 4 称为反转点）

18.2 节将描述轮式装载机的模型。18.3 节将该模型用于表示两个最优控制问题的 Min M_f 和 Min T。这些都是公式化的，因此可以对它们进行求解，以获得 WL 系统的轨迹和瞬态。在该问题中，将负载循环和 WL 部件的性质和要求表示为边界条件和路径约束。在 WL 运行过程中，传动比变化给最优控制问题带来不连续性，可以通过将循环分成多个具有恒定齿轮比的阶段来解决这一问题。

在 18.4 节中，提出针对各负载接收位置的多阶段最优控制问题的求解方法，分析负载循环的最优轨迹，包括控制输入和状态。计算不同部件在 WL 运行过程中的功率消耗，分析各部件之间的功率分布。研究改变负载举升策略对燃料消耗、循环时间和功率分布的影响。最后，在 18.5 节中给出结论。以下采用的符号、参数和常数，详见表 18.1 和表 18.2。

第 18 章 考虑发动机和涡轮限制的轮式装载机最优举升和路径

表 18.1 符号列表

参数	描述	单位
ω_{ice}	发动机转速	r/s
T_{ice}	发动机转矩	N·m
U_{mf}	每个燃烧循环注入的燃料	kg/循环
U_{ab}	垂直举升加速度	m/s²
U_{str}	转向角导数	rad/s
U_b	制动转矩	N·m
H_{buc}	铲斗高度	m
V_{buc}	铲斗举升速度	m/s
θ	轮式装载机航向角	rad
δ	转向角	rad
V	轮式装载机速度	m/s
X	轮式装载机 X 向位置	m
Y	轮式装载机 Y 向位置	m
P_{im}	进气歧管压力	Pa
P_{str}	转向消耗的功率	W
P_{trac}	牵引消耗的功率	W
P_{lift}	举升消耗的功率	W
P_m	进气歧管模型压力	Pa
F_{trac}	牵引力	N
F_{roll}	滚动阻力	N
$\dot{m}_a$	空气质量流量	kg/s
$\dot{m}_f$	燃料质量流量	kg/s
T_{ig}	燃烧产生的转矩	N·m
T_{fric}	发动机摩擦转矩	N·m
λ	空气与燃料比率指示	—
ϕ_λ	烟尘限制	—
ϕ	液力变矩器中的速度比	—
ω_{gb}	变速器转速	r/s
T_{pump}	液力变矩器泵侧转矩	N·m
$T_{turbine}$	液力变矩器涡轮侧转矩	N·m
T_{gb}	变速器输入转矩	N·m
T_w	车轮转矩	N·m
R	转弯半径	m

（续）

参数	描述	单位
σ	路径曲率	1/m
F_{load}	举升所需的力	N
L_{cyl}	举升缸长度	m
A_{cyl}	举升缸横截面面积	m^2
P_{cyl}	举升缸中压力	Pa
$P_{cyl,max}$	举升缸中的最大压力	Pa
Q_{pump}	液压泵流量	m^3/s
$v_{cyl,max}$	最大举升缸速度	m/s
$V_{lift,max}$	最大举升速度	m/s
F_w	臂架重量	N
F_p	举升活塞上施加的力	N
α	臂架角加速度	rad/s^2
M_o	臂架上施加的力矩总和	N·m
M_f	消耗燃料的总质量	kg
T	循环持续时间	s
t_i	相位持续时间（$i \in \{1,2,3\}$）	s
$\dot{s}_i$	状态导数	—
X_{ent}	X方向负载接收器的位置	m
Y_{end}	Y方向负载接收器的位置	m
$P_{loss,GB}$	变速器的功率损失	W
$P_{loss,TC}$	液力变矩器的功率损失	W
$P_{eng,acc}$	发动机加速所需的功率	W

表18.2　模型和最优控制问题描述使用的参数和常量

参数	描述	值	单位
M_{buc}	铲斗的质量	10000	kg
η_{lift}	举升泵的效率	0.9	—
$\eta_{volumetric}$	举升泵的容积效率	0.98	—
$\eta_{cycl,l}$	举升机缸的机械效率	0.95	—
η_{gb}	变速器的效率	0.9	—
c_r	滚动阻力	0.03	—
λ_{min}	最小空气与燃料的比率	1.2	—
$(A/F)_s$	理论空气与燃料比率	14.57	—

（续）

参数	描述	值	单位
c_p	转向功率参数	3×10^4	—
$c_{p,1}$	进气歧管压力参数	-0.328	—
$c_{p,2}$	进气歧管压力参数	-121.519	—
$c_{p,3}$	进气歧管压力参数	0.057	—
$c_{p,4}$	进气歧管压力参数	97179.699	—
$c_{t,1}$	时间常数参数	38.5857	—
$c_{t,2}$	时间常数参数	-0.6869	—
R_a	气体常数，空气	287	J/kg·K
T_{amb}	环境温度	300	K
P_{amb}	环境压力	101.57	kPa
$\eta_{vol,eng}$	柴油机容积效率	0.9	—
M_{veh}	轮式装载机的质量	32000	kg
J_w	车轮惯量	100	kg·m²
r_w	车轮半径	0.7	m
M_{wheels}	车轮质量	$4J_w/r_w^2$	kg
I_{ice}	发动机惯量	3	kg·m²
η_{gb}	变速器效率	0.9	—
n_{cyl}	气缸数量	6	—
V_d	发动机位移容积	13×10^{-3}	m³
γ	变速器传动比	$[-60, 0, 60]$	—
cfr_1	发动机摩擦系数	0.7196	—
cfr_2	发动机摩擦系数	-0.1414	—
cfr_3	发动机摩擦系数	0.3590	—
q_{lhv}	热值，柴油	42.9×10^6	J/kg
n_r	每个功率循环的发动机转速	2	—
$\eta_{ig,ch}$	燃烧室效率	0.6877	—
r_c	柴油发动机压缩比	17.3	—
γ_{cyl}	气缸气体比热容比	1.35004	—
D_{pump}	液压泵排量	$220/1900$	L/r
r	臂架长度	2.9	m
r_1	臂架长度	1.7	m
x_c	尺寸	0.19	m
y_c	尺寸	-0.3	m

（续）

参数	描述	值	单位
G	尺寸	2.3	m
r_{pist}	举升活塞半径	0.19/2	m
r_{rod}	举升杆半径	0.09/2	m
$P_{cyl,max}$	最大举升缸压力	34	MPa
$U_{str,min}$	U_{str} 下限	−1	rad/s
$U_{str,max}$	U_{str} 上限	1	rad/s
$U_{b,max}$	U_b 上限	2×10^5	N·m
$U_{mf,max}$	U_{mf} 上限	265	—
$U_{ab,min}$	U_{ab} 下限	−5	m/s²
$U_{ab,max}$	U_{ab} 上限	5	m/s²
$\omega_{ice,min}$	ω_{ice} 下限	57	r/s
$\omega_{ice,max}$	ω_{ice} 上限	230.38	r/s

18.2 系统模型

WL 模型由三个主要子系统组成，即动力传动、转向和举升，如图 18.2 所示。选择垂直举升加速度 U_{ab} 作为举升系统的控制输入，它与液压阀调节的举升缸中的液压力相关。在燃料喷射、制动和转向的子模型中，选择控制输入为每个燃烧循环喷射的燃料质量 U_{mf}、制动转矩 U_b 和转向角导数 U_{str}。

选择由微分方程式（18.1）~ 式（18.5）确定的状态变量：发动机转速 ω_{ice}、进气歧管压力 P_{im}、铲斗高度 H_{buc}、铲斗举升速度 V_{buc}、转向角 δ、车速 V、航向角 θ、X 和 Y 方向的位置

$$\frac{d\omega_{ice}}{dt}=\frac{1}{J_{ice}}\left(T_{ice}(U_{mf},\omega_{ice})-\frac{P_{lift}(U_{ab},V_{buc})+P_{str}(U_{str})+P_{trans}(\omega_{ice},V)}{\omega_{ice}}\right)$$

(18.1)

$$\frac{dP_{im}}{dt}=\frac{1}{\tau_m(\omega_{ice})}(P_m(\omega_{ice},T_{ice})-P_{im})$$

(18.2)

$$\frac{dH_{buc}}{dt}=V_{buc},\quad \frac{dV_{buc}}{dt}=U_{ab}$$

(18.3)

$$\frac{dV}{dt}=\frac{\text{sign}(V)(F_{trac}(U_b,\omega_{ice})-F_{roll})}{M_{tot}}$$

(18.4)

$$\frac{d\delta}{dt}=U_{str},\quad \frac{d\theta}{dt}=\frac{V}{R(\delta)},\quad \frac{dX}{dt}=V\cos\theta,\quad \frac{dY}{dt}=V\sin\theta$$

(18.5)

第18章 考虑发动机和涡轮限制的轮式装载机最优举升和路径

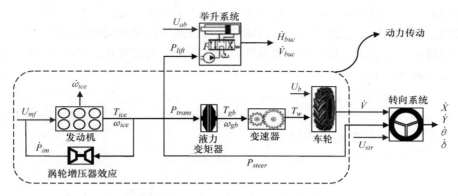

图 18.2　WL 系统模型的组成部分和部件之间的相互关系（见彩插）

注：状态为红色，控制输入为蓝色。

在下面的章节中，将给出 WL 系统的部件模型。使用式（18.4）中的符号函数，在循环的反转阶段 [sign(V) = −1] 和前向阶段 [sign(V) = 1] 可以使用相同的微分方程。

18.2.1　动力传动和纵向动力学

动力传动将车辆驱动转矩传递到 WL 车轮。动力传动模型包括柴油发动机、液力变矩器（TC）、变速器和连接动力传动与纵向动力学的车轮的子模型，如图 18.2 所示。动力传动模型的控制输入是每燃烧循环燃料喷射量 U_{mf} 和制动转矩 U_b，部件的状态是发动机转速 ω_{ice}、进气歧管压力 P_{im} 和车速 V。

18.2.1.1　柴油发动机

发动机模型是文献 [22] 中模型的简化版本，即一台 12L 6 缸涡轮增压柴油发动机。在 WL 模型中，举升、转向和驱动所需的动力都由发动机产生。发动机动力学用 ω_{ice} 和 P_{im} 表示，而发动机模型的控制输入是 U_{mf}。进入发动机模型的质量流量（kg/s）是空气 $\dot{m}_a$ 和注入燃料 $\dot{m}_f$

$$\dot{m}_a = \frac{\eta_{vol,eng} V_d \omega_{ice} P_{im}}{4\pi R_a T_{amb}}, \quad \dot{m}_f = \frac{10^{-6}}{4\pi} U_{mf} \omega_{ice} n_{cyl} \tag{18.6}$$

发动机总显示转矩 T_{ig} 根据每个燃烧循环的燃料质量计算，发动机摩擦转矩建模为发动机转速的多项式

$$T_{ig}(U_{mf}) = \frac{10^{-6} \eta_{ig} q_{hv} n_{cyl} U_{mf}}{4\pi} \tag{18.7}$$

$$T_{fric}(\omega_{ice}) = \frac{10^5 V_d}{4\pi}(c_{fr1}\omega_{ice}^2 + c_{fr2}\omega_{ice} + c_{fr3}) \tag{18.8}$$

$$T_{ice}(U_{mf}, \omega_{ice}) = T_{ig}(U_{mf}) - T_{fric}(\omega_{ice}) \tag{18.9}$$

进气歧管压力的增加取决于压缩机的质量流量，这在很大程度上取决于涡轮增

压器的转速。在涡轮增压柴油机中，当驾驶员踩下加速踏板时，由于涡轮增压器转速较慢，发动机转矩会瞬间增加。涡轮增压器加速所需的时间称为涡轮滞后，它可以通过将进气歧管压力建模为发动机转速和转矩的函数来解释，取决于发动机转速的可变时间常数 τ_m。

$$P_m(\omega_{ice}, T_{ice}) = c_{p,1}\omega_{ice}^2 + c_{p,2}T_{ice} + c_{p,4}(T_{ice}\omega_{ice})^2 + c_{p,3} \quad (18.10)$$

$$\tau_m(\omega_{ice}) = c_{t,1}\omega_{ice}^{c_{t,2}} \quad (18.11)$$

式中，$c_{p,1,2,3,4}$、c_{t1} 和 c_{t2} 为调谐参数。

进气歧管压力的动力学由以下微分方程描述

$$\frac{dP_{im}}{dt} = \frac{1}{\tau_m(\omega_{ice})}(P_m(\omega_{ice}, T_{ice}) - P_{im}) \quad (18.12)$$

相对空燃比 λ 定义为

$$\lambda = \frac{(\dot{m}_a/\dot{m}_f)}{(A/F)_s} \quad (18.13)$$

为了避免燃料切断（$U_{mf} = 0$）时式（18.13）被零除，ϕ_λ 定义为

$$\phi_\lambda = \dot{m}_a - \dot{m}_f(A/F)_s\lambda_{min} \quad (18.14)$$

式中，λ_{min} 根据发动机运行期间的烟尘限值来设置。

18.2.1.2 液力变矩器、变速器和纵向动力学

为了提高车辆的驾驶性能，用液力变矩器（TC）替代机械离合器，其代价是增加了动力传动的效率。TC 通过泵和涡轮侧之间的液力耦合将发动机转矩传递给车轮。当研究 TC 瞬态时，采用微分方程描述 TC 动力学。然而，对于动力传动控制研究，使用效率查找表的模型只包括 TC 的效率，这对于控制器的设计更简单。TC 特性取决于部件的速比 ϕ，本节根据试验数据拟合函数对 TC 建模。从 TC 到变速器传递的转矩 $T_{turbine}$ 计算如下

$$\phi = \frac{\omega_{gb}}{\omega_{ice}}, \quad \omega_{gb} = \frac{V\gamma}{r_w} \quad (18.15)$$

$$T_{pump} = \xi(\phi)\left(\frac{\omega_{ice}}{1000}\right)^2, \quad T_{turbine} = \kappa(\phi)\left(\frac{\omega_{ice}}{1000}\right)^2 \quad (18.16)$$

式中，$\xi(\phi)$ 和 $\kappa(\phi)$ 是如图 18.3 所示的 TC 特性。

根据 ϕ 值，TC 建模为两种不同的运行模式。在牵引过程中，模式 I 是指将发动机转矩传递给车轮，从而使车辆加速（$0 \leq \phi \leq 1$）；模式 II 是指涡轮侧超过泵侧（$\phi > 1$）。当车辆行驶时（$\omega_{gb} \neq 0$），发动机转速的迅速下降导致 $\phi > 1$，这意味着动能从变速器侧转移到 TC 的发动机侧。等效率变速器将 TC 输出转矩传递给车轮

$$T_{gb} = T_{turbine}, \quad T_w = T_{gb}\eta_{gb}\gamma \quad (18.17)$$

式中，γ 为变速器的传动比。

计算车辆纵向加速度时，由于车速较低，忽略空气阻力，只考虑滚动阻力，同时将车轮惯性作为等效质量计入车辆总质量中

第 18 章 考虑发动机和涡轮限制的轮式装载机最优举升和路径

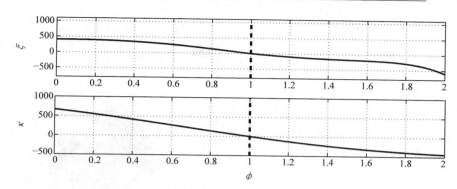

图 18.3 ξ 和 κ 取决于速比 ϕ 的运行模式的 TC 特性曲线

$$F_{roll} = \text{sign}(V) c_r (M_{veh} + M_{buc}) g, \quad F_{trac} = \frac{T_w - \text{sign}(V) T_b}{r_w}, \quad T_b = U_b \quad (18.18)$$

$$M_{tot} = M_{veh} + M_{buc} + \frac{4 J_w}{r_w^2}, \quad \frac{dV}{dt} = \frac{\text{sign}(V)(F_{trac} - F_{roll})}{M_{tot}} \quad (18.19)$$

式中，sign 操作符定义了在短负载循环中，倒车和前进段内 WL 的行驶方向。

为了产生车轮牵引力，输入 TC 所需的功率 P_{trans} 根据以下方法计算

$$P_{trans} = T_{pump} \omega_{ice} \quad (18.20)$$

18.2.2 转向和地面位置

在 WL 中，使用铰接转向。其中，车辆的两个主体通过一个旋转关节连接，使前后车轴与连接点等距。这种类型的转向在 WL 是有利的，因为前轮和后轮在相同的轨迹上移动，缓解了车辆在泥泞面上的运动。图 18.4 显示了转弯时 WL 的几何形状。从系统和控制的角度来看，对路径规划和轨迹优化已经进行了一些研究，如文献 [2, 12, 17]，而许多研究专门致力于 WL 的路径规划和优化，如文献 [1, 18, 19, 21]。其中，在转向系统中，WL 位置和航向角是应用简单的车辆运动学建模的。以车速 V 和转向角 δ 为基础，确定负载从负载点到负荷接收点时的 (X, Y) 和航向角 θ，以转向角导数 U_{str} 作为模型的控制输入。然后，确定转向动力学为

$$\frac{d\theta}{dt} = \frac{V}{R}, \quad \frac{dX}{dt} = V\cos\theta, \quad \frac{dY}{dt} = V\sin\theta \quad (18.21)$$

式中，R 为转弯半径；在 C 点计算 (X, Y, θ)，如图 18.4 所示，在负载循环过程中，C 点与前后轴保持等距。

为了达到控制目的，转向角在工作过程必须保持连续，这可以通过选择转向角速度 U_{str} 作为转向系统的控制输入，并且将其限定在一定范围内来保证

$$\frac{d\delta}{dt} = U_{str}, \quad U_{str,\min} < U_{str} < U_{str,\max} \quad (18.22)$$

车辆转弯性能指定为最小转弯半径 $R_{\min}$。为了确保模型实现这一要求，在 R

和 δ 之间使用如下关系

$$R = \frac{L}{2\tan\left(\frac{\delta}{2}\right)}, \sigma = \frac{1}{R} \qquad (18.23)$$

式中，σ 为路径曲率。

转向所需液压功率 P_{str} 建模为转向角速度的二次函数，这意味着当转向角不变时，对转向没有功率需求

$$P_{str} = c_p U_{str}^2 \qquad (18.24)$$

式中，c_p 为调谐参数。

18.2.3 举升系统

在举升系统模型中，确定垂直方向的铲斗举升速度 V_{buc} 和铲斗高度 H_{buc}。模型的控制输入是垂直举升加速度 U_{ab}，举升所需功率 P_{lift} 计算如下

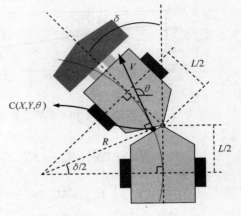

图 18.4 由 C 点确定 WL 在负载循环中的位置

$$F_{load} = M_{load}(g + U_{ab}), P_{lift} = \frac{F_{load} V_{buc}}{\eta_{lift}} \qquad (18.25)$$

式中，M_{load} 为负载质量，假定其保持不变。

举升速度 V_{buc} 取决于发动机转速，因为举升系统中的液压泵与发动机以相同的转速旋转，直到泵内的流量在1500r/min时达到饱和。同时，最大举升加速度也受到液压系统最大允许压力的限制。为了推导出举升速度和加速度的约束条件，对臂架几何结构进行分析。当举升臂架时，沿着举升缸的位移 ΔL_{cyl} 乘以的一个因子 k，导致臂架端部垂直位移 ΔH_{buc} 如图 18.5b 所示。k 作为臂架角 θ_2 的函数，计算如下

$$\theta_2 = \arcsin\left(\frac{H_{buc} - G}{r}\right), \theta_1 = \arctan\left(\frac{r_1\cos\theta_2 - x_c}{r_1\sin\theta_2 - y_c}\right) \qquad (18.26)$$

$$L_{cyl} = \sqrt{(r_1\cos\theta_2 - x_c)^2 + (r_1\sin\theta_2 - y_c)^2} \qquad (18.27)$$

$$k(\theta_2) = \frac{\Delta(r\sin\theta_2)/\Delta\theta_2}{\Delta L_{cyl}/\Delta\theta_2}, r = r_1 + r_2 \qquad (18.28)$$

式中，G 为臂架与车身关节；点 O 之间的距离；r_1、r_2、$\theta_{1,2}$、x_c 和 y_c 如图 18.5a 所示。

举升通过举升缸进行，两个相同的液压泵将流体输送到系统中。举升缸的最大排量速度 $v_{cyl,\max}$ 由泵入缸内的最大泵量 Q_{pump} 确定，计算如下

$$A_{cyl} = \pi(r_{piston}^2 - r_{rod}^2), Q_{pump} = \min(\omega_{ice}, 157) \times D_{pump,\max}\eta_{volumetric} \qquad (18.29)$$

$$v_{cyl,\max}(\omega_{ice}) = \frac{Q_{pump}\eta_{cyl,l}}{A_{cyl}} \qquad (18.30)$$

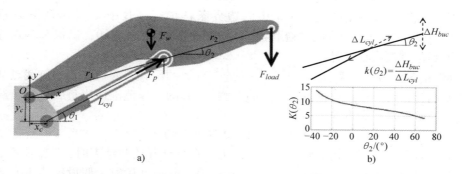

图 18.5 举升过程中臂架几何和作用力 a) 以及举升缸与臂架端位移之间的乘积因子 b)

利用式（18.28）计算 k 因子，确定臂架端部的最大可能举升速度为发动机转速的函数

$$V_{lift,\max}(\omega_{ice}) = k(\theta_2) v_{cyl,\max}(\omega_{ice}) \qquad (18.31)$$

在举升过程中，作用在臂架上的力如图 18.5 所示。为了计算举升缸所受力的大小，在关节 O 处求解力矩平衡方程

$$F_w = M_{boom}(g + U_{ab}) \qquad (18.32)$$

$$\sum M_o = I_{boom}\alpha \Rightarrow F_p = \frac{\dfrac{I_{boom}U_{ab}}{r} + F_{load}r\cos\theta_2 + F_w\dfrac{r}{2}\cos\theta_2}{r_1\sin(\theta_1 - \theta_2)} \qquad (18.33)$$

因此，在任何臂架位置和铲斗加速度下，举升系统中施加的压力计算如下

$$P_{cyl}(U_{ab}, H_{buc}) = \frac{F_p(U_{ab}, H_{buc})}{A_{piston}} \qquad (18.34)$$

需要注意的是，之所以选择铲斗高度 H_{buc} 作为系统状态，是因为式（18.26）中需要它，以便确定臂架几何形状的 θ_2，这是计算最大举升速度和举升缸压力时需要的。

18.3 最优控制问题表示

利用 18.2 节开发的 WL 模型表示最优控制问题，求解该问题以获得 WL 系统的 Min T 和 Min M_f 瞬态。在本节中，首先根据优化问题的边界条件描述负载循环的要求，然后定义路径约束，最后给出最优控制问题的表示。

在负载循环过程中，齿轮换档引入一个不连续的变量，即齿轮传动比。为了避免问题中的不连续性，从而避免求解混合整数问题的需要，将负载循环划分为四个单独的阶段，变速器的齿轮传动比在每个阶段保持不变。第一阶段从 WL 离开负载点开始，选择倒档，朝着换向点加速；在第二阶段，变速器进入空档，使用行车制动器停止车辆；在第三阶段和第四阶段，重复这一过程，不同的是，WL 向前移动。短负载循环要求根据表 18.3 中的边界条件描述，其中 $\dot{s}_i$ 是由微分方程式（18.1）~式（18.5）确定的系统状态，并且在循环结束时 $\dot{s}=0$，确保车辆在静止状态下到达负载接收位置。

WL 的最终位置 (X_{end}, Y_{end}) 取决于施工现场的配置。假设 WL 在负载点从原点开始倒转，负载接收位置位于原点的左侧。WL 的工作范围使用负载点和负载接收位置的坐标进行如下约束

$$X \geqslant X_{end}, Y \leqslant 0, 0 \leqslant \theta \leqslant 2\pi \tag{18.35}$$

为了避免在臂架结构上施加不均匀的力，在循环开始和结束时，WL 必须垂直于荷载桩（$t=0, \theta=90°$）和负载接收器。在第一阶段开始时，假设铲斗举升到与车轮半径一样高，因为发动机已经为铲斗充油产生了动力，发动机初始转速和进气歧管压力分别高于发动机怠速和环境压力。当铲斗负载和举升时，为了避免结构损坏，车辆不应制动太急，这可以通过增加对车速导数的约束来保证。根据文献[16] 中所述的特性，ϕ_λ 上的烟尘约束和其他部件限制定义为如下路径约束

$$\begin{aligned}
&0 \leqslant \phi_\lambda && V_{buc} \leqslant V_{lift,max}(\omega_{ice}) \\
&R_{min} \leqslant R(\delta) && T_{ice} \leqslant T_{ice,max}(\omega_{ice}) \\
&\omega_{ice,min} \leqslant \omega_{ice} \leqslant \omega_{ice,max} && |V| \leqslant V_{max} \\
&P_{cyl}(U_{ab}, H_{buc}) \leqslant P_{cyl,max} && -0.18g \leqslant \frac{dV}{dt} \\
&\delta_{min} \leqslant \delta \leqslant \delta_{max} && P_{amb} \leqslant P_{im} \\
&U_{ab,min} \leqslant U_{ab} \leqslant U_{ab,max} && 0 \leqslant U_{mf} \leqslant U_{mf,max} \\
&U_{str,min} \leqslant U_{str} \leqslant U_{str,max} && 0 \leqslant U_b \leqslant U_{b,max}
\end{aligned} \tag{18.36}$$

表 18.3 在最优控制问题中，根据边界条件定义短负载循环的承载部分

参数	值	第一阶段倒退 $\gamma=-60$ $U_b=0$		第二阶段倒退 $\gamma=0$ $U_b \neq 0$		第三阶段向前 $\gamma=60$ $U_b=0$		第四阶段向前 $\gamma=0$ $U_b \neq 0$
		t_1^-	t_1^+	t_2^-	t_2^+	t_3^-	t_3^+	T
ω_{ice}	1500r/min	—	—	—	—	—	—	—
P_{im}	$1.1P_{amb}$	—	—	—	—	—	—	—
H_{buc}	0.7m	—	—	—	—	—	—	5m
V_{buc}	0	—	—	—	—	—	—	0
V	0	—	—	0	0	—	—	0
U_{str}	0	—	—	—	—	—	—	0
δ	0	—	—	—	—	—	—	0
θ	90°	—	—	—	—	—	—	—
X	0	—	—	—	—	—	—	X_{end}
Y	0	—	—	—	—	—	—	Y_{end}
$\dot{s}_i$	—	—	—	—	—	—	—	0

注：自由变量 t_1、t_2 和 t_3 是将要优化的换档时间。

为了保证连续阶段之间状态的连续性，将阶段连通性约束应用于该问题。U_{ab} 和 U_{str} 是运动学特性，出于机械稳定性的考虑不能是不连续的。因此，对这些控制输入也施加连通性约束

$$U_{ab}, U_{str} 和 s_i 在阶段 j+1 开始 = U_{ab}, U_{str} 和 s_i 在 j 阶段结束$$
$$i \in \{1,2,3,4,5,6,7,8,9\}, j \in \{1,2,3\} \quad (18.37)$$

WL 运行过程的燃料消耗计算为

$$M_f = \int_0^{t_1} \dot{m}_f dt + \int_{t_1}^{t_2} \dot{m}_f dt + \int_{t_2}^{t_3} \dot{m}_f dt + \int_{t_3}^T \dot{m}_f dt \quad (18.38)$$

式中，$\dot{m}_f$ 由式（18.6）得到。

计算 Min T 和 Min M_f 系统瞬态和阶段换档时间 t_1、t_2 和 t_3 的最优控制问题表示为

$$\min_{u(\cdot)} M_f 或 \min_{u(\cdot)} T$$
$$\text{s.t. } \dot{s} = f(s,u) 与式（18.36）、式（18.37）和表 18.1 的约束 \quad (18.39)$$

由于问题的复杂性与状态和控制输入的数量，采用动态规划或 Pontreagin 最大原理等方法求解 OCP 将需要非常大的计算量。因此，使用最优控制求解器 PROPT 来求解式（18.39）中的问题。求解器采用伪谱配置方法求解 OCP，其中状态、控制和成本函数用满足约束条件的高阶多项式来描述。

18.4 结果

在式（18.35）~式（18.37）和表 18.1 的路径约束和边界条件下，求解式（18.39）的多阶段最优控制问题得到了 30 个不同的负载接收位置（X_{end}, Y_{end}），均匀分布在 20m×20m 的工作区，计算了 Min M_f 和 Min T 的瞬态以及 WL 的最优轨迹，分析了采用不同举升模式对瞬态的影响，给出了运行过程中各部件间的功率分布。

18.4.1 从负载点到负载接收点的 WL 最优轨迹

对于 Min M_f 和 Min T 瞬态，从负载点到负载接收点的 WL 最优轨迹在工作区域的不同点几乎相同。结果表明，从负载点到负载接收点之间的最小行程均被 Min M_f 和 Min T 的解选择。尽管 Min M_f 瞬态几乎是 Min T 瞬态的两倍。图 18.6a 显示了 WL 的最优轨迹、在不同负载接收位置与负载接收最优方位对应的最终航向角；突出显示了最短和最长的轨迹，系统瞬态将在后续呈现。图 18.6b 突出显示了轨迹曲率（σ）的循环，可以看出，它在循环中保持连续。这是轨迹控制器设计的必要条件，是应用转向角 U_{str} 的约束导数作为转向系统的控制输入的结果。在开始时，即 WL 离开负载点时，曲率为零；在循环结束时，即车辆到达负载接收位置时，曲率也为零。

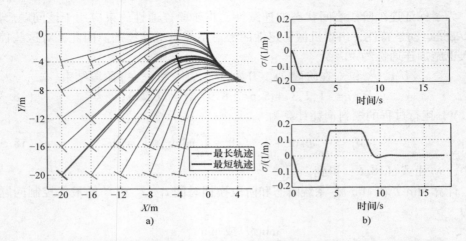

图 18.6 在短负载循环内,从负载点到负载接收位置的 Min M_f 和 Min T 瞬态的 WL 最优轨迹是相同的,并且只取决于负载接收位置 a);在运行过程中,轨迹曲率保持连续,这是轨迹控制器设计的必要条件 b)(见彩插)

18.4.2 Min M_f 和 Min T 的系统瞬态

图 18.7 和图 18.8 显示了 Min T 和 Min M_f 瞬态以及短循环和长循环的发动机运行点,如图 18.6 中突出部分所示。根据文献[15],典型的举升和运输操作包括大约 5s 倒车和 5s 前进(距离范围与其中的较短循环相同),而 Min T 计算仅为 8s。在相同的循环中,Min M_f 瞬态的持续时间延长了近两倍,燃料消耗降低了 36%。在 Min T 情况下,从 WL 开始运动的第一阶段开始时,发动机输出转矩的增加受到烟尘限制约束的限制,这是由涡轮增压器的速度增强效应和 P_m 不足引起的,从而导致低 $\dot{m}_a$。铲斗举升稍晚一些,以便在开始时将所有发动机动力用于更快的车辆加速和转向。在最小曲率半径约束下,转向角迅速减小到最小允许值,并且保持不变,直到倒转点之前达到零。

在第二阶段,当齿轮转到空档时,发动机与车轮脱离。所有的发动机动力都用于举升,而在这一阶段结束时需要更高的发动机转速,因为在下一阶段开始时发动机动能将用于更快加速车辆,以克服发动机转速快速下降的问题。

在短循环的 Min T 瞬态中,最终铲斗高度的一半是在倒车过程中达到的,其余部分在前进过程中实现。在长循环的情况下,循环的倒车和前进的长度是不相等的。在倒车部分,转向角动态变化更快,以使车辆快速定位在轨迹中,而在前进部分将需要更少的转向功率。发动机大部分功率分配给车辆加速和转向,而在倒车部分不需要大负载举升。在向前移动的部分中,除了在开始的短时间内车辆加速外,WL 通常以恒定速度(需要小的牵引功率)在直线上行驶(不需要转向功率),而发动机功率大部分保持不变,可用于快速举升负载。

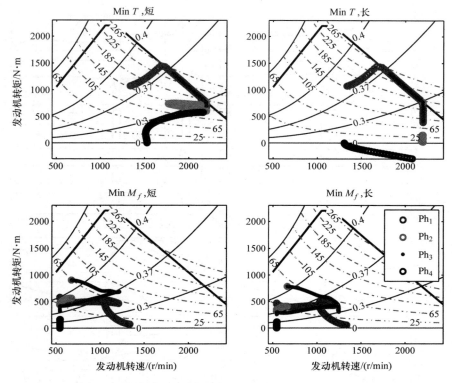

图 18.7　短循环和长循环相对于发动机转矩限制的发动机工作点和燃料最优瞬态：
恒定效率曲线以蓝色表示，恒定功率（kW）曲线以灰色表示（见彩插）

对于短循环和 Min M_f 和 Min T 瞬态的情况，第三阶段具有与第一阶段相似的动力学特性，即首先将车辆加速到高速，然后开始举升。

在短循环和长循环情况下，Min M_f 瞬态是相似的，即避免更高的发动机转速，在 U_{mf} 中发生更少的快速变化。但是 U_{str} 具有快速的动力学特性，以确保以最短轨迹行驶到负载接收位置。

18.4.3　延迟举升

考虑到 WL 行驶在不平路面上，在车辆行驶过程举升负载铲斗，车辆失去稳定性的风险会增加。图 18.8 的结果表明，负载举升开始于倒车阶段的早期，在循环的很长一段时间里，铲斗从最初的位置开始上升。在本节中，通过附加一个约束来求解式（18.39）表示的问题，该约束将铲斗举升限制在循环持续时间的最后 30%，以确保铲斗大部分保持在较低的高度水平上。为了研究举升模式对系统瞬态和不同部件之间功率分布的影响，分析 Min T 和 Min M_f 瞬态和不同部件之间的功率中断。

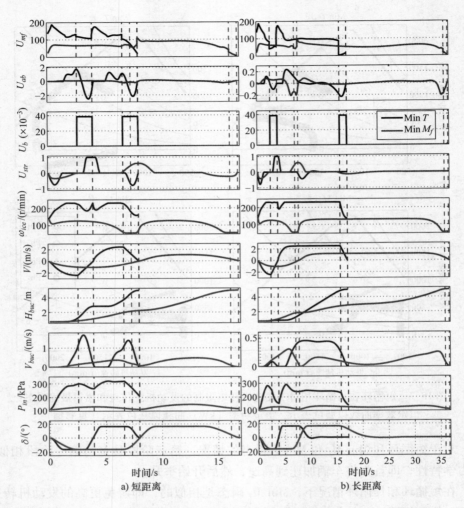

图 18.8 不同循环的 Min T 和 Min M_f 瞬态，垂直线是阶段边界（见彩插）

在不同位置下，从负载点到负载接收位置的最优轨迹保持与正常举升模式相同，如图 18.6 所示。WL 的短循环和长循环的 Min T 和 Min M_f 瞬态如图 18.9 所示，其中举升被延迟。倒车部分与前一种情况相似，不同之处在于，加速到高速后，举升不需要动力，在倒车后期产生较少的发动机转矩。如预期的那样，主要区别发生在前进部分的后期。其中，在举升开始前控制车辆达到高速，以便在剩余的循环时间内将发动机大部分动力留给举升。随着举升开始和进气歧管压力的升高，燃油喷射水平增加，产生更大的转矩，从而向燃烧室输送更多的空气，这样就可以喷射更多的燃料而不达到烟尘限制。

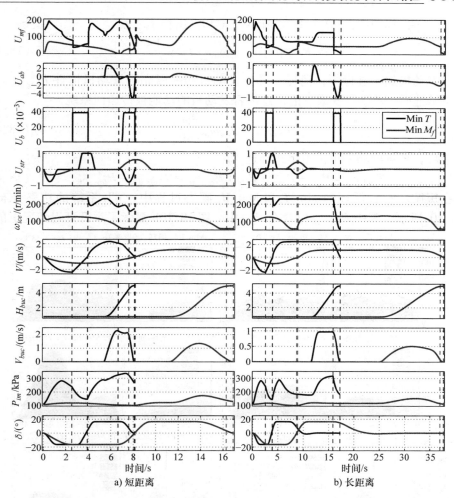

图 18.9 当举升延迟到循环持续时间的最后 30% 时，不同循环的 Min T 和 Min M_f 的瞬态，垂直线是阶段边界（见彩插）

18.4.4 功率中断

柴油产生的功率用于车辆牵引 P_{trac}、负载举升 P_{lift} 和车辆转向 P_{str}。TC 损失 $P_{loss,TC}$ 也构成了功率消耗的主要部分，并且是单独计算的，由于举升系统效率而造成的功率损失包含在 P_{lift} 中。当牵引力 F_{trac} 为正时，需要柴油发动机功率

$$F_{trac} = M_{tot}\frac{dV}{dt} + F_{roll}, \quad P_{trac} = F_{trac}V \text{ 当 } F_{trac} > 0 \text{ 时} \tag{18.40}$$

变速器的功率损失计算如下

$$P_{loss,GB} = \frac{1-\eta_{gb}}{\eta_{gb}}P_{trac} \tag{18.41}$$

TC 中的功率损失计算为 TC 的输入功率和输出功率之差

$$P_{loss,TC} = T_{pump}\omega_{ice} - T_{gb}\gamma \frac{V}{r_w} \quad (18.42)$$

在发动机加速过程中，消耗一部分发动机功率以克服发动机惯性 $P_{eng,acc}$。当发动机减速时，$P_{eng,acc}$ 变成负值，意味着发动机的动能被传递回系统

$$P_{eng,acc} = J_{ice}\omega_{ice}\frac{d\omega_{ice}}{dt} \quad (18.43)$$

最后，系统的功率平衡由下式描述

$$T_{ice}\omega_{ice} = P_{lift} + P_{trac} + P_{str} + P_{eng,acc} + P_{loss,TC} + P_{loss,GB} \quad (18.44)$$

在短循环和长循环的 Min T 和 Min M_f 瞬态过程中，WL 系统的功率分布如图 18.10a 所示，其中 $P_{loss,GB}$ 包含在 P_{trac} 中。图 18.10b 显示了举升延迟情况下的功

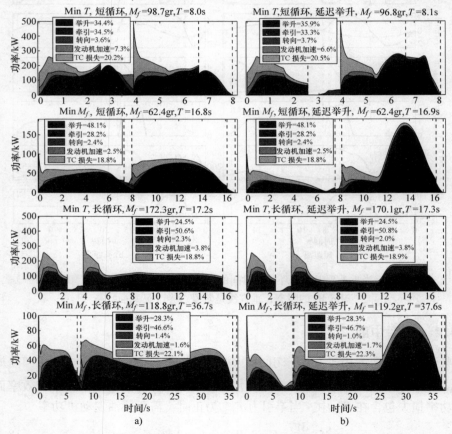

图 18.10　正常运行 a) 和延迟举升运行 b) 的 Min T 和 Min M_f 瞬态过程的短循环和长循环的功率中断，垂直线是阶段边界（见彩插）

注：1gr = 0.0648g。

率分布。值得注意的是，通过改变举升模式，不同消费者之间的能源消耗比例几乎保持不变，只是事件的进程发生了变化。在延迟举升情况下，循环持续时间的增加可以忽略不计，Min M_f 瞬态的燃料消耗几乎保持不变，而短循环和长循环的 Min T 瞬态的燃料消耗分别下降 1.2% 和 1.9%。这意味着，在负载循环中，可以在离负载接收更近的地方进行举升，而不会造成循环持续时间的重大损失或燃料消耗的增加，同时在负载作业过程中实现更好的车辆稳定性。

18.5 结论

将轮式装载机（WL）建模为动力传动、举升和转向三个子系统的集成，目的是描述 WL 运行过程中功率消耗最高的子系统的主要动力学特性。模型还包括了 WL 从负载点到负载接收位置的轨迹生成。对柴油机进行了包含涡轮增压器限制的建模，并通过将进气歧管压力建模为发动机转速和转矩的函数，减少了状态变量和控制输入的数量。采用静态特性曲线对液力变矩器进行建模，并采用了恒定效率变速器。对臂架的几何进行了分析，对举升过程中的结构约束进行了建模。

为了避免出现混合整数最优控制问题，将负载周期划分为四个阶段，每个阶段的变速器齿轮传动比都是恒定的。通过求解多阶段最优控制问题，计算了系统的最少燃料（Min M_f）和最短时间（Min T）动力学；计算了从负载点到负载接收点的短循环内的最优轨迹，并对几个负载接收位置进行了系统动力学计算。本章还研究了一种可选的负载举升模式，其中举升延迟到循环持续时间的最后 30%。建议的举升模式确保 WL 在负载过程中保持稳定，因为铲斗在循环的大部分时间内保持在较低的高度上。

在 Min T 和 Min M_f 瞬态下，负载接收位置的最优轨迹是相同的，并且在新的举升模式下保持不变，这意味着运输路径和纵向运动可以分别求解。然而，它们之间存在耦合，因为转向在机动过程中消耗功率。系统部件的功率中断结果表明，当车辆从静止起动时，在最短时间瞬态内发动机的大部分功率分配给车辆牵引，以实现快速的车辆加速，而举升则在车辆达到高速和牵引所需的功率较少后才开始。通过延迟举升操作，各部件之间分配的发动机功率保持不变，而事件的过程发生了变化。最后，结果表明，当负载举升延迟时，Min T 和 Min M_f 的解循环时间都略有增加，但正面效应是 Min T 情况下的燃料消耗降低。

参 考 文 献

1. Alshaer B, Darabseh T, Alhanouti M (2013) Path planning, modeling and simulation of an autonomous articulated heavy construction machine performing a loading cycle. Appl Math Model 37:5315–5325
2. Egerstedt M, Hu X, Rehbinder H, Stotsky A (1997) Path planning and robust tracking for a car-like robot. In: Proceedings of the 5th symposium on intelligent robotic systems, pp 237–243

3. Eriksson L, Nielsen L (2013) Modeling and control of engines and drivelines. Wiley, New York
4. Fahroo F, Ross IM (2008) Advances in pseudospectral methods for optimal control. In: AIAA guidance, navigation and control conference and exhibit, pp 18–21
5. Filla R (2011) Quantifying operability of working machines. Dissertation, Linköping University, No. 1390
6. Filla R (2013) Optimizing the trajectory of a wheel loader working in short loading cycles. In: The 13th Scandinavian international conference on fluid power, SICFP2013, 3–5 June 2013
7. Frank B, Skogh L, Filla R, Fröberg A, Alaküla M (2012) On increasing fuel efficiency by operator assistant systems in a wheel loader. In: Proceedings of the international conference on advanced vehicle technologies and integration, pp 155–161
8. Ghabcheloo R, Hyvönen M (2009) Modeling and motion control of an articulated-frame-steering hydraulic mobile machine. In: 17th Mediterranean conference on control and automation, 24–26 June 2009
9. Janarthanan B, Padmanabhan C, Sujatha C (2012) Longitudinal dynamics of tracked vehicle: simulation and experiment. J Terrramech 49:63–72
10. Kotwicki AJ (2012) Dynamic models for torque converter equipped vehicles. In: Proceedings of the 14th ASME design engineering technical conference, pp 359–368
11. Koyachi N, Sarata S (2009) Unmanned loading operation by autonomous wheel loader. ICROS-SICE international joint conference, Aug 2009, pp 18–21
12. Murray R, Sastry S (1993) Nonholonomic motion planning: steering using sinusoids. IEEE Trans Autom Control 38(5):700–716
13. Nezhadali V, Eriksson L (2013) Modeling and optimal control of a wheel loader in the lift transport section of the short loading cycle. In: AAC'13—7th IFAC symposium on advances in automotive Control
14. Nezhadali V, Eriksson L (2013) Optimal control of wheel loader operation in the short loading cycle using two braking alternatives. In: IEEE VPPC—the 9th IEEE vehicle power and propulsion conference
15. Nilsson T, Fröberg A, Åslund J (2013) Fuel and time minimization in a CVT wheel loader application. In: AAC'13—7th IFAC symposium on advances in automotive control
16. Product brochure: Volvo L220G wheel loader (2012). http://www.volvoce.com/construction equipment/na/en-us/products/wheelloaders/wheelloaders/L220G/Pages/specifications.aspx
17. Reeds JA, Shepp LA (1990) Optimal paths for a car that goes both forwards and backwards. Pac J Math 145(2):367–393
18. Sarata S, Weeramhaeng Y, Tsubouchi T (2005) Approach path generation to scooping position for wheel loader. In: Proceedings of the 2005 IEEE international conference on robotics and automation, pp 1809–1814
19. Takahashi H, Konishi Y (2001) Path generation for autonomous locomotion of articulated steering wheel loader. Comput Aided Civil Infrastruct Eng 16(3):159–168
20. TOMLAB 7.9: http://www.tomdyn.com/
21. Tsubouchi T, Sarata S, Yuta S (1998) A practical trajectory following of an articulated steering type vehicle. In: Zelinsky A (ed) Field and service robotics. Springer, London, pp 397–404
22. Walström J, Eriksson L (2011) Modeling engines with a variable-geometry turbocharger and exhaust gas recirculation by optimization of model parameters for capturing non-linear system dynamics. J Automobile Eng 225:960–986
23. Zhang Y, Zou Z, Chen X, Zhang X, Tobler W (2003) Simulation and analysis of transmission shift dynamics. Int J Veh Des 32(3/4):273–289

Translation from the German language edition:
Optimization and Optimal Control in Automotive Systems
by Harald Waschl, Ilya Kolmanovsky, Maarten Steinbuch, Luigi del Re
Copyright © Springer International Publishing Switzerland 2014
This work is published by Springer Nature
This edition has been translated and published under licence from Springer Nature Switzerland AG
All Rights Reserved
版权所有，侵权必究。
This edition is authorized for sale in the Chinese mainland (excluding Hong Kong SAR, Macao SAR and Taiwan).
此版本仅限在中国大陆地区（不包括香港、澳门特别行政区及台湾地区）销售。
北京市版权局著作权合同登记　图字：01-2018-6308。

图书在版编目（CIP）数据

汽车系统优化与最优控制/（奥）哈拉尔·瓦希尔（Harald Waschl）等著；李杰等译. —北京：机械工业出版社，2022.8
（汽车先进技术译丛. 汽车创新与开发系列）
书名原文：Optimization and Optimal Control in Automotive Systems
ISBN 978-7-111-71241-1

Ⅰ.①汽…　Ⅱ.①哈…②李…　Ⅲ.①汽车-系统动态学-最佳控制　Ⅳ.①U461.1

中国版本图书馆 CIP 数据核字（2022）第 128020 号

机械工业出版社（北京市百万庄大街22号　邮政编码100037）
策划编辑：孙　鹏　　　责任编辑：孙　鹏　王　婕
责任校对：肖　琳　刘雅娜　封面设计：鞠　杨
责任印制：刘　媛
涿州市京南印刷厂印刷
2022年9月第1版第1次印刷
169mm×239mm·17印张·12插页·341千字
标准书号：ISBN 978-7-111-71241-1
定价：179.00元

电话服务　　　　　　　网络服务
客服电话：010-88361066　机　工　官　网：www.cmpbook.com
　　　　　010-88379833　机　工　官　博：weibo.com/cmp1952
　　　　　010-68326294　金　书　网：www.golden-book.com
封底无防伪标均为盗版　机工教育服务网：www.cmpedu.com